Das Recht des Adels und der Fideikommisse in Bayern.

Von

Dr. Ludwig Hoffmann,
Rechtsanwalt in München.

München.
J. Schweitzer Verlag
(Jos. Eichbichler).
1896.

„Mit Tugend und Verstand hat der Adel seinen ersten Anfang genommen und mit beiden muß er auch um so mehr fortgesetzt werden, als ihm der vergönnte Vorzug in wichtigen, zumal das gemeine Wesen betreffenden Stücken andergestalt nicht als ceteris paribus gebührt."

Wigulaeus Xaverius Aloysius
Frhr. v. Kreittmayr.

Ann. p. V. c. 22. § 12. b.

Vorwort.

Eine eingehende Beschäftigung mit fideikommißrechtlichen Fragen hat mich veranlaßt, Umschau über die Hilfsmittel zu halten, welche zur Erklärung des Fideikommißediktes dienlich sind. Ich fand hiebei, daß mit Ausnahme der eben erst erschienenen kleineren, aber trefflichen Arbeit von Becher über das Fideikommißrecht in seinem Werke über das Bayerische Landeszivilrecht[1]) alle vorhandenen Arbeiten ihren Ursprung auf einen Zeitraum von mehr als 25 Jahren zurücklegen. Es hat sich unterdessen nicht nur die Gesetzgebung gewaltig geändert, sondern es sind auch zahlreiche Rechtssprüche erflossen, welche in mannigfachen Fragen des höchst schwierigen Fideikommißrechtes eine Entscheidung gebracht haben. So dürfte es nicht

[1]) München 1896, J. Schweitzer Verlag, S. 936.

unangebracht sein, wenn ich das, was ich zu meinem eigenen Nutzen gesammelt habe, auch weiteren Kreisen zugänglich mache, welche sich, sei es als Interessenten, sei es als Richter oder Anwälte, mit dem bayerischen Fideikommißrechte zu befassen haben. Ich verhehle hiebei nicht, daß der Schwerpunkt dieser Arbeit in dem bisher noch mangelnden Kommentare zum Fideikommißedikte liegt.

Bei der Betrachtung dieses Gesetzes hat sich mir die Ueberzeugung aufgedrängt, daß dies bayerische Rechtsinstitut in seinem Entstehen in nicht geringem Grade von dem geltenden preußischen Landrechte beeinflußt worden ist. Der Versuch, den ich mit einer Vergleichung der einzelnen Bestimmungen machte, ließ mir diese meine Vermutung geradezu zur Gewißheit werden. Aus diesem Grunde habe ich, sei es um die Aehnlichkeit zu zeigen, sei es um darzuthun, warum in einzelnen Fällen das bayerische Recht einen anderen Weg ging als das preußische Landrecht, fortlaufend die Parallelstellen desselben angeführt.

Da das bayerische Fideikommißedikt untrennbar an den Bestand des Adels geknüpft ist, so hielt ich es für angemessen, die Lehre vom Adel selbst zu reproduzieren und auch eine systematische Darstellung des Fideikommißediktes an der Hand Paul v. Roths zu geben, um namentlich solchen, welche zum ersten Male an die Materie herantreten, eine rasche Uebersicht über den Inhalt derselben zu verschaffen.[2])

Dr. L. Hoffmann.

---

[2]) Es sei hier noch besonders auf folgende, auch unter Litteratur angeführten Ausgaben bayerischer Verfassungsgesetze verwiesen:

von Stengel, „Die Verfassungsurkunde". Würzburg, Gnad & Co., 1893.

Dr. Robert Piloty, desgl. München, C. H. Beck, 1895.

„Des Königreichs Bayern Verfassungsgesetze". 4. Aufl., Würzburg, Stahel, 1894.

Inhaltsverzeichnis.

II. Die Lehre vom Adel.

Verzeichnis der benützten Werke.

Archiv für zivilistische Praxis. Freiburg i. Br. J. C. B. Mohr.
Becher, Dr. H., Das rechtsrheinisch-bayerische Landeszivilrecht und Landeszivilprozeßrecht unter Berücksichtigung der freiwilligen Gerichtsbarkeit. München, J. Schweitzer Verlag (Jos. Eichbichler), 1895.
Beiträge zur Erläuterung des deutschen Rechts. Berlin, Vahlen.
Blätter für Rechtsanwendung = Bl. f. R.A.
Brettreich-Pechmann, Wirkungskreis der b. Distriktsverwaltungs-Behörden. Bamberg 1892.
Böhm, Handbuch des Rechtshilfe-Verfahrens. Erlangen 1888.
Bolze, Die Praxis des Reichsgerichts in Zivilsachen. Bd. 1—19. Leipzig, Brockhaus = Bolze.
Burkhard, Kommentar z. B. Geb.Ges. Erlangen 1890.
Danzer, Das Bayerische Landrecht. München, J. Schweitzer Verlag, 1894.
Diepolder, Umfang der Steuerfreiheit der Standesherren in Bayern. 1894.
Engelmann, Die rechtliche Stellung der unehelichen Kinder im bayer. Landrecht. München, J. Schweitzer Verlag, 1896.
Englmann, Handbuch d. b. Volksschulrechts. 3. Aufl.
Falkmann, Die Zwangsvollstreckung. 1888.
Ganghofer, Kommentar z. Forstgesetz. 2. Aufl. 1889.
Gerber, D. Privatrecht. Jena, G. Fischer 1890.
Gierke, Deutsches Privatrecht. I. Bd. 1895.

Hachenburg, Die Einsetzung eines Nacherben. Mannheim 1895.
Hauck, Kommentar z. Brandvers.Ges. 2. Aufl.
Heffter, Die Sonderrechte. Berlin 1871.
Henle, W., Kommentar z. Zwangsenteignungsges. 1890.
Höcht, Syst. Darstellung des in Bayern geltenden Jagdrechts. 1893.
Hölder, Institutionen.
Hoffmanns Guide diplomatique. Brüssel 1838.
Kahl, Die Konfession der Kinder aus gemischter Ehe. 1895.
Kries, Deutsches Strafprozeßrecht. 1892.
Laband, Staatsrecht des deutsch. Reichs. 3. Aufl.
Leonhard, Institutionen. 1893.
Levi, Vorname und Familienname im Recht. 1888.
Lewis, Das Recht des Familien-Fideikommisses. 1868.
Müller, v., Kommentar z. Flurbereinigungsges. Erlangen 1887.
Ortenau-Henle-Fischer, Kommentar z. Subh.Ord. Nördlingen 1888. 2. Aufl.
Pfaff, D. b. Ges. über das Gebührenwesen. München 1890 u. 1892.
Piloty, Dr. Robert, Die Verfassungsurkunde des Königreichs Bayern. München 1895.
Pözl, B. Verf.Recht. 5. Aufl.
Pollwein, M., Ges., betr. die Benützung des Wassers. München, Beck.
Puchta, Pandekten. 10. Aufl.
R = Entscheidungen des Reichsgerichts in Zivilsachen. 1—34. Band. Leipzig.
Regelsberger, Das b. Hypothekenrecht. 2. Aufl. Leipzig 1895.
Rohmer, Die rechtliche Natur des standesherrlichen Steuervorrechts. München 1893.
Roth, Bayerisches Zivilrecht. 3 Bde. (= Roth B.)
— Deutsches Privatrecht. 3 Bde. (= Roth D.)
S. = Sammlung von Entscheid. d. Ob.Landesgerichts in Bayern. 1—15. Bd. Erlangen, Palm & Enke.
Salkowski, Institutionen. 1892.
— Vermächtnisforderung. 1889.
Seuffert, Archiv f. ziv. Praxis. Bd. 1—50.
— Kommentar z. alten b. Gerichtsordnung. Erlangen 1842.

Seydel, Bayer. Staatsrecht. 1. u. 2. Aufl. Freiburg i. B. 1895.
Sicherer, Das Haus der Grafen v. Törring. München 1886.
Siegel, Deutsche Rechtsgeschichte. 3. Aufl.
Silbernagl, Kirchenrecht. 2. Aufl.
Staatslexikon der Görres-Gesellschaft. Freiburg i. Br. 1892.
Stengel v., Die Verfassungsurkunde. Würzburg 1893.
Stern, Ueber das Namenwesen. 1894.
Verfassungs-Gesetze des Königreichs Bayern. 4. Aufl. Würzburg 1894.
Vering, Römisches Privatrecht. 4. Aufl.
Vierling, Die fragmentarischen zivilrechtlichen Gesetze des Königreichs Bayern. 3. Aufl. 1894.
Wagner, Handb. des amtsger. Verf. 2. Aufl. München 1895.
Weber, Karl, Neue Gesetz- u. Verordnungen-Sammlung f. d. Königreich Bayern. Nördlingen, C. H. Beck = W. Bd. 1—16.
Windscheid, Pandekten. 2. u. 5. Aufl.
Windstoßer, Kommentar z. Flurbereinigungsges. 1889.
Zängerle, O., Statut f. d. Familien-Fideikommiß des Grafen Friedr. v. Quadt-Wykradt-Isny. Kempten 1887.

Die Parallelstellen

des Preuß. Landrechts T. II. 4. § 47—226 sind angeführt bei:

Pr.L.R.	F.E.	Pr.L.R.	F.E.	Pr.L.R.	F.E.	Pr.L.R.	F.E.	Pr.L.R.	F.E.
§ 47	§ 109	§ 83	§ 44	§ 119	§ 56	§ 155		§ 191	
48	2	84	56	120	44	156		192	
49	3	85	73	121		157		193	
50	4	86	60	122	66	158		194	
51	2	87		123		159		195	
52		88		124		160		196	
53	5	89		125		161		197	
54		90		126	42	162		198	§ 87
55	2	91	54	127		163		199	
56		92		128		164		200	
57		93		129		165		201	
58	11	94		130		166		202	
59	6	95		131	6	167		203	
60	2	96		132	44	168		204	
61	6	97		133	68	169		205	
62		98	69	134	32	170		206	77
63	17	99		135		171		207	
64		100		136	87	172	§ 87	208	73
65		101		137		173		209	
66		102	70	138		174		210	
67	77	103		139	95	175		211	75
68		104		140	87	176		212	74
69		105	56	141	89	177		213	
70		106		142	87	178		214	54
71	18	107		143	33	179		215	
72	44	108	58	144		180		216	73
73	42	109		145		181		217	
74	44	110		146		182		218	
75	17	111		147		183		219	
76	43	112	65	148		184		220	
77		113		149	87	185		221	
78	46	114		150		186		222	75
79	52	115	46	151		187		223	
80	57	116		152		188		224	
81	56	117	56	153		189		225	
82	44	118		154		190		226	

I.

Die Lehre vom Fideikommisse im allgemeinen und in Bayern insbesondere.

Das Fideikommiß.[1])

Das römische Institut; Entstehung des neuern Fideikommisses.

I. Neben der dem strengen Zivilrecht des ältern römischen Rechts angehörigen Form der Vermächtnisse, dem Legate, entwickelte sich bereits seit den republikanischen Zeiten der Brauch, daß Erblasser, ohne in den vorgeschriebenen Formen Legate zu errichten, den Erben es zur Pflicht machten, Vermächtnisse zu Gunsten bestimmter Personen zur Ausführung zu bringen (fidei heredis committebatur). So entstanden die Fideikommisse.[2]) Anfangs war es lediglich dem Gewissen der Erben überlassen, ob sie dieselben erfüllen wollten oder nicht. Als aber Augustus, von Lentulus samt dessen Tochter

---

[1]) Aufsatz von Kämpfe im Staatslexikon der Görres-Gesellschaft. Bd. II S. 786. Freiburg i. B. 1892 bei Herder.

[2]) cf. Institutionen des röm. Rechts von Leonhard. 1894. S. 358; von Hölder 1893 S. 329; von Salkowski 1892 S. 489. Salkowski, Die Vermächtnisforderung. Erlangen. 1889. Palm und Enke.

zum Erben eingesetzt, die durch codicilli, d. h. durch eine letzte Willensordnung ohne Erbeinsetzung, aufgelegten Fideikommisse erfüllt hatte, gelangten die Fideikommisse zur rechtlichen Geltung. Jedoch noch zu Plinius' Zeiten galten nur die codicilli testamento confirmati als rechtskräftig. Später wurden auch die nicht bestätigten mit Rechtswirkung ausgestattet, wenn nur überhaupt ein gültiges Testament bestand, und endlich sogar diejenigen, neben denen gar kein solches errichtet wurde. Demnach können die Fideikommisse des römischen Rechts mit Vering[3]) als Vermächtnisse definiert werden, die in einem Testament oder in codicillis precativis verbis, ja selbst solo nutu und in beliebiger Sprache jedem, der judicio testatoris und nicht nur fortuito casu etwas aus dem Nachlasse erhält, auferlegt werden können. Durch kaiserliche Konstitutionen wurden die Fideikommisse den Legaten, indem z. B. für letztere die Notwendigkeit solenner Ausdrücke fortfiel, näher und näher gebracht, bis Justinian verordnete, daß jedes Legat zugleich ein Fideikommiß und jedes letztere zugleich ein Legat sein solle und somit jeden Unterschied zwischen beiden beseitigte.

Der Form des Fideikommisses, durch die auch die gesamte Erbschaft oder eine Quote derselben übertragen werden konnte, bediente man sich nun, um gewisse Güter in einer bestimmten Familie zu erhalten. Denn wie die Substitution bei letztwilligen Hinterlassungen überhaupt angewendet werden kann, z. B. in der Art, daß derjenige, dem etwas vermacht ist, das Vermächtnis zu einer bestimmten Zeit an einen andern

---

[3]) Römisches Privatrecht, 4. Aufl., 740.

abtreten muß, so kann nach römischem Recht der Erblasser auch erklären, daß bestimmte Sachen oder ein Vermögen bei den Agnaten einer Familie bleiben sollen. Wenn der Erblasser nichts Näheres verfügt hat, so werden zur Familie die im Moment seines Todes lebenden Verwandten, sowie die Descendenten ersten Grades gerechnet. Wenn aber keine Verwandten mehr vorhanden sein sollten, sind auch die Gatten verstorbener Descendenten des Erblassers berechtigt. Wenn der Erblasser nicht anders verfügt hat, so ist eine Ansicht[4]) die, daß jedesmal der Inhaber des Fideikommisses nach seinem Belieben das Vermächtnis einem oder mehreren Familienmitgliedern zuwenden kann, sowie daß, wenn er dies nicht thut oder das Fideikommiß veräußert, die nächsten Verwandten zuerst desjenigen, für dessen Familie das Vermächtnis bestimmt ist, sodann aber die des letzten Fideikommißinhabers und an letzter Stelle die Schwiegerkinder dasselbe fordern können. Puchta hingegen läßt[5]) in dem Falle, daß die Familie die des Testators ist, nach diesem auch die Nähe des Grades bemessen werden. Windscheid[6]) spricht sich dahin aus, daß jeder Inhaber des Fideikommisses zu Gunsten des dem Grade nach nächsten Familiengliedes mit dem Vermächtnis beschwert ist; die Gradesnähe sei, was die zur Zeit des Todes des Erblassers Lebenden anlangt, nach dem Erblasser, in betreff der später Geborenen nach dem letzten Inhaber zu bestimmen. Diejenigen, welche in eine Veräußerung des Fideikommisses einwilligen, verlieren ihren Anspruch auf dasselbe, und es kann also durch

[4]) Vering a. a. O. 757.

[5]) Pandekten, 10. Aufl. 1866 § 527.

[6]) Lehrbuch des Pandektenrechts Tl. III 2. Aufl. 1874 § 637.

die Einwilligung aller Familienglieder das Fideikommiß ganz aufgehoben werden. Auch soll dasselbe in jedem Falle laut Novelle 159 c. 2 post quatuor successiones erlöschen, so daß der vierte Inhaber volle Dispositionsfreiheit darüber erhält. So Vering[7]), Pfeiffer[8]), Lewis[9]), während andere, wie Arndts[10]) und Rudorff[11]) die heutige Anwendbarkeit dieser Vorschrift bestreiten, Windscheid[12]) aber die Geltung derselben (wir glauben mit Unrecht) an die Bedingung knüpft, daß der vorletzte Inhaber vor Erreichung der Pubertät gestorben sei. Wie dem aber auch sei, das Institut des römischen Fideikommisses ließe sich, gerade in seiner Beschränkung, auch im modernen Rechtsleben zur Anwendung bringen, um ein Vermögen einer Familie auf längere Zeit zu erhalten, ohne dieselbe auf immer der freien Verfügung darüber zu berauben, die doch unter gewissen, vom Fideikommißinhaber gar nicht vorzusehenden Verhältnissen dringend geboten erscheinen kann.

II. Uebrigens steht in den deutschen Ländern, in welchen das gemeine Recht gilt, einer solchen Anwendung des Institutes nichts im Wege, obschon das gemeine deutsche Privatrecht und das Recht anderer europäischer Staaten, an das römische Fideikommiß anknüpfend, ein von diesen ganz verschiedenes Institut geschaffen haben, das mit dem römischen zwar den Namen teilt, sich aber durchaus verschieden von

7) a. a. O.

8) Praktische Ausführungen, III (1831) 2.

9) Das Recht des Familienfideikommisses (1868) 3 ff. u. a.

10) Pandekten, § 549 Anm. 3.

11) Zu Puchta Pandekten § 527 b.

12) a. a. O.

diesem ausgestaltet hat, indem wesentlich germanische Rechts-anschauungen darin ihren Rechtsausdruck fanden. Hier befaßt man sich nicht mit dem Fideikommiß des gemeinen deutschen Privatrechts und den wichtigsten partikularrechtlichen Modifikationen desselben in der österreichischen und preußischen Gesetzgebung, deren Typus sich ja im großen und ganzen auch in den Rechtssatzungen über die Fideikommisse, die das frühere französische, italienische und englische Recht enthielten, und das spanische und portugiesische und das bayerische noch enthalten, naturgemäß bis zu einem gewissen Grade wiederholt.

Das germanische Recht suchte den unbeweglichen Besitzstand der Familien gegen übermäßige Zersplitterung zu schützen. Die den alten Volksrechten eigene Fernhaltung der weiblichen Descendenten von der Erbfolge in unbewegliche Güter (sei es nun, daß dieselben nur den Söhnen nachgesetzt waren, oder daß sie, solange männliche Verwandte vorhanden waren, davon ausgeschlossen blieben), bildete sich in weiten Gebieten zur Bevorzugung des bäuerlichen Anerben aus, der mit Ausschluß der übrigen männlichen und weiblichen Verwandten zur Nachfolge in das ererbte Gut berufen wurde, sowie auch zum Verbote der Teilung der Güter durch Geschäfte unter Lebenden. Das deutsche Lehenrecht sicherte die dem Lehenverbande unterworfenen Güter des Adels gleicherweise vielfach vor Zerstückelung, indem es, obgleich die Lehen erblich geworden waren, dennoch in der Regel nicht nur Frauen und die durch Frauen mit dem Erblasser Verwandten, die Cognaten, von der Lehenfolge ausschloß, sondern, wenn der Lehensmann mehrere Söhne hinterließ, dem Herrn es anheimstellte, nur einem derselben das Gut zu verleihen, anstatt es den sämtlichen Söhnen zur gesamten Hand zu überlassen, eine Freiheit, von der der Lehensherr sicher häufig Gebrauch gemacht hat, um den Wohlstand und die Leistungsfähigkeit seiner Vasallen zu sichern.

Diese Entwicklung des deutschen Rechts und des mittelalterlichen Rechtslebens überhaupt erfuhr seit dem vierzehnten und fünfzehnten Jahrhundert eine rückläufige Bewegung. Die römisch-rechtliche Theorie, daß den Frauen ein gleiches Erbrecht an den beweglichen und unbeweglichen Gütern wie den Männern zukomme, kam mehr und mehr zur Geltung. Wenn auch diese Theorie (die zunächst in den Städten zur ehelichen Gütergemeinschaft der Gatten und dem gleichen Erbrecht der dem Grade nach gleichen Verwandten führte) trotz der Ende des fünfzehnten Jahrhunderts vollzogenen und im Jahre 1495 reichsgesetzlich anerkannten Rezeption des römischen Rechts nicht zu allgemeiner Anerkennung kam und sich insonderheit der hohe Adel und der Bauernstand ihr altes Erbrecht und die herkömmlichen Beschränkungen der Verfügungsfreiheit über ihre Immobilien zu wahren wußten, so wurde doch der niedere Adel von den Wirkungen der neuen Rechtsanschauung vielfach betroffen; denn es fanden sich nicht nur seine Allodialbesitzungen von dem neuen Rechte berührt, auch das Lehenrecht wurde durch die mit dem römischen Rechte erfolgte Rezeption des longobardischen Lehenrechts verändert. Diesem zufolge hatten gleich nahe Erben männlichen Geschlechts ein gleiches Recht auf die Erbschaft und zwar so, daß sie das Gut teilen durften. Wenn nun auch bezüglich der großen Reichslehen die Unteilbarkeit sanktioniert war und sich außerdem partikularrechtlich für die Erhaltung des adeligen Besitzes Einrichtungen gebildet hatten, so war doch kein allgemein anerkanntes Rechtsinstitut vorhanden, welches die Erhaltung gewisser Güter in der Familie gesichert hätte. Es war in gewissen Ländern (so im jülich-bergischen Landrecht und in der kurkölnischen Rechtsordnung) die Bevorzugung des Alters bei der Succession in den Stammsitz der Familie eingeführt und im übrigen der Ausschluß der Töchter durch die Söhne, allerdings unter Wahrung der Testierfreiheit der Eltern, festgesetzt. Anderswo kam es sogar zum Erlaß einer streng agnatischen Erbfolge (bremisches Ritter-Recht). Wieder an anderen Orten half sich der niedere Adel, der sich die Autonomie, welche dem hohen Adel eingeräumt war, nicht zu nutze machen konnte und dem während des späteren Mittelalters (nachdem er sich zu Anfang des dreizehnten Jahrhunderts zu einem Geburtsstande ausgebildet hatte) das allgemeine Landrecht nicht mehr genügte, dadurch, daß er in den einzelnen Fällen Verträge schloß. So wurden seit dem dreizehnten Jahrhundert die Erbverzichte der Töchter häufiger, ein Brauch, der dann im österreichischen Recht dahin führte, daß Kaiser Ferdinand I. den nicht vollzogenen Verzichtsakt derselben als geschehen anzunehmen erklärte und das Rechtsinstitut der „verziehenen Töchter" dergestalt zur Regel machte.

III. Bei dieser Mannigfaltigkeit der diesbezüglichen Rechtsregeln läßt es sich begreifen, daß die Verwendung des römischrechtlichen Fideikommißinstitutes, um die verschiedenen Einrichtungen des adeligen Güterrechtes bezüglich der Erhaltung des Vermögensstandes in ein einheitliches Institut zu verschmelzen, mit Eifer begrüßt wurde, und daß sich so, sowohl anderwärts, als auch in Deutschland das Familien-Fideikommiß als Institut des gemeinen Rechts einbürgerte. Die Zeit, in welcher diese Entwicklung in Deutschland vor sich ging, war das siebenzehnte Jahrhundert. Der Fideikommisse haben sich fast nur adelige Familien bedient, obgleich deren Errichtung auch anderen gestattet war und es auch heute noch ist. Es bildet eine Ausnahme, wenn das bayerische Edikt vom Jahre 1818 die Errichtung derselben auf adelige Personen und Familien beschränkt.

Der Begründer der Theorie der Fideikommisse war Philipp Knipschildt[13]) in seinem Tractatus de fideicommissis familiarum nobilium (Argentorati 1626, verbessert 1654). Man begann in der Praxis Familien-Fideikommisse zu errichten, für welche sich ein allgemeines Gewohnheitsrecht bildete, und es kam dann auch bald zu gesetzlichen Verordnungen bezüglich dieses Institutes. Während sich aber die Fideikommißerrichtungen erst seit der Mitte des siebenzehnten Jahrhunderts mehrten, wurde das erste Gesetz über diese Materie im Jahre 1672 erlassen, nämlich das Mandatum des Kurfürsten Ferdinand Maria von Bayern (Luenig, Corpus iur. feudal. I 523 sqq.), welche Gesetzgebung im bayerischen Landrechte von 1756 Tl. III Kap. 10 ihren Abschluß fand.

Mit der Bildung des Königreichs Bayern[14]) fand eine völlige Umgestaltung statt, indem die Auflösung aller bisher

[13]) Weitere Litteratur bei Roth, deutsches Privatrecht III. Teil S. 753 Note 1.

[14]) Das Nachfolgende nach Roth, b. C.R. II. Bd. S. 548 ff.

bestehenden Familien-Fideikommisse nur in der Form der gesetzlich geregelten Majorate gestattet und als ein Vorrecht des Adels erklärt wurde. Dieser Standpunkt blieb in der Hauptsache auch in der mit dem neuen Verfassungsrecht in Verbindung stehenden Gesetzgebung gewahrt, indem das Fideikommißedikt vom 26. Mai 1818 zwar die bisherigen Majorate unverändert fortbestehen ließ, insoferne nicht der Konstituent innerhalb zwei Jahren eine Umgestaltung in ein neueres Familien-Fideikommiß vornahm, im übrigen mit Ausnahme der Fideikommisse der Reichsritterschaft und der adeligen Familien in den erst seit 1812 erworbenen Gebietsteilen für Fideikommisse ausschließlich die Bestimmungen des Fideikommißediktes von 1818 als maßgebend erklärte und alle entgegenstehenden Vorschriften aufhob. Ergänzt wurde dieses Gesetz durch ein Zusatzgesetz vom 11. September 1825 und die Instruktionen über die Behandlung der Familien-Fideikommisse vom 2. Dezember 1818 und 3. März 1857, und es sind diese gesetzlichen Bestimmungen auch jetzt noch in Geltung, da der von Seite der Regierung zur Umgestaltung des Instituts vorgelegte Entwurf nicht zum Gesetz erhoben wurde.[15] Wir lassen nunmehr eine Darstellung des in Bayern geltenden Fideikommißrechts folgen:

Von den Familien-Fideikommissen überhaupt.

I. Begriff der Familien-Fideikommisse. Das Familien-Fideikommiß ist ein Vermögenskomplex, welcher durch

---

[15]) Verzeichnis deutscher Fideikommißrechte bei Roth D III S. 756 und Note 17 und 18, 19, 20.

eine den gesetzlichen Bestimmungen entsprechende Disposition in der Art unveräußerlich an eine Familie gebunden ist, daß er der in der Disposition bestimmten Succession verbleibt. Gemeinrechtlich sind der Disposition des Konstituenten keine weiteren Schranken gezogen, sowohl was den Umfang des Familien-Fideikommisses, als die dazu bestimmten Gegenstände und die Art der Succession betrifft; das bayerische Recht dagegen hat die Dispositionsbefugnis nach allen Seiten beschränkt, indem es zur Errichtung das Vorhandensein eines lastenfreien Grundbesitzes von einer bestimmten Größe voraussetzt und die Stiftung nur für Adelige mit Bestimmung der agnatisch-linealischen Erfolge mit Primogenitur zuläßt. Während also gemeinrechtlich bei Familien-Fideikommissen zunächst die Disposition entscheidet, und nur subsidiär, soweit eine solche nicht getroffen ist, die gesetzlichen Bestimmungen zur Anwendung kommen, sind nach bayerischem Recht zunächst die gesetzlichen Bestimmungen maßgebend und eine diese modifizierende Disposition des Stifters nur da zulässig, wo das Gesetz sie ausdrücklich gestattet. Dies erstreckt sich jedoch nicht auf die Familien-Fideikommisse der Standesherren, welche in den Dispositionen über die Fideikommisse in ihren Familien nicht an die Vorschriften des Fideikommisses gebunden sind.

Die Bestimmungen des Fideikommißediktes von 1818 sind für alle anderen Familien-Fideikommisse in Bayern die ausschließliche Entscheidungsquelle, mit Ausnahme der nach den Bestimmungen des Ediktes vom 22. Dezember 1811 errichteten Majorate, für welche, soweit sie nicht bis zum 26. Mai 1820 in ein Familien-Fideikommiß des neueren Rechts verwandelt worden sind, die Bestimmungen des Edikts vom

22. Dezember 1811 maßgebend geblieben sind, dann der Fideikommisse der ehemaligen Reichsritterschaft und des Adels in den erst seit 1812 mit dem Königreich Bayern vereinigten Provinzen, für welche, wenn die einschlägigen Urkunden innerhalb zwei Jahren dem kompetenten Gericht zur Bestätigung vorgelegt worden sind, unter subsidiärer Anwendung der Bestimmungen des Fideikommißediktes von 1818 die ursprünglichen Dispositionen bei Bestand bleiben.

II. Gegenstand des Familien-Fideikommisses. Gemeinrechtlich kann ein Familien-Fideikommiß an allen Sachen und Rechten konstituiert werden, welche die erforderliche Dauer haben und ertragsfähig sind. Das bayerische Recht beschränkt dies insoferne, als es zur Errichtung von Familien-Fideikommissen nur Immobilien und diesen gleichstehende Rechte zuläßt und Mobilien nur als Pertinenzen der Immobilien dem Fideikommißverband unterwerfen läßt, wobei, da der zur Errichtung erforderliche Minimalwert nach der Grund- und Dominikalsteuer bemessen wird, in der Regel nur landwirtschaftliche Güter als zur Fideikommißerrichtung geeignete Objekte erscheinen. Im einzelnen ist zu unterscheiden:

A. Gegenstand des Fideikommisses. Nach bayerischem Recht kann als geeignetes Objekt zur Errichtung eines Familien-Fideikommisses verwendet werden:

1. Alles im Königreich gelegene Landeigentum samt den mit demselben in natürlicher Verbindung stehenden landwirtschaftlichen Industrieanstalten, insbesondere den Brauereien.

Das Gesetz schließt damit die Unterwerfung von Häusern unter den Fideikommißverband nicht aus, jedoch kommen sie bei Berechnung des zur Konstituierung erforderlichen Minimalwertes nicht nach dem Betrag der Haussteuer, sondern nach dem der Grundsteuer in Betracht.

2. Die Erträgnisse des früher bestandenen Obereigentums. Da dieses jetzt aufgehoben ist, so sind dahin die fixen Abgaben in Geld und Naturalien zu rechnen, welche früher mit dem Obereigentum verbunden waren und die bis zur Ablösung als Reallasten unverändert fortbestehen.

3. Die auf einem zum Fideikommiß bestimmten Gute aktiv ruhenden, fruchtbringenden Realrechte an fremdem Eigentum, namentlich Geldrenten und Fischrechte.

4. Bewegliche Sachen und diesen gleichstehende Rechte können nicht für sich allein zur Bildung eines Fideikommisses dienen, sondern nur als Pertinenzen mit einem Fideikommiß verbunden oder zur Vermehrung eines Fideikommisses (Fideikommißüberschuß) verwendet werden:

a) Die Pertinenzen eines Fideikommisses sind teils dispositive, teils gesetzliche. Gesetzliche Pertinenzen sind bei Oekonomien Vieh und Fahrnis, dann der nötige Samen und das bis zur nächsten Ernte hinreichende Speisegetreide; bei Brauereien das Braugeschirr jeder Gattung und ein nach dem zur Zeit der Fideikommißfolge sich bezeigenden Betrieb des Braugeschäftes notwendiger halbjähriger Vorrat; bei anderen Industrieanstalten die hiezu gehörigen Maschinen und Werkzeuge aller Art.

b) Zum Fideikommißüberschuß können alle Arten von beweglichen Sachen und diesen gleichstehenden Rechte, namentlich Geld und Kapitalien, Kleinodien, Sammlungen von Gemälden, Kunstsachen und Büchern und Hauseinrichtung verwendet werden.

B. Größe des Fideikommisses. Das bayerische Recht bestimmt die Größe der Familien-Fideikommisse, indem es anordnet, daß zur Bildung und dem Bestand eines Familien-Fideikommisses ein Grundvermögen erforderlich sei, von welchem an Grund- und Dominikalsteuer ein Steuersimplum von 25 fl. entrichtet werde, und daß das Grundvermögen in diesem Betrag frei von Lasten sei. Von dem Vorhandensein dieses Grundstocks ist nicht nur die Entstehung, sondern auch der Fortbestand des Familien-Fideikommisses abhängig. Daher ist die Fideikommißerrichtung eine bedingte, wenn das dazu bestimmte Vermögen die gesetzlich vorausgesetzte Größe noch nicht hat, und sie wird aufgelöst, wenn der Bestand durch äußere Umstände unter den gesetzlich bestimmten Wertbetrag sinkt und die den Beteiligten obliegende Ergänzung innerhalb Jahresfrist nicht erfolgt. Die Voraussetzung der Lastenfreiheit bringt es mit sich, daß der Grundstock entsprechend erhöht werden muß, wenn unablösbare Lasten auf den Fideikommißobjekten haften. Für den Umfang des Fideikommisses ist gesetzlich sonst keine Grenze gezogen, und es kann daher sowohl bei der Errichtung, als in der Folge durch jede Art von beweglichem und unbeweglichem Vermögen vermehrt werden. Soweit diese Bestandteile mit fideikommissarischer Eigenschaft belegt sind, können sie als Fideikommißüberschuß bezüglich der Veräußerung und Verschuldung eine von dem Grundvermögen zu unterscheidende Stellung einnehmen.

III. Subjekte des Familien-Fideikommisses. Die bei dem Familien-Fideikommiß in Betracht kommenden Personen sind:

A. Der Stifter (Konstituent). Errichten kann ein Familien-Fideikommiß jeder Handlungsfähige, der über sein Vermögen disponieren kann. Es wird dabei weder adeliger Stand noch männliches Geschlecht vorausgesetzt. Die Errichtung eines Fideikommisses kann auch auf königlicher Dotation beruhen, was für einzelne Rechtsverhältnisse Abweichungen von den allgemeinen Regeln zur Folge hat.

B. Der Fideikommissar. Dies kann der Stifter selbst sein, indem er das in seinem Eigentum stehende Vermögen für sich und seine Descendenten in ein Familien-Fideikommiß verwandelt, oder ein Dritter. Nach bayerischem Recht kann ein Fideikommiß nur für einen dem erblichen Adel Angehörigen errichtet werden, und ebenso können nur Adelige die Eigenschaft von Anwärtern haben und in Familien-Fideikommisse succedieren. Da das bayerische Recht nur Fideikommisse mit agnatisch-linealischer Erbfolge zuläßt, so setzt die Errichtung auf Seite des Instituierten männliches Geschlecht voraus. Die Stiftung kann außer der Institution auch eine Substitution enthalten, nämlich für den Fall Bestimmungen treffen, daß die männliche Nachkommenschaft des Instituierten ausstirbt. Dies kann in der Art geschehen, daß für diesen Fall eine andere Familie zur Succession bestimmt wird, oder daß der Stifter die weibliche Descendenz mit fortdauerndem fideikommissarischem Verband beruft.

C. Die Anwärter. Als Anwärter erscheinen alle diejenigen, welche durch die Stiftung nach den gesetzlichen Bestimmungen zur Succession in das Familien-Fideikommiß berufen sind, und denen kraft ihres unentziehbaren Erbrechts bestimmte Rechte an dem Fideikommißvermögen nicht nur mit dem Eintritt des einzelnen Successionsfalles, sondern schon mit ihrer Geburt und während der Dauer der Rechte des Fideikommißinhabers zustehen. Das bayerische Recht kennt zwei Arten von Anwärtern, die Descendenten des ersten Erwerbers und die Angehörigen der nach Aussterben der instituierten Familie zur Succession in das Familien-Fideikommiß substituierten Familie.

Errichtung des Familien-Fideikommisses.

I. Akt der Errichtung. Früher nahm man die Möglichkeit der Begründung eines Familien-Fideikommisses durch Gesetz, Observanz und Verjährung an; das neuere Recht setzt dagegen eine bestimmte Disposition voraus, womit das bayerische Recht übereinstimmt. Zu dieser Errichtung ist erforderlich:

A. Die Willenserklärung. Diese muß nach der gesetzlichen Bestimmung eine ausdrückliche sein, es darf also keinem Zweifel unterliegen, daß die Errichtung eines den gesetzlichen Bestimmungen entsprechenden Familien-Fideikommisses beabsichtigt sei. Da es nach bayerischem Recht nicht in den Willen des Disponenten gestellt ist, dem Fideikommiß einen beliebigen

Inhalt zu geben, so kann nur eine solche ausdrückliche Erklärung für die Begründung eines Fideikommisses als genügend angesehen werden, aus welcher sich die Absicht des Stifters entnehmen läßt, ein den gesetzlichen Bestimmungen des Fideikommißediktes entsprechendes Fideikommiß zu errichten. Es können demnach die Zweifel, wie sie gemeinrechtlich über die Bedeutung einer Disposition vorkommen können, nach bayerischem Recht nicht erhoben werden, da hier nur diejenige Willenserklärung als genügend anzusehen ist, welche die gesetzlichen Bestimmungen des Fideikommißedikts reproduziert oder welche sich auf dieselben im ganzen bezieht.

B. Form. Für die Errichtung des Familien-Fideikommisses ist durch das Gesetz selbst keine bestimmte Form vorgeschrieben, vielmehr ist anerkannt, daß die Errichtung durch eine Handlung unter Lebenden oder eine letztwillige Verfügung erfolgen könne. Hiernach kann ein Fideikommiß errichtet werden:

1. Durch eine Handlung unter Lebenden und zwar:

a) Durch Vertrag. Die Kontrahenten können die Errichtung des Fideikommisses für einen der Kontrahenten oder auch für einen Dritten vertragsmäßig bestimmen. Als Vertrag unterliegt hier die Fideikommißerrichtung dem notariellen Verbriefungszwang.

b) Durch einseitige Disposition. Gemeinrechtlich wird die Möglichkeit der Errichtung eines Fideikommisses durch einseitige Erklärung des Stifters jetzt allgemein angenommen und es ist dies in dem bayerischen Recht ausdrücklich anerkannt. Unzulässig erscheint es, eine solche Verfügung, wie ältere Schriftsteller thun, unter den Gesichtspunkt der Schenkung zu stellen, vielmehr liegt hier eine der Stiftung analoge Disposition vor. Eine besondere Form ist hiefür in dem bayerischen Recht nicht vorgeschrieben; doch ist jedenfalls schriftliche Errichtung in Urkundenform erforderlich.

2. Durch letztwillige Verfügung. Diese kann erfolgen:

a) In einem Testament oder Codicill. Die Errichtung in einem Testament kann entweder durch Bestimmung des ganzen Vermögens oder eines quoten Teils desselben (Universal-Fideikommiß) oder durch Bestimmung einer einzelnen Sache (Partikular-Fideikommiß) zum Fideikommiß geschehen; ferner entweder durch Einsetzung des Testamentserben oder eines Dritten als Fideikommißerbe. Bei Bestimmung einer einzelnen Sache zum Fideikommiß ist die Zuwendung nur als Vermächtnis aufzufassen.

b) In einem Erbvertrag. Dieser kann das Fideikommiß für den Vertragserben oder einen Dritten bestimmen und sich auf das ganze Vermögen oder einen quoten Teil desselben oder einzelne Sachen erstrecken. Von der Errichtung durch Vertrag unter Lebenden unterscheidet sich die Errichtung durch Erbvertrag darin, daß in dem letzteren Fall die Fideikommißstiftung nicht vor dem Tod des Stifters in das Leben treten kann.

C. Dispositionsfähigkeit. Jede Fideikommißerrichtung setzt die Dispositionsfähigkeit des Stifters voraus, und zwar sowohl in subjektiver, als in objektiver Beziehung, der Stifter muß daher überhaupt und über die zum Familien-Fideikommiß bestimmten Objekte in dieser Weise und in dem beabsichtigten Umfang verfügen können. Eine Beschränkung hinsichtlich der einzelnen Objekte findet sich in Bayern nach Aufhebung des Grundbarkeitsverbandes nur noch bei Lehen, bei welchen die Verwendung zur Fideikommißerrichtung von der Einwilligung des Lehensherrn und davon abhängt, daß die Erbfolgeordnung mit der für das Familien-Fideikommiß geltenden übereinstimme. Bei allodifizierten Lehen, bei welchen die bisherige Lehenssuccession beibehalten ist, ist die Verwendung zur Fideikommißerrichtung von der Zustimmung der successionsberechtigten Agnaten abhängig. Eine Beschränkung der Dispositionsbefugnis in dem für die Fideikommißerrichtung erforderlichen Umfang kann durch das Pflichtteilsrecht gegeben sein. Durch die Fideikommißstiftung darf der bei dem Tode des Konstituenten nach der in diesem Zeitpunkt vorhandenen Kinderzahl von dem gesamten Vermögen mit Einschluß der zum Fideikommiß bestimmten Objekte zu berechnende Pflichtteil nicht verletzt werden. In den Pflichtteil der Kinder kann eingerechnet werden, was ihnen durch das Fideikommiß zugewiesen wird; dem Instituierten kann also sein Pflichtteil in dem Fideikommiß angewiesen sein, und die übrigen Kinder müssen sich anrechnen lassen, was sie durch die Fideikommißstiftung als Abfindung oder Unterhaltsbeitrag erhalten. Soweit nun bei der Errichtung nicht sichergestellt ist, daß die dereinstige Herauszahlung des Pflichtteils den lastenfreien Minimalbetrag des Fideikommisses nicht berühre, oder doch dessen Ergänzung in der gesetzlich vorgeschriebenen Zeit in Aussicht stehe, steht die Pflichtteilsberechtigung der Fideikommißerrichtung entgegen.

II. Perfektion. Für die Perfektion des Fideikommisses gelten nach bayerischem Recht folgende Grundsätze:

A. Richterliche Bestätigung. Das bayerische Recht schreibt abweichend von dem gemeinen Recht zur gültigen Entstehung eines Familien-Fideikommisses dessen obrigkeitliche Bestätigung vor. Hiernach hat nach vorgängiger Untersuchung das für das zu errichtende Familien-Fideikommiß zuständige Appellationsgericht die Bestätigung zu erteilen, welche, wenn die gesetzlichen Voraussetzungen vorliegen, nicht abgeschlagen werden darf. Das Gericht hat nach vorgängiger Instruktion zunächst durch Ediktalladung die unbekannten Gläubiger zur Anmeldung ihrer Forderungen innerhalb eines Präklusivtermins aufzufordern, und wenn die gesetzlichen Voraussetzungen nachgewiesen sind, die Bestätigung in einer besonderen Urkunde zu erteilen, welche in die Fideikommißmatrikel eingetragen und durch das Regierungsblatt bekannt gemacht wird. Eine Ausnahme ist nur für die durch königliche Dotation gegründeten oder vermehrten Fideikommisse gegeben, bei welchen die gerichtliche Bestätigung wegfällt und die Ausfertigung, Immatrikulation und Bekanntmachung der Fideikommißurkunde dem Justizministerium obliegt. Die Bestätigung wird nur bedingt erteilt, wenn eine der Voraussetzungen zur gültigen Errichtung eines Fideikommisses noch mangelt und deren Ergänzung in Aussicht steht, wenn z. B. das zur Errichtung eines Fideikommisses erforderliche Grundvermögen den im Gesetz vorgeschriebenen lastenfreien Betrag noch nicht erreicht hat.

B. Immatrikulation. Jedes Fideikommiß muß in die bei dem kompetenten Gericht zu führende Fideikommißmatrikel eingetragen werden: die Führung derselben richtet sich jetzt nach der Verordnung vom 3. März 1857. Hienach wird für alle in dem Kreise gelegenen Fideikommisse, welche nach dem Fideikommißedikt zu behandeln sind, eine Matrikel angelegt, deren Einrichtung sich nach der der Hypothekenbücher richtet. Jedes Familien-Fideikommiß erhält ein eigenes Folium, das wie die Hypothekenfolien drei Rubriken enthält. In der ersten Rubrik werden die vollständige Bezeichnung des zum Familien-Fideikommiß gehörigen Vermögens, der darauf haftenden Reallasten, der etwa bestimmten besonderen Successionsordnung und Substitution, der zur Ergänzung oder Vermehrung der Substanz bestimmten Fristen, sowie alle daran sich ergebenden Veränderungen eingetragen. Die zweite Rubrik enthält die Eintragung des Besitzers und der besonders bestimmten Dispositionsbeschränkungen und die dritte Rubrik die Fideikommißschulden I. und II. Klasse mit den zu ihrer Tilgung festgesetzten Fristen. Die Fideikommißmatrikel genießt, wie das Hypothekenbuch, öffentlichen Glauben: die Eintragung in dieselbe ist die Voraussetzung des Fideikommißbestandes. In den Hypothekenbüchern wird die Fideikommißqualität bei den einzelnen Objekten nur vorgemerkt.

C. Bedingte Errichtung. Daß der Errichtung eines Familien-Fideikommisses eine Bedingung sowie ein Anfangstermin beigesetzt werden könne, leidet keinen Zweifel. Auch das bayerische Recht erkennt dies an, indem es in bestimmten Fällen die richterliche Bestätigung nur bedingt erteilen läßt. Es kann aber auch dem Stifter das Recht, die Entstehung seinerseits von einer Bedingung abhängig zu machen, umso weniger abgesprochen werden, als er ja auch das bedingungslos errichtete und bestätigte Fideikommiß wieder aufheben kann, wenn noch niemand durch Uebergabe oder Vertrag Rechte daran erworben hat. Solche Bedingungen dürfen sich jedoch nur innerhalb der durch das Fideikommißedikt gezogenen Schranken bewegen, d. h. sie dürfen das Vorhandensein der gesetzlichen Voraussetzungen nicht in Frage stellen.

Rechtsverhältnis der Beteiligten.

A. Rechte des Fideikommißinhabers.

I. Prinzip. Gemeinrechtlich ist es bestritten, welches Prinzip dem Rechte des Fideikommißinhabers zu Grunde liege, indem die einen den jeweiligen Nachfolger, andere den Konstituenten oder die Familie als Eigentümer ansehen und demnach dem jedesmaligen Inhaber nur ein Nutzeigentum an dem Fideikommißvermögen einräumen, während eine andere Meinung das Eigentum des Fideikommisses dem jedesmaligen Inhaber, den Anwärtern nur ein eventuelles Successionsrecht an dem Fideikommisse zuschreibt. Schon das bayerische und preußische Landrecht haben sich für die Meinung erklärt, wonach das Eigentum der Familie zusteht und der Inhaber nur Nutzeigentum hat, und es ist diese Auffassung auch in das Fideikommißedikt übergegangen. Hiernach steht das Fideikommiß in dem Miteigentum des Fideikommißinhabers und der Anwärter. Der Inhaber ist durch die Rechte der letzteren insoferne beschränkt, als er nur ein Nutzungsrecht, demnach nicht die Befugnis einer die Substanz ergreifenden Disposition hat, und bei Ausübung seines Nutzungsrechtes für Erhaltung der Sache Sorge tragen muß.

II. Das Nutzungsrecht. Für den Inhalt des Nutzungsrechtes des Fideikommißinhabers gelten folgende Grundsätze:

1. Der Inhaber hat Anspruch auf den vollen Fruchtgenuß und daher auch auf Detention des Objektes. Er bezieht alle Natural- und Zivilfrüchte der Sache und ihrer Accessionen. Er hat demnach Ansprüche auf die regelmäßigen Erträgnisse ländlicher Grundstücke, die forstmäßige Nutzung der Waldungen, die Erträgnisse der Jagd und Fischerei, soweit sie nach dem jetzt geltenden Recht mit dem Eigentum verbunden sind. Ebenso fällt ihm der auf dem Fideikommißgute gefundene Schatz zu, soweit der Eigentümer Anspruch darauf hat. Dem Fideikommißinhaber gehören ferner alle Zivilfrüchte, welche die Sache trägt, oder welche er durch die von ihm vorgenommenen Dispositionen über die Sache produziert. Er erwirbt die Naturalfrüchte mit der Separation. Der Fideikommißinhaber hat außerdem die Ausübung der mit dem Fideikommiß verbundenen Aktivrechte, namentlich des kirchlichen Patronats anzusprechen.

2. Der Fideikommißinhaber hat die Verpflichtung, die zum Fideikommiß gehörigen Gegenstände in gehörigem Stand

zu erhalten und haftet für alle Pflichtversäumnis. Er hat daher den gewöhnlichen Unterhalt der Sache zu besorgen und mäßige Reparaturen auf eigene Kosten vorzunehmen, während er bei außerordentlichen Reparaturen Ersatz aus dem Fideikommiß anzusprechen hat. Ebenso hat er die auf die Sache bezüglichen Prozesse zu führen, deren Kosten er jedoch nach bayerischem Recht aus dem Fideikommiß ersetzt erhält. Der Besitzer hat ferner alle auf dem Fideikommiß haftenden Lasten zu tragen, wobei er nur für außerordentliche Lasten Ersatz aus der Substanz anzusprechen hat.

Der Fideikommißbesitzer darf keine Aenderungen an der Fideikommißsache vornehmen, welche eine Deterioration enthalten. Dagegen ist er an der Vornahme von Veränderungen, welche eine Verschlechterung nicht enthalten, nicht weiter gehindert, und es können ihm namentlich nicht die dem Usufruktuar bestimmten Beschränkungen auferlegt werden. Auch steht ihm die Befugnis zu, die zum Fideikommiß gehörigen Sachen zu verpachten, wobei jedoch die Nachfolger an den Pachtvertrag nur gebunden sind, insoferne derselbe den Zeitraum von neun Jahren nicht übersteigt.

III. Veräußerung. Als allgemeine Regel gilt, daß der Fideikommißinhaber das Familienfideikommiß weder ganz noch teilweise einseitig veräußern dürfe. Dieser Grundsatz ist wie gemeinrechtlich, so auch im bayerischen Recht anerkannt. Es erstreckt sich dieses Verbot auf alle freiwilligen Veräußerungen und Belastungen, daher auf Veräußerung der Substanz durch irgend ein Rechtsgeschäft, dann Bestellung von Servituten und Reallasten, sowie auf Verpfändung, jedoch nicht auf Expropriation, das Arrondierungsverfahren und das Grenzregulierungsverfahren. Veräußerung wegen Schulden findet nach bayerischem Recht nur dann statt, wenn Fideikommißschulden erster Klasse abzutragen sind und das Fideikommißgericht nach vorgängiger Vernehmung der Anwärter zu der Ueberzeugung gelangt, daß die fälligen Forderungen auf andere Weise nicht befriedigt werden können und deshalb seine Einwilligung erteilt, wobei jedoch die zum Fideikommiß gehörigen Grundstücke nur in Ermanglung anderer zur Zahlung dieser Schulden geeigneter Objekte verwendet werden dürfen. In allen anderen Fällen setzt die Veräußerung oder Belastung von Fideikommißbestandteilen Zustimmung der Anwärter und des Fideikommißvertreters sowie des kompetenten Fideikommißgerichts voraus, wobei außerdem bei Lehen und durch königliche Dotation gegründeten Fideikommissen die königliche Einwilligung erteilt werden muß. Eine Ausnahme ist nur bezüglich der Fideikommißkapitalien gemacht, indem zur Verwendung derselben für Auslagen, welche unter die Fideikommißschulden erster Klasse gehören, nur Vernehmung der Anwärter und Genehmigung des Gerichts erforderlich ist. Bei jeder Veräußerung von Fideikommißobjekten muß ein Plan zur Ergänzung der Substanzverminderung durch Fristenzahlungen des Besitzers und seiner Nachfolger vorgelegt werden. Ueber die Wirkung der einseitigen Veräußerung sind die Meinungen geteilt, indem die einen die Veräußerung für die Lebensdauer des veräußernden Inhabers als gültig ansehen und erst nach seinem Tode ein Revokationsrecht der Anwärter entstehen lassen, die anderen nur bei testamentarisch bestimmten Fideikommissen

Nichtigkeit der Veräußerung, sonst nur ein Klagrecht der Anwärter auf das Interesse annehmen, und eine dritte Meinung bei allen Fideikommissen die einseitige Veräußerung für nichtig hält. Das bayerische Recht entscheidet für die letztere Meinung. Hienach ist die unkonsentierte Veräußerung oder Belastung von Fideikommißobjekten nichtig, und es hat zwar nicht der veräußernde Fideikommißinhaber selbst, wohl aber jeder Fideikommißanwärter und der etwa bestellte Fideikommißvertreter das Recht, die Revokationsklage zu stellen. Die Revokationsklage kann nach gemeinem Recht erst mit dem Anfall der Succession gestellt werden; nach älterem bayerischen Recht war, da die einseitige Veräußerung Verlust des Rechtes des Fideikommißinhabers nach sich zog, die Entstehung der Revokationsklage unmittelbar mit der Veräußerung gegeben; dies ist auch in dem neueren Recht anerkannt, obwohl nach diesem die einseitige Veräußerung von Seite des Inhabers nicht mehr mit Verlust des Rechtes bestraft wird. Da jeder Berechtigte die Revokationsklage nur stellen kann, wenn ihm das Successionsrecht angefallen ist, so sind gemeinrechtlich bei Stellung der Revokationsklage die Agnaten nach der Reihenfolge ihres Successionsrechtes legitimiert; nach bayerischem Recht ist diese Voraussetzung jedoch nicht gegeben, vielmehr ist hienach jeder Anwärter als solcher zur Klagestellung berechtigt. Der Klagestellung steht auch nicht entgegen, daß der Kläger Descendent oder Allodialerbe des Veräußerers ist, oder daß er in die Veräußerung gewilligt hat. Die Revokationsklage geht nach bayerischem Recht auf Herausgabe des veräußerten Gegenstandes zum Behufe der Wiedervereinigung mit dem Fideikommiß. Der

Beklagte hat gemeinrechtlich keinen Anspruch auf Restitution des dafür gezahlten Preises durch den Kläger, vielmehr kann er seine desfallsigen Rechte nur gegen den Veräußerer geltend machen: dagegen hat er Anspruch auf Ersatz der darauf gemachten Verwendungen nach den für die Eigentumsklage geltenden Grundsätzen. Die Verjährung der Revokationsklage richtet sich nach den allgemeinen für die Klagenverjährung geltenden Regeln.

IV. Verschuldung. Aus der Unveräußerlichkeit des Fideikommisses folgt von selbst die Unzulässigkeit der einseitigen Verschuldung desselben und es finden in dieser Hinsicht die im Lehenrecht geltenden Grundsätze analoge Anwendung. Daher gilt der allgemeine Grundsatz, daß die Substanz des Fideikommisses für die Allodialschulden des Inhabers nicht haftet, die Gläubiger des Fideikommißinhabers vielmehr nur an die Früchte des Fideikommisses sich halten können, soweit sie dem Schuldner zukommen. Gemeinrechtlich steht die Verschuldung des Fideikommisses in dem Belieben der Interessenten, indem nicht nur die subsidiäre Haftung des Fideikommisses für alle Schulden des Stifters, sondern auch die Zulässigkeit der Verschuldung durch den Stifter selbst und durch den Fideikommißinhaber nach erfolgter Einwilligung sämtlicher Interessenten angenommen wird. Die gewöhnliche Meinung geht daher dahin, daß bezüglich der Verschuldung des Fideikommisses die für die Verschuldung der Lehen geltenden Grundsätze analoge Anwendung leiden. Hievon weicht das bayerische Recht insoferne ab, als es weder dem Stifter noch den Interessenten die willkürliche Verschuldung des Fideikommisses gestattet, die Konstituierung von Fideikommißschulden vielmehr nur bei dem Vorhandensein der gesetzlichen Voraussetzungen zuläßt. Diese Voraussetzungen sind verschieden, je nachdem eine Fideikommißschuld als solche erster oder zweiter Klasse eingetragen werden soll.

a) Fideikommißschulden erster Klasse. Als Titel zur Eintragung einer Fideikommißschuld erster Klasse sind erklärt:

1. Die bei Errichtung des Fideikommisses auf der Substanz des Fideikommisses bereits haftenden Forderungen, also alle auf den das Fideikommiß bildenden Objekten eingetragenen Hypotheken.

2. Die bei Errichtung des Fideikommisses von dem Stifter ausdrücklich als Fideikommißschulden erster Klasse auf das Fideikommiß angewiesenen Forderungen.

3. Verwendung für den Ankauf eines dem Fideikommiß einverleibten Gutes.

4. Der Betrag der Prozeßkosten für die die Substanz des Fideikommisses betreffenden Rechtsstreite.

5. Der Betrag der für das Fideikommiß erlegten feindlichen Kontributionen.

6. Der Betrag für Herstellung notwendiger oder nützlicher Gebäude.

7. Die für Abtragung von Fideikommißschulden erster Klasse verwendeten Beträge.

Die Errichtung einer Fideikommißschuld erster Klasse setzt Genehmigung des kompetenten Fideikommißgerichts voraus, welches eine Untersuchung über das Vorhandensein der gesetzlichen Voraussetzungen anzustellen und in zweifelhaften Fällen die Fideikommißanwärter zu vernehmen hat. Eine Ausnahme ist nur begründet bezüglich der bei Errichtung des Fideikommisses auf den dazu gehörigen Objekten bereits lastenden Hypotheken.

b) Fideikommißschulden zweiter Klasse. Als Titel zur Konstituierung von Fideikommißschulden zweiter Klasse sind erklärt:

1. Alle Forderungen an den Stifter, welche nicht zur Eintragung als Fideikommißschulden erster Klasse sich eignen und nicht aus seinem Allodialvermögen gedeckt werden können.

2. Alle durch Krankheit, Aufwand für Erziehung oder Versorgung mehrerer Kinder, Ausstattung der Töchter, Antritt eines Civil- oder Militärdienstes, eintretende Verehelichung, Unglücksfälle in der Oekonomie oder schwere Kriegslasten verursachten außerordentlichen Kosten, welche weder aus den Früchten des Fideikommisses, noch aus dem Allodialvermögen des Fideikommißinhabers bestritten werden können.

Fideikommißschulden zweiter Klasse dürfen nur errichtet werden, wenn außer dem erforderlichen Betrag des Grundvermögens noch weiteres fruchtbringendes Vermögen vorhanden und dieser Fideikommißüberschuß nach Abzug aller bereits darauf haftenden Lasten und Schulden durch die neue Schuld nicht über ein Drittel beschwert wird, welche letztere Voraussetzung jedoch durch Verfügung des Konstituenten modifiziert werden kann. Die Errichtung einer Fideikommißschuld zweiter Klasse setzt überdies Zustimmung des Fideikommißnachfolgers, der Anwärter und des Fideikommißvertreters und Genehmigung von Seite des Fideikommißgerichtes voraus.

c) In Ansehung der mit dem Fideikommiß verbundenen Lehen kommen hinsichtlich der Verschuldung die Grundsätze des Lehenrechts zur Anwendung. Die Errichtung einer Fideikommißschuld setzt Vorlage und Genehmigung eines Schuldentilgungsplans und Eintragung in die Fideikommißmatrikel voraus. Die Fideikommißschulden erster Klasse gehen den Fideikommißschulden zweiter Klasse vor, und unter sich haben die Fideikommißschulden jeder Klasse den Vorzug nach der Zeit ihrer Eintragung.

B. Rechtsverhältnis der Anwärter.

Für das Rechtsverhältnis der Anwärter gelten folgende Grundsätze:

a) Bestimmung der Eigenschaft. Anwärter sind nach bayerischem Recht nur die ehelichen männlichen Descendenten des ersten Erwerbers, sei dies der Stifter selbst oder ein Dritter, und die Angehörigen der nach Abgang der ersten Familie zur Nachfolge berufenen zweiten Familie. Die Angehörigen der letzteren sind zwar auch Anwärter, allein sie üben, so lange die erste Familie nicht ausgestorben ist, nur die Rechte aus, welche die Erhaltung der Substanz des Fideikommisses bezwecken, haben daher namentlich nicht das Recht der Ergänzung und der Revokation. Andere in der Fideikommißstiftung Substituierte sind nicht Anwärter. Das Recht der Anwärter ist mit der Geburt gegeben, und es werden die civilrechtlichen Bestimmungen über die rechtliche Stellung der nascituri auf sie angewendet.

b) Natur ihres Rechtes. Gemeinrechtlich ist das Recht der Anwärter nur als eventuelles Successionsrecht anzusehen, da der Inhaber des Fideikommisses als Eigentümer erscheint, dessen Befugnisse durch das unentziehbare Erbrecht der Anwärter beschränkt sind. Nach den Grundsätzen des bayerischen Rechts dagegen haben die Anwärter das Obereigentum des Fideikommisses und sind in dieser Eigenschaft in Verbindung mit dem Inhaber als Miteigentümer anzusehen. Diese Befugnis ist ein ihnen mit der Geburt zukommendes Recht, ohne daß man sie, wie dies von manchen Seiten geschehen ist, als eine juristische Person anzusehen hätte.

c) Befugnisse der Anwärter. Den Anwärtern steht die Befugnis zu:

1. alle Maßregeln zu treffen, welche zur Erhaltung des ungeschmälerten Bestandes des Fideikommisses dienen. Sie können namentlich die Errichtung eines Inventars und Sicherung der Schuldbriefe über die zum Fideikommiß gehörigen Kapitalien durch Stellung auf den Namen des Fideikommisses und gerichtliche Disposition, dann den Nachweis der Leistung der von dem Fideikommißbesitzer aus dem Fideikommiß zu erlegenden Fristenzahlungen verlangen, bei Nichterfüllung der ihm in dieser Hinsicht obliegenden Verpflichtungen oder der schuldigen Leistungen an Familienmitglieder, sowie der für Tilgung der Fideikommißschulden für Wiederherstellung der geminderten Substanz oder für die Mehrung derselben zu

zahlenden Beträge, sowie bei übler Verwaltung der Fideikommißgüter Anzeige bei Gericht erstatten und Sequestration des unbeweglichen, sowie Deposition des beweglichen Vermögens beantragerk und sowohl für Erhaltung der Substanz, als für Erfüllung der fideikommissarischen Anordnungen wachen und darüber in den geeigneten Fällen die gerichtliche Hilfe nachsuchen.

2. Den Anwärtern steht das Recht zu, wenn das Fideikommiß ohne Schuld des Besitzers in seinem Bestand unter den gesetzlichen Minimalbetrag herabsinkt, in Verbindung mit dem Fideikommißbesitzer oder für sich allein innerhalb eines Jahres zur Erhaltung des Fideikommisses das Mangelnde zu ergänzen.

3. Freiwillige Veräußerung von Fideikommißobjekten, sowie die Kontrahierung von Fideikommißschulden zweiter Klasse ist nur mit Zustimmung der Anwärter zulässig. Bei unzulässiger Veräußerung von Fideikommißobjekten kann jeder Anwärter sofort die Revokationsklage stellen.

4. Der Anwärter hat das Recht der Succession in das Familien-Fideikommiß nach der für dieses geltenden Successionsordnung.

d) Entstehung und Verlust des Rechts. Das Recht der Anwärter wird:

1. Erworben durch die Bestimmung des Stifters, welche entweder auf schon lebende Personen das Recht übertragen oder die künftigen Descendenten als Anwärter bezeichnen kann, in welchem Falle das Recht für jeden Successionsfähigen mit der Erzeugung gegeben ist.

2. Verloren:

a) durch Aufhören der Successionsfähigkeit namentlich Verlust des Adels;

b) durch Verzicht. Jeder Anwärter kann auf sein Recht verzichten, und verliert dadurch alle mit dieser seiner Eigenschaft verbundenen Rechte. Bestritten ist, ob ein solcher Verzicht nur für die Person des Verzichtenden wirke, oder ob dadurch auch die Descendenz des Verzichtenden, soweit ihre Erzeugung erst nach dem Verzicht fällt, ihre Ansprüche verliere. Für die letztere Meinung spricht die Analogie des Lehenrechts und der Umstand, daß die Eigenschaft als Anwärter bei der späteren Descendenz nicht unmittelbar von dem ersten Erwerber übertragen, sondern durch die dazwischen liegenden Anwärter vermittelt wird, daher eine ununterbrochene Reihe von berechtigten Anwärtern voraussetzt.

C. Anordnungen zur Erhaltung des Familien-Fideikommisses.

Die Anordnungen zur Erhaltung des Fideikommisses sind teils durch die Gesetze vorgeschrieben, teils sind sie fakultativ von der Bestimmung des Stifters oder dem Antrag der Interessenten abhängig. Als solche sind in dem bayerischen Recht bestimmt:

a) Die Inventarerrichtung. Bei Errichtung des Fideikommisses ist eine umständliche Anzeige aller Bestandteile des Fideikommisses vorzulegen; diese werden in der

Bestätigungsurkunde aufgeführt, in die Fideikommißmatrikel eingetragen, und in dieser werden fortlaufend alle Veränderungen angegeben. Außerdem sind die Anwärter berechtigt, jederzeit die Errichtung eines ausführlichen Inventars zu verlangen, das bei der Trennung des Fideikommisses und Allods zu Grund gelegt wird.

b. Sicherheitsleistung. Gemeinrechtlich wird angenommen, daß dem Besitzer die Pflicht der Kautionsleistung obliege, was jedoch dem bayerischen Recht nicht entspricht. Nach diesem haben die Anwärter nur das Recht zu verlangen, daß die Schuldbriefe über die zum Fideikommiß gehörigen Kapitalien auf den Namen des Fideikommisses als Gläubiger gestellt und bei Gericht zur Verwahrung hinterlegt werden, und bei übler Verwaltung der Fideikommißgüter Sequestration der unbeweglichen Bestandteile und Deposition der beweglichen Zugehörungen zu erwirken. Die Einleitung einer Administration kann auch dann beantragt werden, wenn der Fideikommißinhaber mit den aus dem Fideikommiß zu erfüllenden Leistungen im Rückstand bleibt, nicht aber durch freiwillige Unterwerfung des Fideikommißbesitzers herbeigeführt werden. Die Administration des Fideikommisses soll, wenn es möglich ist, einem Familienglied übertragen werden.

c. Beaufsichtigung. Zur Beaufsichtigung der Fideikommißverwaltung kann der Konstituent die Bestellung eines Kurators (Vertreters) anordnen, welchem die Pflicht obliegt, für die Erhaltung des Fideikommisses zu sorgen, und der in allen Fällen, in welchen zu einer Handlung die Zustimmung der Anwärter erforderlich ist, gehört werden muß. Die

Bestellung des Vertreters, sowie die nähere Bestimmung seiner Kompetenz hängt lediglich von den Anordnungen des Stifters ab.

Außerdem sind nach bayerischem Recht die Fideikommisse der Beaufsichtigung der kompetenten Gerichte nach folgenden Grundsätzen unterworfen:

1. Das kompetente Gericht ist das Appellationsgericht (Oberlandesgericht), in dessen Sprengel das Fideikommiß-Vermögen belegen ist. Diesem steht die vorläufige Instruktion und die richterliche Bestätigung, sowie die Führung der Fideikommißmatrikel zu.

2. Das Fideikommißgericht hat in den gesetzlich vorgeschriebenen Fällen einen Fideikommißvertreter zu ernennen und die Administration des Fideikommisses zu bestellen.

3. Dem Fideikommißgericht steht die Beaufsichtigung der Verwaltung des Fideikommisses zu, und es hat die Befugnis, gegen üble Verwaltung des Inhabers auf Antrag der Interessenten oder von Amts wegen einzuschreiten.

4. Zu allen Handlungen, welche den Kreis regelmäßiger Verwaltung überschreiten, namentlich Veräußerung, Verschuldung und Auflösung des Fideikommisses, ist die Genehmigung des Fideikommißrichters erforderlich.

Die Familien-Fideikommißsuccession.

I. Prinzip. Für die Familien-Fideikommißsuccession sind im allgemeinen die Grundsätze maßgebend, welche der Lehenssuccession zu Grund liegen; sie gehört also dem sog.

successiven Erbrecht (Successio ex pacto et providentia majorum) an. Sie erscheint vom Standpunkt des Zivilrechts aus betrachtet wie die Lehenssuccession als Singularsuccession, um so mehr, als die im Lehenrecht für die Descendenten begründete notwendige Verbindung der Allodialsuccession gemeinrechtlich und nach bayerischem Recht für Familien-Fideikommisse nicht maßgebend ist, und als nach ausdrücklicher gesetzlicher Bestimmung die Fideikommisse in den Pflichtteil nicht eingerechnet werden, und die nicht zur Succession gelangenden Noterben des Besitzers ein Pflichtteilsrecht daran nicht haben. Die Fideikommißsuccession ist bloße Intestatsuccession, da jede letztwillige Verfügung des Vorgängers als verbotene Disposition erscheint; daher hat der Anwärter mit seiner Geburt ein unentziehbares Recht darauf. Sie unterscheidet sich von der zivilrechtlichen Succession darin, daß sie von selbst anfällt, daß sie eine bloß agnatische Succession ist, und daß sie sich auf die Descendenten des ersten Erwerbers beschränkt.

II. Successionsfähigkeit. Die Erwerbung des Fideikommisses setzt die Successionsfähigkeit voraus. Als successionsfähig erscheinen nur diejenigen Agnaten, welche von dem ersten Erwerber des Fideikommisses abstammen; die Annahme, daß ohne ausdrückliche Festsetzung auch die von Seitenverwandten des ersten Erwerbes abstammenden Agnaten successionsberechtigt seien, ist nicht allgemein anerkannt, in dem bayerischen Recht aber ausdrücklich verworfen, da hier nach gesetzlicher Bestimmung nur die Descendenten des ersten Erwerbers berufen sind, die Seitenverwandten desselben daher nur zur Succession gelangen können, insoferne sie durch

Substitution ein Successionsrecht erhalten haben. Voraussetzung der Succession ist daher regelmäßig Abstammung von dem Begründer oder ersten Erwerber des Fideikommisses. Diese muß eine durch rechtsgültige Ehe vermittelte sein; daher sind nicht succesionsfähig Adoptivkinder, uneheliche Kinder, Brautkinder, die in einer nicht vollgültigen Ehe erzeugten Kinder. Nach bayerischem Recht werden die durch nachfolgende Ehe, nicht aber die durch Reskript legitimierten Kinder den ehelichen gleichgeachtet. Die Successionsfähigkeit setzt außerdem Rechtsfähigkeit voraus; daher sind Klostergeistliche von der Succession in Familien-Fideikommisse ausgeschlossen. Das bayerische Recht macht außerdem die Succession von dem adeligen Stand abhängig, so daß diejenigen Anwärter, welche den Adel verloren haben, von allen Successionsrechten ausgeschlossen sind.

III. Successionsordnung. Nach bayerischem Recht können jetzt Fideikommisse nur zur Vererbung nach agnatisch-linealischer Erbfolge mit Primogenitur errichtet werden. Die Fideikommißfolge ist daher dieselbe wie nach bayerischem Lehenrecht. Unter gleich nahen Anwärtern hat daher der früher geborene den Vorzug, ohne daß dabei für die nicht zur Succession gelangenden Anwärter ein Anspruch auf Abfindung begründet wäre. Eine Ausnahme ist nur begründet, wenn in einer Familie mehrere Fideikommisse für mehrere Linien bestehen, indem die Fideikommisse der nachgeborenen Linien erst dann an die Besitzer des Fideikommisses der erstgeborenen Linie zurückfallen, wenn in den übrigen Linien keine zu den Fideikommissen berufene Nachkommen vorhanden sind. Auch werden die in einer Person vereinigten Fideikommisse wieder getrennt, sowie wieder mehrere Linien gebildet werden können. Von der Regel, daß für Fideikommisse keine andere als die agnatisch-linealische Erbfolge bestimmt sein darf, kann insoferne eine Ausnahme gemacht werden, als es dem Stifter gestattet ist, für den Fall des Abgangs des Mannesstammes zur Nachfolge im Fideikommiß unter Fortdauer des fideikommissarischen Verbandes die weibliche Descendenz zu berufen. In diesem Fall vererbt das Familien-Fideikommiß unter den weiblichen Abkömmlingen des letzten Inhabers nach den gleichen Grundsätzen wie unter den Agnaten, nur mit dem Unterschied, daß unter den von Töchtern descendierenden Anwärtern jeder männliche Descendent den Vorzug vor den weiblichen erhält und mit der Succession eines durch weibliche Nachkommen abstammenden männlichen Descendenten die Erbfolge wieder die agnatisch-linealische wird.

IV. Erwerb. Die Fideikommißsuccession tritt ein nicht nur mit dem Tod, sondern auch mit Verlust des Adels auf Seite des bisherigen Inhabers. Mit dem Eintritt des Successionsfalles geht das Recht von selbst auf den Nachfolger über, und es bedarf zur Erwerbung keiner Antretung von seiner Seite.

Rechtsverhältnisse Dritter.

I. Ansprüche der Witwe und Allodialerben. Gemeinrechtlich ist weder für die Witwe noch für die nicht zur Succession gelangenden Allodialerben des letzten Besitzers ein Anspruch auf Alimentation aus dem Fideikommiß gegeben. Das bayerische Recht dagegen gestattet nicht nur dem Stifter des Fideikommisses darauf bezügliche Dispositionen zu treffen, sondern verpflichtet auch, wenn solche nicht vorliegen, den Fideikommißbesitzer zur Alimentation der Witwe seines Vorfahrs, sowie zur Alimentation seiner Geschwister und Dotation seiner Töchter und Schwestern. Dieser Anspruch ist jedoch nur im Bedürfnisfall gegeben und der Umfang richtet sich nach den zivilrechtlichen Bestimmungen. Ebenso ist der Nachfolger verpflichtet, den wegen Adelsverlustes des Fideikommisses entsetzten Inhaber zu alimentieren.

II. Ansprüche der Gläubiger. Gemeinrechtlich gilt der Grundsatz, daß das Fideikommiß für alle Schulden des Stifters subsidiär haftet, und daß diesem sowie der Gesamtheit der Interessenten in der Befugnis der Verschuldung keine Schranken gezogen sind, sowie daß gewissen Forderungen an den Fideikommißinhaber ein gesetzlicher Anspruch gegen das Fideikommiß selbst zusteht. Hievon weicht das bayerische Recht insoferne ab, als es nur den in die Fideikommißmatrikel eingetragenen Forderungen einen Anspruch auf Befriedigung aus dem Fideikommiß einräumt und alle übrigen Forderungen als Allodialschulden lediglich an den Inhaber verweist. Nach bayerischem Recht sind daher zu unterscheiden:

a. Fideikommißschulden erster Klasse. Diese haften sowohl auf der Substanz, als auf den Früchten des Fideikommisses. Der Fideikommißinhaber haftet mit seinem Allodialvermögen nur, wenn er mit den im Tilgungsplan bestimmten Fristen im Rückstand geblieben ist. Dieser muß in der Art eingerichtet sein, daß aus den Früchten des Fideikommisses wenigstens 5% des Kapitals jährlich getilgt werden. Zur

Befriedigung von Fideikommißschulden erster Klasse können die zum Fideikommiß gehörenden Grundstücke und Realrechte veräußert werden, wenn die Gläubiger auf Befriedigung dringen und nach Vernehmung der Anwärter sich zeigt, daß sie auf andere Weise nicht befriedigt werden können.

b. Fideikommißschulden zweiter Klasse. Diese haften nur auf den Früchten des Fideikommisses, und der Besitzer haftet mit seinem Allodialvermögen nur, wenn er mit den im Tilgungsplan bestimmten Fristen im Rückstand geblieben ist oder zum Ersatz aus seinem Allodialvermögen sich ausdrücklich verpflichtet hat. Auf Geltendmachung ihrer Rechte gegen die Substanz des Fideikommisses haben die Gläubiger keinen Anspruch.

c. Allodialschulden. Für die Allodialschulden des Besitzers können nur die nach Abzug der Fideikommißlasten sich ergebenden Erträgnisse des Fideikommisses in Anspruch genommen werden; überdies hat der Inhaber Anspruch auf Belassung der Kompetenz. Der Fideikommißnachfolger haftet für die Allodialschulden des Vorgängers nur, insoferne er als dessen Allodialerbe in Anspruch genommen werden kann, oder insoferne er die Schuld besonders übernommen hat.

III. Sonderung des Fideikommisses und Allods. Wenn der Fideikommißsuccessor gar nicht oder nicht allein der Allodialerbe des letzten Inhabers des Fideikommisses ist, so muß zur Auseinandersetzung mit den Allodialerben und Sonderung des Fideikommisses und Allods geschritten werden. Diese bezweckt:

a. Herstellung des Fideikommißbestandes. Für diesen ist die Eintragung in die Fideikommißmatrikel und das auf Verlangen der Anwärter herzustellende Inventar maßgebend. Da dem Fideikommiß nur diejenigen Bestandteile einverleibt werden können, welche durch eine gerichtlich bestätigte Erklärung des Stifters oder Inhabers dazu bestimmt sind, so kann über die einzelnen Bestandteile kein Zweifel sein, und es kann daher nicht der Grundsatz des Lehenrechts, daß für die Allodialqualität die Vermutung streite, Anwendung finden, vielmehr wird hier lediglich die Eintragung in die Fideikommißmatrikel entscheiden, auf welche das Prinzip der Publicität anzuwenden ist. Hinsichtlich der Behandlung der allodialen Pertinenzen enthält das bayerische Recht keine Vorschrift. Nach den Grundsätzen des Lehenrechts, welche bei Fideikommissen für die Sonderung des Allods analog anzuwenden sind, verbleiben die mit dem Fideikommiß vereinigten allodialen Pertinenzen gegen Entschädigung der Allodialerben in ihrer Eigenschaft als Allodialpertinenzen bei dem Fideikommiß.

b. Teilung der Früchte. Für die Teilung der Früchte des Sterbejahres halten die meisten die Grundsätze des Lehenrechtes für analog anwendbar. Das bayerische Recht hat wie im Lehenrecht die für die Teilung der Früchte zwischen Nutznießer und Eigentümer geltenden zivilrechtlichen Grundsätze dann für analog anwendbar erklärt, wenn keine besonderen Dispositionen getroffen sind.

c. Abrechnung hinsichtlich der einzelnen Forderungen. Für den Ersatz von Verwendungen auf die

Sache, die nicht unter die Kategorie der den Inhaber treffenden Lasten gehören, erklärt das bayerische Recht die für die Ansprüche des Nutznießers nach Zivilrecht geltenden Grundsätze für anwendbar, wobei jedoch der Fideikommißnachfolger jene Beträge abziehen kann, welche der Vorgänger als Rückzahlungsfristen hätte entrichten müssen, wenn er, um den betreffenden Aufwand zu decken, eine Fideikommißschuld kontrahiert hätte. Dagegen haften die Allodialerben für jede auf das Fideikommiß sich beziehende Pflichtversäumnis ihres Erblassers und für jede hieraus entstandene Deterioration oder Verminderung der Substanz. Die Succession in das Fideikommiß ist von der vorhergehenden Sonderung des Allods nicht bedingt; insbesondere steht den Allodialerben hinsichtlich ihrer Ansprüche bezüglich der Früchteteilung und der Ersatz der Verwendungen ein Retentionsrecht an dem Fideikommiß nicht zu.

Aufhebung des Familien-Fideikommisses.

Als Erlöschungsgründe der Familien-Fideikommisse gelten nach bayerischem Recht:

I. Widerruf Der Stifter hat die Befugnis, das Fideikommiß durch Widerruf aufzuheben, soweit nicht durch Vertrag oder Uebergabe bestimmte Rechte Dritter daran bereits erworben sind.

II. Eintritt einer Resolutivbedingung. Ist das Fideikommiß unter einer Resolutivbedingung errichtet, so ist mit dem Eintritt derselben die Beendigung gegeben.

III. Zeitablauf. Wenn ein Familien-Fideikommiß nicht mit unbeschränkter Dauer, sondern auf bestimmte Zeit errichtet wurde, was nach bayerischem Recht zulässig ist, so tritt mit Ablauf der bestimmten Zeit die Beendigung des Familien-Fideikommisses von selbst ein und dieses verwandelt sich in Allod.

IV. Untergang des Objekts. Das Familien-Fideikommiß erlischt nicht nur durch vollständigen Untergang des Objekts, sondern nach bayerischem Recht auch, wenn sich ohne Verschulden des Besitzers durch den Untergang einzelner Bestandteile, Veräußerung einzelner Bestandteile wegen Fideikommißschulden erster Klasse, durch Vindikation dritter Eigentümer, durch andere Unfälle, durch Absonderung der mit einem Fideikommiß verbundenen Lehen wegen Verschiedenheit der Lehens- und Fideikommißsuccession oder der aus königlicher Dotation stammenden Bestandteile bei Aussterben des Mannsstammes der Bestand des Fideikommisses so sehr in seiner Substanz vermindert, daß der noch übrige Teil den zur Errichtung eines Fideikommisses gesetzlich vorgeschriebenen Wertbetrag nicht mehr erreicht, und die den Beteiligten innerhalb Jahresfrist gestattete Ergänzung nicht erfolgt. Der nach Tilgung aller Fideikommißschulden verbleibende Rest verwandelt sich hier in der Hand des letzten Besitzers in Allod, wobei dieser jedoch die für die Nachgeborenen und Witwen aufgelegten Lasten fortzuentrichten hat, soweit dies nach Abzug der ihm dann gebührenden Kompetenz möglich ist.

V. Aussterben der Fideikommißsuccession. Ist kein durch die Stiftung zur Succession berufener Anwärter vorhanden, so verwandelt sich das Fideikommiß mit dem Tode des letzten Besitzers in Allod. Hat der Stifter für diesen Fall nicht darüber als Allod verfügt, so kann der letzte Besitzer für seinen Todesfall darüber letztwillig disponieren und es tritt, wenn er davon keinen Gebrauch gemacht hat, mit seinem Tode die gemeine Intestaterbfolge ein.

VI. Freiwillige Auflösung. Gemeinrechtlich ist es bestritten, ob ein Familien-Fideikommiß durch Familienbeschluß, d. h. durch übereinstimmende Willenserklärung sämtlicher berechtigten Anwärter, aufgelöst werden könne. Die bejahende Meinung ist in dem bayerischen Recht gesetzlich rezipiert. Hiernach kann durch gemeinsames Einverständnis aller Beteiligten, zu welchen der Besitzer und alle durch Institution oder Substitution berufenen Anwärter gehören, mit gerichtlicher Genehmigung die Auflösung erfolgen. Das Gericht hat einen für diesen Fall besonders zu bestellenden Vertreter des Fideikommisses und der Nachkommenschaft gutachtlich zu vernehmen und nach vollständiger Instruktion der Sache seine Entschließung zu treffen. Ueber die weitere Bestimmung des Vermögens entscheidet hier zunächst die Uebereinkunft der Beteiligten, und nur insoferne eine solche nicht getroffen ist, fällt das Fideikommiß als Allod dem letzten Besitzer zu.

Jede Auflösung eines Fideikommisses muß öffentlich bekannt gemacht und in der Fideikommißmatrikel und in den Hypothekenbüchern eingetragen werden.

Es erübrigt noch zum Schlusse, des Schicksals zu gedenken, welches das bayerische Fideikommißrecht angesichts des zu erwartenden bürgerlichen Gesetzbuches für das deutsche Reich haben wird. In dieser Hinsicht ist zu sagen, daß dieses an sich das bestehende Sonderrecht nicht beeinflußt. Schon die Motive (5. Bd. S. 360) verweisen auf das Einführungsgesetz und Art. 35 desselben überweist Familien-Fideikommisse und Stammgüter ebenso wie Lehen der Landesgesetzgebung, wofür die Motive zu diesem Artikel S. 157 eine ausreichende Begründung geben. Bezüglich des sachenrechtlichen Verkehrs ist jedoch Artikel 37 des Einführungsgesetzes zu beachten, welcher der Revokationsklage enge Schranken ziehen wird.

II.

Die Lehre vom Adel.[1])

I. Der hohe Adel.

I. Begriff. Der hohe Adel umfaßt die Geschlechter, denen im alten deutschen Reiche zur Zeit seiner Auflösung erbliche Reichsstandschaft zustand. Ihm gehören somit heute sowohl die „landesherrlichen" oder „souveränen" wie die „standesherrlichen" oder „mediatisierten" Häuser an.[2]) Zu ihnen gehören auch die Personalisten, welche schon früher die Landeshoheit verloren.

II. Geschichte. Der Ursprung des hohen Adels liegt in der seit dem 12. Jahrhundert vollzogenen Abschließung des aus Fürsten, Grafen und freien Herren zusammengesetzten deutschen Herrenstandes zu einem Geburtsstande. Da dieser Stand kraft seiner Reichstagsfähigkeit im Reiche und kraft seiner sich zur Landeshoheit verdichtenden amtlichen und eigenen Machtbefugnisse in den Territorien herrschte, sonderten sich nun die zu solcher Herrschaft berufenen Ge-

---

[1]) Nach Gierke, D. Pr.R. I. S. 397.

[2]) Vgl. Heffter, Die Sonderrechte. Berlin 1871.

schlechter, die eigentlich die alleinigen Erben der altgermanischen Vollfreiheit waren, von den übrigen freien Geschlechtern als „edle“, „semperfreie“ oder „hochfreie“ ab. Als dann später ein zweiter Geburtsstand, dem die Eigenschaft des Adels zugesprochen wurde, entstand, wurde der ehemals alleinige Adel von ihm als „hoher“ Adel unterschieden.

Schon seit dem 14. Jahrhundert schuf sich dieser Stand, wie bereits oben bemerkt ist, auf dem Wege der Familiengesetzgebung und der Gewohnheitsrechtsbildung auch ein besonderes Privatrecht, das er dem eindringenden römischen Recht gegenüber festhielt. Dieses „Privatfürstenrecht“ entwickelte aus altgermanischen Keimen eigentümliche familienrechtliche und vermögensrechtliche Einrichtungen, deren leitender Gedanke die dauernde Erhaltung des Glanzes und der Stellung der Familie durch Unterordnung der einzelnen Familienglieder unter die Einheit des Hauses war. Das Privatfürstenrecht erhielt aber, da die Landeshoheit selbst als ein Bestandteil des Familiengutes erschien, zugleich wesentliche Stücke des sich unterhalb des Reichsstaatsrechtes ausbildenden territorialen Staatsrechts.

Mit der Auflösung des alten Reiches brach die bisherige Stellung des hohen Adels zusammen. Einige Familien erlangten die Souveränität; die übrigen wurden in Unterthanenfamilien verwandelt. Die letzteren blieben aber hochprivilegierte Geschlechter, denen die deutsche Bundesakte Art. 14 ausdrücklich zusicherte, daß sie nach wie vor zum hohen Adel gerechnet werden, das Recht der Ebenbürtigkeit behalten und im Genuß ihres besonderen Personen-, Familien- und Güterrechts bleiben sollten. Somit bildete also der hohe Adel auch fernerhin einen einheitlichen Geburtsstand mit besonderem Privatrecht. Nur nahm das alte Privatfürstenrecht bei den beiden Klassen der hochadeligen Häuser dadurch eine besondere Beschaffenheit an, daß bei den regierenden Häusern ein Teil desselben in das Staatsrecht des Landes überging, bei den standesherrlichen Häusern umgekehrt sein staatsrechtlicher Inhalt ganz erlosch.

Seit der Auflösung des deutschen Bundes ist die bundesrechtliche Garantie des Sonderrechts des hohen Adels weggefallen. Das Reich hat sie nicht erneuert. Dagegen besteht das Sonderrecht selbst in dem vom Bunde gewährleisteten Umfange insoweit fort, als er nicht neuerdings aufgehoben ist. Bisher hat die Landesgesetzgebung, nachdem die im Jahre 1848 erfolgten Eingriffe in den Rechtszustand der standesherrlichen Häuser wieder beseitigt sind, die privatrechtliche Sonderstellung des hohen Adels im wesentlichen geschont. Auch die neueren Reichsgesetze haben dieselbe in der Hauptsache unberührt gelassen, in einigen Punkten aber Ausnahmen vom gemeinen Rechte nur für die landesherrlichen Familien mit Einschluß des fürstlichen Hauses Hohenzollern vorbehalten. (Volljährigkeit, Personenstands-Beurkundung, Eheschließung, Gerichtsbarkeit und Ehesachen.)

Somit ist auch heute der hohe Adel ein einheitlicher Geburtsstand, der insoweit nach seinem besonderen Privatrecht lebt, als dessen Geltung nicht durch Reichs- oder Landesgesetz ausgeschlossen wird. Quelle dieses Sonderrechts ist für jede Familie zunächst ihr aus Gesetz und Hausobservanz fließendes Hausrecht, dahinter das gemeine Privatfürstenrecht. Von dem Inhalte des Rechtes des hohen Adels ist bei den einzelnen Rechtsinstituten zu handeln. Hier ist nur das zu erwähnen, worauf die Abschließung des Standes gegenüber den anderen Ständen des Volkes beruht.

III. Erwerb. Die Zugehörigkeit zum hohen Adel wird lediglich durch die Mitgliedschaft in einer der geschichtlich berechtigten Familien erworben. Nur durch den Eintritt einer bisher nicht hochadeligen Familie in die Reihe der souveränen Häuser würde dieser Kreis sich erweitern. Dagegen ist eine Verleihung des hohen Adels heute unmöglich. Auch ist der persönliche hohe Adel, der ehemals den geistlichen Reichsständen gebührte, heute weggefallen. Die Mitgliedschaft in einer hochadeligen Familie entsteht allein durch Geburt aus einer standesmäßigen Ehe. Weder durch Adoption, noch durch Legitimation wird der Eintritt in eine hochadelige Familie bewirkt. Ist aber die Ehe nicht standesgemäß, so folgt das Kind „der ärgeren Hand".

IV. Standesrechte. Die privatrechtliche Sonderstellung des hohen Adels beruht auf zwei Prinzipien: der genossenschaftlichen Verfassung des hochadeligen Hauses und der Fortgestaltung des germanischen Ebenbürtigkeitsrechtes für sämtliche Mitglieder des Standes. Im übrigen gehören die Vorrechte, die in umfassendem Maße den Landesherren kraft ihrer erhabenen persönlichen Stellung, in geringerem Umfange den Mitgliedern der regierenden Häuser kraft ihrer personenrechtlichen Verknüpfung mit dem Landesherrn, in einzelnen Verhältnissen den Häuptern und zum Teil auch den Mitgliedern der standesherrlichen Häuser gewährt sind, wesentlich dem öffentlichen Recht an.

1. Hausverfassung. Das hochadelige Haus ist eine genossenschaftliche Körperschaft und als solche ein im Wechsel der Glieder beständiges Rechtssubjekt. Die Verfassung des Hauses richtet sich nach dem Hausrecht, weist aber überall gleichartige Grundzüge auf. Unter den Mitgliedern des Hauses ist der regierende Herr das geborene Haupt; die dem Mannesstamme angehörigen Männer, die Schwertmagen oder „Agnaten", sind geborene Vollgenossen; die Töchter, Gemahlinnen und Witwen gehören dem Hause als Schutzgenossinnen an. Oberstes Organ des Hauses ist der regierende Herr; in den wichtigsten Angelegenheiten aber stellt er nicht für sich allein, sondern nur zusammen mit den jeweiligen Agnaten oder doch einen sie vertretenden Familienrate das Haus dar. Dem Hause als solchem gebührt die schon besprochene Satzungsgewalt. Ihm steht ferner eine Familiengewalt über die einzelnen Mitglieder zu, die namentlich bei den regierenden Häusern stark ausgeprägt ist; sie wird vom regierenden Herrn, jedoch zum Teil unter Mitwirkung des Familienrats, ausgeübt und äußert sich in dem Erfordernis der Einwilligung zu Eheschließungen, in der Anordnung und Beaufsichtigung der Vormundschaften, in der Aufsicht über die Kindererziehung und die Haus- und Hofhaltung aller Mitglieder und in der die Ehre, Ordnung und Wohlfahrt des Hauses hütenden Familiendisziplin. Das Haus als solches ist endlich Eigentümer des Hausvermögens, an dem aber dem Familienhaupte und den einzelnen Mitgliedern verschiedene hausverfassungsmäßige Sonderrechte zustehen.

2. Ebenbürtigkeit. Im hohen Adel und in ihm allein hat sich das Ebenbürtigkeitsrecht erhalten, das einst

der Kern aller Standesgenossenschaft war. Während aber im Mittelalter die Ebenbürtigkeit für die gesamte Rechtsstellung bedeutungsvoll war, indem jedermann nur vom gleich oder besser Gebornen (vom „Genossen" oder „Uebergenossen"), nicht aber vom „Ungenossen" gerichtet oder beurteilt, mit Zeugnis oder Eid überführt, vor Gericht vertreten, zum Zweikampf gefordert, mit Urteilsschelte angegriffen, bevormundet und beerbt werden konnte, äußert sie sich heute nur mehr als Voraussetzung einer vollwirksamen Ehe.

a) Mißheirat. Seitdem die ursprüngliche Nichtigkeit von Ehen zwischen Freien und Unfreien verschwunden war, bildete der Standesunterschied niemals mehr ein Ehehindernis. Allein der unebenbürtigen Ehe wurden solche Wirkungen versagt, die der höheren Standesgenossenschaft minderwertige Elemente zugeführt hätten. Darum wurde die tiefer geborne Frau nicht Genossin des Mannes und darum folgten die Kinder aus ungleichen Ehen der ärgeren Hand.

Diese Grundsätze, die bei den übrigen Ständen mehr und mehr der Anschauung wichen, daß die Frau stets den Stand des Mannes teile („Ritters Weib hat Ritters Recht") und das eheliche Kind dem Vater folge, wußte der hohe Adel sich auch nach der Aufnahme der fremden Rechte zu erhalten. Freilich wurden sie auch bei ihm zeitweise stark erschüttert. Allein gegen diese freiere Strömung reagierte das Standesbewußtsein mit solcher Kraft, daß ein festes gemeines Gewohnheitsrecht im Sinne der unvollkommenen Wirkung ungleicher Erben entstand. Dasselbe ist bis heute in Geltung verblieben.

Zum Teil ist es in den Hausgesetzen und hinsichtlich der Thronfolge auch in den Verfassungsurkunden ausdrücklich bestätigt.

Somit hat auch heute die Ehe eines Mitgliedes des hohen Adels mit einem unebenbürtigen Ehegatten trotz bürgerlicher und kirchlicher Gültigkeit als Mißheirat („ungleiche Ehe“, »disparagium«) nicht die vollen Ehewirkungen. Ist die Frau unebenbürtig, so tritt sie nicht in den Stand des hochadeligen Mannes ein, teilt nicht seinen Rang, seinen Namen und sein Wappen und hat keinen Anspruch auf die standesrechtlichen und hausgesetzlichen Vermögensvorteile während und nach der Ehe; die Kinder aber folgen dem Stande der Mutter, haben nur Anspruch auf eine ihrem Stande entsprechende Versorgung und sind, da sie keine Mitglieder des hochadeligen Hauses werden, von allem Anteil an den Rechten und dem Vermögen des Hauses (daher in den regierenden Häusern auch von der Thronfolge) ausgeschlossen. Ist der Mann unebenbürtig, so behält die hochadelige Frau nach heutigem Recht ihren Stand und Namen; die Kinder aber folgen dem Vater und gehören dem hochadeligen Hause der Mutter auch nicht als Kognaten an. Für den unebenbürtig Verheirateten selbst hat die Mißheirat gemeinrechtlich keine nachteiligen Folgen; das Hausgesetz kann aber solche Folgen bestimmen und insbesondere den Mißheiratenden die Fähigkeit zur Erbfolge in das Hausvermögen absprechen.

Welche Ehen standesungleich seien, war eine Frage,

die in den verschiedenen Phasen der ständischen Entwickelung ungleich beantwortet werden mußte. So drang auch erst im Laufe des 13. Jahrhunderts mit der schrofferen Abschließung des Herrenstandes die Ansicht durch, daß diesem Stande kein anderer ebenbürtig sei. Die Ansicht hat sich nicht nur mit mancherlei Schwankungen behauptet und ist auch heute nicht unbestritten. Unbestritten sind nur die beiden Sätze, daß einerseits alle Mitglieder des deutschen hohen Adels einander ebenbürtig sind, ihnen aber Mitglieder außerdeutscher christlicher Fürstenhäuser mit völkerrechtlich anerkannter Souveränität gleichstehen (Bonaparte, Bernadotte), andererseits Mitglieder bürgerlicher Familien der Ebenbürtigkeit entbehren. Der richtigen Meinung nach erkennt aber das gemeine Privatfürstenrecht überhaupt nur Hochadelige als ebenbürtig an und betrachtet daher auch die Ehe mit irgend einem Mitgliede des niederen Adels als Mißheirat. Es ist somit nicht nur die früher oft verteidigte Meinung, daß gemeinrechtlich die Ebenbürtigkeit sich auf den gesamten Adel erstrecke, sondern auch die neuerdings aufgestellte Meinung, daß zwischen reichsfürstlichen und reichsgräflichen Häusern zu unterscheiden und bei letzteren gemeinrechtlich die Ehe mit einem Mitgliede des niederen Adels für eine Mißheirat nicht zu halten sei, unrichtig. Allein das gemeine Privatfürstenrecht wird hier wie überall durch Hausgesetz oder Hausobservanz gebrochen.[3]) Und

[3]) Vgl. als interessantes Beispiel Seydel 1. Aufl. I. S. 11, 425 ff. in Ansehung der herzoglichen Linie in Bayern.

vielfach haben in der That im Gegensatz zu den kurfürstlichen und altfürstlichen die neufürstlichen oder bloß reichsfürstlichen Häuser ihr Hausrecht minder streng gestaltet und die Grenzen der standesgemäßen Ehe erweitert. Auch kann jede unebenbürtige Ehe unter Zustimmung aller Agnaten für vollwirksam erklärt werden, da das durch den Mannesstamm dargestellte Haus sein Hausrecht für den einzelnen Fall durch eine Ausnahmesatzung abzuändern vermag. Ist aber eine Ehe durch das für sie maßgebende Hausrecht als vollwirksam anerkannt, so verschafft sie den aus ihr entspringenden Kindern mit der Mitgliedschaft in dieser hochadeligen Familie zugleich die Zugehörigkeit zum Stande und somit die Ebenbürtigkeit mit allen anderen Familien des hohen Adels.

b) Ehe zur linken Hand. (So heißt sie wegen der Trauungsform.) Unter dem Namen der „Ehe zur linken Hand", der „morganatischen[4]) Ehe" oder des »matrimonium ad legem Salicam« begegnet seit alter Zeit eine Ehe, bei der die Wirkungen der standesgemäßen Ehe vertragsmäßig ausgeschlossen sind. Aus der von der Kirche durchgesetzten Erhebung der altgermanischen Kebsehe zu einer wahren Ehe hervorgegangen, wird sie im longobardischen Lehenrecht erwähnt und galt daher auch nach der Rezeption als gemeinrechtliches Institut. Heute kann sie gemeinrechtlich nur dann als zulässig angesehen werden, wenn der Abschluß

[4]) Weil die Frau nur Morgengabe, nicht Wittum erhielt.

einer vollwirksamen Ehe unmöglich ist. Denn sonst sind die personenrechtlichen Wirkungen der Ehe der vertragsmäßigen Festsetzung entzogen. Somit kann eine Ehe zur linken Hand nur noch zwischen einem Mitgliede des hohen Adels und einer ihm unebenbürtigen Frau eingegangen werden. Landesgesetze, die auch Mitgliedern anderer Stände die Eingehung einer solchen Ehe mit landesherrlicher Genehmigung gestatteten, sind toter Buchstabe geblieben und heute jedenfalls außer Uebung.

Die Ehe zur linken Hand ist eine gültige Ehe, der gewisse Ehewirkungen fehlen. Das Nähere bestimmt der Vertrag. Dieser kann die gesetzlichen Folgen der Mißheirat hinsichtlich des Ausschlusses der Frau und der Kinder vom Standesrecht des hohen Adels weder mindern noch mehren, sondern lediglich feststellen. Dagegen kann er die der Frau und den Kindern zum Ersatz eingeräumten persönlichen Rechte und Vermögensansprüche im Rahmen der allgemeinen Rechtsordnung beliebig regeln. (Silbernagl, Kirchenrecht S. 468.)

II. Der niedere Adel.

I. Begriff. Der niedere Adel umfaßt alle von einem deutschen Staat als adelig anerkannten Personen, die nicht zum hohen Adel gehören.

II. Geschichte. Sein Ursprung liegt in der Entwicklung, die den sozialen Gegensatz zwischen ritterlichem und bäuerischem Leben, wie er sich seit der Verdrängung des Volksheeres durch das Lehensheer im Anschluß an den berufsmäßigen Reiterdienst gebildet hatte, vermöge des Begriffes der „Ritterbürtigkeit" zu einem Geburtsunterschiede verfestigte. So entstand ein neuer Geburtsstand, in dem Geschlechter ungleicher, und zwar teils freier, teils unfreier Herkunft, genossenschaftlich verbunden und endlich unter Abstreifung aller Unfreiheit zu einem „Adel" verschmolzen wurden. Dieser Stand errang zum kleineren Teil als „Reichsritterschaft" Reichsunmittelbarkeit, ohne Reichsstandschaft und Landeshoheit, im übrigen als „landsässige Ritterschaft" territoriale Landstandschaft und grundherrliche Befugnisse. Kraft seiner bevorzugten öffentlich-rechtlichen Stellung schuf er sich auch ein besonderes Privatrecht, das aber bei dem Mangel fester Familienverfassungen und der Zersplitterung der ritterschaftlichen Körperschaftsverfassungen nicht bis zu einem geschlossenen Sonderrechte gedieh. Daher erwehrte er sich auch nicht gleich dem hohen Adel des römischen Rechts und der Juristenherrschaft, trat vielmehr unter das gemeine Recht und bewahrte nur in der Form von Ausnahmen ständische Vorrechte und Sondereinrichtungen. Je mehr dann im modernen Staat die öffentlich-rechtliche Stellung des niederen Adels vernichtet wurde und zugleich seine ständige Geschlossenheit sich lockerte, desto mehr verschwanden auch die privatrechtlichen Unterschiede zwischen Adeligen und Nichtadeligen. Heute ist der Adel im wesentlichen nur noch ein sozialer Vorzug, der aber vom Recht anerkannt wird und einzelne Rechtsfolgen äußert.

III. Erwerb.

1. Geburt. Der niedere Adel entsteht durch eheliche Abstammung von einem adeligen Vater. Das uneheliche

Kind eines adeligen Vaters kann den Adel durch Legitimation erwerben. Doch hat nur die Legitimation durch nachfolgende Ehe diese Wirkung.

Die Legitimation durch Reskript begründet den Adel nicht, falls sie nur dazu bestimmt ist, den Makel der unehelichen Geburt zu tilgen; soll sie aber den Eintritt in die Familie bewirken, so teilt sie auch den Adel mit. Annahme an Kindesstatt gewährt den Adel nicht.[5])

2. Heirat. Im niederen Adel folgt die Frau stets dem Stande des Mannes: „Ritters Weib hat Ritters Recht."

3. Verleihung. Das Recht der Adelsverleihung, das einst zu den kaiserlichen Reservatrechten gehörte, steht heute jedem deutschen Landesherrn zu. Sind im „Adelsbriefe" (diploma nobilitatis) die schon gebornen Nachkommen nicht, wie dies freilich meist zu geschehen pflegt, ausdrücklich mitgeadelt, so ist die Adelsverleihung gemeinrechtlich auf sie nicht auszudehnen. Dagegen erstreckt sich nach preußischem Recht die Adelsverleihung auch auf die schon vorhandenen Nachkommen, falls sie nicht ausdrücklich ausgenommen sind.[6]) Der Amtsadel (bei Bürgermeistern ꝛc.) ist abgekommen.[7])

---

[5]) Auf uneheliche Kinder wird der Adelstand der Eltern nicht fortgepflanzt. Gestattet man ihnen Vorrechte, so führen sie das Wappen unvollkommen, verkehrt oder mit einem Querbalken. Anm. z. B. L.R. Tl. V 22. Kap. § 6.

[6]) „Geschenkte Ahnen" sind solche, welche der Adelbrief verleiht, damit der Geadelte sofort turnier= ꝛc. mäßig ist. Vgl. B. L.R. a. a. O. S. 1676.

[7]) a. a. O. S. 1676. Man hat auch Leute von gutem tapfern Herkommen unterschieden, als Mittelstellung zwischen Adel und Bürgern, welche vom Amtsadel herrührten. a. a. O. S. 1677.

IV. Verlust. Da der Adel heute nicht mehr, wie nach früheren Gesetzen, durch den Betrieb eines niederen Gewerbes erlischt, auch die dem älteren Recht bekannte Aberkennung des Adels durch Strafurteil nicht mehr stattfindet, so gibt es nur noch zwei Verlustgründe des Adels.

1. Verheiratung. Die adelige Frau, die einen bürgerlichen Mann heiratet, folgt dem Stande des Mannes. Heiratet sie aber in weiterer Ehe einen adeligen Mann, so gilt ihr Geburtsadel als niemals erloschen.

2. Verzicht. Auf den Adel kann verzichtet werden, jedoch nach den meisten Partikularrechten nur durch eine ausdrückliche, dem Staate gegenüber abgegebene Erklärung. Als Verzicht gilt im Falle der Adoption durch einen Bürgerlichen die Ablegung des adeligen Namens, während die Adoption als solche den Geburtsstand nicht berührt und auch die Verbindung des bürgerlichen Adoptivnamens mit dem adeligen Geburtsnamen dem Adel nicht schadet. Kein Verzicht liegt im bloßen Nichtgebrauch. Bei längerem Nichtgebrauch bedarf es aber zur Wiederaufnahme des Adels seiner staatlichen Anerkennung. Von der Anerkennung eines vorhandenen Adels unterscheidet sich die Erneuerung eines verloren gegangenen oder doch nicht erweislich erhaltenen Adels, die der Neuverleihung gleichsteht.[8])

V. Arten des Adels. Da vielfach durch Stiftungssatzungen oder familienrechtliche Verfügungen ein Rechts-

---

[8]) Ueber Verlust des Adels §§ 13 u. 14 (Ausübung von Profession) B. L.R. Tl. V Kap. 22.

erwerb von besonders geartetem Adel abhängig gemacht wird, haben einzelne Unterscheidungen beim Adel rechtliche Bedeutung.

1. Ahnenadel oder alter Adel ist im Gegensatz zu neuem Adel vorhanden, wenn durch mehrere Geschlechterfolgen hindurch alle Vorfahren adelig waren. Dabei berechnet man Ahnenzahl nach der Zahl der Vorfahren in der Geschlechterfolge bis zu der hinauf Adel gefordert wird. Man spricht also von 2, 4, 8, 16 Ahnen u. s. w. Der Beweis des Ahnenadels wird durch die Ahnenprobe geführt. Ahnenadel von größerem oder geringerem Alter wird namentlich vielfach für den Erwerb gewisser Stiftspfründen, Würden und Orden, nicht selten auch für die Folgefähigkeit in ein Familien-Fideikommiß verlangt. Werden bei einer Adelsverleihung „gemalte Ahnen“ mitverliehen, so wird hierdurch eine sonst mangelnde Successionsfähigkeit nicht begründet.

2. Uradel und Briefadel unterscheiden sich dadurch, daß jener von väterlicher Seite seit unvordenklicher Zeit vererbt, dieser nachweislich verliehen ist.

3. Neben dem Erbadel kommt partikularrechtlich ein persönlicher Adel vor.[9])

VI. Standesrechte. Hinsichtlich der Rechtsstellung des niederen Adels ist der ehemalige tiefgreifende Unterschied zwischen reichsunmittelbarem und landsässigem Adel heute

---

[9]) Erwerb des Adels durch Verjährung? Anm. z. B. L.R. Tl. V Kap. 22 § 10. Damit hängt zusammen die Adelsprobe. a. a. O. S. 1680 u. 1683, 1684.

nur noch von geringer Bedeutung. Der Reichsritterschaft wurden zwar durch die deutsche Bundesakte (Art. 14) mancherlei Vorrechte zugesichert. Diese sind aber seither meist alle weggefallen oder inhaltslos geworden. Dem niederen Adel überhaupt stehen in den Einzelstaaten noch einzelne öffentlich-rechtliche Privilegien zu. Für das Privatrecht ist folgendes hervorzuheben:

1. Sonderrecht. Von der Regel, daß für den niederen Adel das gemeine Privatrecht gilt, bestehen hier und da im Familiengüter- und im Erbrecht noch Ausnahmen. Der Reichsritterschaft wurde der Fortbestand ihres besonderen Privatrechts, einschließlich der Autonomie, jedoch nur nach Maßgabe der Landesgesetze, durch die Bundesakte gewährleistet. In Bayern gehört zu den Sonderrechtsinstituten des Adels das im übrigen allen Ständen zugängliche Familien-Fideikommiß.

2. Ebenbürtigkeit. Für den niederen Adel gilt gemeinrechtlich kein Ebenbürtigkeitsrecht. Aber auch die partikularrechtlichen Nachklänge eines solchen sind heute verschwunden.

3. Adelszeichen. Die Mitglieder des niederen Adels haben das Recht zur Führung von Adelsprädikaten, die in mehrfacher Abstufung bestehen und nur durch landesherrliche Verleihung erhöht werden können. Doch gibt es weder ein unzweideutiges Adelsprädikat, noch ein sicheres Unterscheidungsmerkmal zwischen Prädikaten des niederen und des hohen Adels. Auch ist dieses Recht kein im Rechtswege verfolgbares Privatrecht, sondern wird nur vom öffentlichen Recht

durch das Verbot der unbefugten Führung von Adelsprädikaten geschützt. Dagegen ist das Recht jedes Adeligen auf Führung seines adeligen Familiennamens und seines adeligen Familienwappens ein verfolgbares Privatrecht. Doch gilt das Gleiche heute vom bürgerlichen Namen und Wappen.

4. Vorrechte kraft Satzung oder Rechtsgeschäft. Die Hauptbedeutung des Adels liegt heute darin, daß durch die Satzungen von Körperschaften und Stiftungen, adeligen Stiftern, Ordensinstituten, Familienstiftungen u. s. w., durch Fideikommißurkunden, durch Rechtsgeschäfte von Todes wegen und unter Lebenden der Erwerb bestimmter Rechte, die Zulassung zu Mitgliedschaften, Würden, Pfründen, Stipendien und sonstigen Vermögensvorteilen, die Erbfolgefähigkeit in gewisse Güter u. s. w. von Adel oder besonders geartetem Adel abhängig gemacht werden kann und vielfach abhängig gemacht ist.

III. Der Adel in Bayern.

1. Im allgemeinen.[10]) Die besonderen Rechte und Vorzüge begreifen a) die Inhaber der Kronämter; b) den Adel.

2. Kronämter sind oberste Würden des Reiches, entweder auf Lebenszeit der Würdenträger oder deren männlichen Erben, nach dem Rechte der Erstgeburt in der agnatisch-

[10]) W. I. 587; Tit. V § 1—6 der Verf.Urk. Staatsrechtliche Würdigung bei Seydel, Staatsrecht 2. Aufl. I. S. 305.

linealischen Erbfolge als Thronlehen[11]) verliehen. Nach dem Reglement vom 28. Juni 1808[12]) sind vier Kronämter errichtet: ein Kronoberſthofmeiſter-Amt, ein Kronoberſtkämmerer-Amt, ein Kronoberſtmarſchall-Amt und ein Kronoberſtpoſtmeiſter-Amt. Dieſe Reihenfolge deutet auch den Rang an.

Der Kronbeamte kann erſt mit dem 21. Lebensjahr ſein Amt verſehen. Bis dahin erſetzt ihn ein Lehenträger aus der nämlichen Klaſſe.

Die Kronbeamten ſind Mitglieder des Familienrates (Familien-Edikt Tit. X § 4); ſie haben bei allen größeren Hoffeierlichkeiten zu erſcheinen, namentlich bei der Eröffnung der Reichsverſammlung, ſie ſtehen dann an der oberſten Stufe des Thrones mit den Miniſtern, ſie tragen die Inſignien des Königs, Krone, Scepter, Schwert und Reichsapfel. Außerdem hat der Hofmeiſter im Dienſte die oberſte Polizei zu beſorgen, der Kämmerer die feierlichen Deputationen zu führen, der Marſchall die öffentlichen Feierlichkeiten zu leiten und der Poſtmeiſter die feierlichen Züge und Auffahrten zu beaufſichtigen.

Sonſt haben die Kronbeamten die Ehren der Miniſter zu beanſpruchen. Das Koſtüm der Kronbeamten beſteht in einem Kleide nach franzöſiſchem Schnitt von kornblauem Sammt, reich mit Silber geſtickt, mit Unterfutter von weißem

---

[11]) Die vom König herrührenden Lehen ſind entweder Thron- oder Kanzleilehen, je nachdem die Verleihung vom Könige ſelbſt oder im Namen desſelben vom oberſten Lehenhofe (Staatsminiſterium des k. Hauſes und des Aeußern) ausgeht. Pözl, Verf.Recht 5. Aufl. S. 397.

[12]) W. I. S. 198. Dieſe Aemter ſind von Allodifikation ausgenommen. Geſ. v. 4. Mai 1848 § 2.

Seidenzeuge, mit Weste drap d'argent, gleichfalls mit Silber gestickt; in einem Mantel von kornblauem Sammt mit Stickereien von Silber; endlich in einer langen Schärpe von weißer Seide mit reichen silbernen Quasten.[13])

Die Kronbeamten sind Reichsräte.

3. Standesherren.[14]) Standesherrliche Häuser sind solche, welche bis 1806 Reichsstandschaft und Landeshoheit besessen haben. Standesherrlichkeit kann daher nicht verliehen, sondern nur anerkannt werden. Ihnen kommt auch die Reichsratswürde zu.

A. Nach § 136 der VI. Verfassungsbeilage und der Verordnung vom 31. Dezember 1806, sowie Titel V § 3 der Verfassungsurkunde vom 26. Mai 1818 genießen alle der bayerischen Hoheit untergebenen ehemaligen reichsständischen Fürsten und Grafen, deren Häupter in Bayern leben und in die Adelsmatrikel eingetragen sind, diejenigen Rechte, welche ihnen in der IV. Verfassungsbeilage zugesichert wurden[15]), solange sie ihren vormals reichsständischen Besitz haben. Es genügt, wenn ein Teil desselben in Bayern liegt.

B. Im Einzelnen: Ebenbürtigkeit. Die mittelbar gewordenen ehemals reichsständischen[16]) fürstlichen und gräf-

---

[13]) Nähere Beschreibung in: Die Rang- und Uniformverhältnisse in Bayern. München 1894 bei Beck.

[14]) Seydel, Staatsrecht 2. Aufl. I. S. 319.

[15]) Subsidiär gilt k. Deklaration v. 19. März 1807; W. I. 126. Ferner I. Verf.Beilage §§ 14 u. 15; VI. Verf.Beilage §§ 22 u. 136 und VII. Verf.Beilage § 102. Deutscher Bundesakt Art. 14; W. I. 477; Seydel I. S. 323.

[16]) Reichsständisch war, wer Sitz und Stimme auf dem Reichstage hatte. Dort waren drei Stände: a) das Kurfürstenkollegium und b) der

lichen Häuser behalten die Ebenbürtigkeit[16]) in dem bisher damit verbundenen Begriff und gehören zum hohen Adel.[17])

a) Titulatur. Die Standesherren behalten ihre Titulatur wie vordem, jedoch mit Weglassung aller auf ihre vormaligen reichsständischen Verhältnisse sich beziehenden Beisätze und Würden.

Mit Bezug hierauf wurde die Beilegung des Titels Reichsgraf als unzulässig bezeichnet.[18]) Sie benennen sich demnach von ihren ursprünglichen Stammgütern und Herrschaften. Der Erstgeborene nennt sich Fürst und Herr, auch Graf und Herr, mit dem Prädikat (sic!) Wir, aber nicht gegen den Staat, wogegen sich die Nachgeborenen nur des Titels eines Fürsten und Grafen zu bedienen haben. Der Titel Prinz gebührt den Nachgeborenen nicht, doch ist der Anschluß der Nachgeborenen an die übrigen standesherrlichen Personen genehmigt worden.[19])

Des Prädikats „Von Gottes Gnaden" dürfen sich ebenfalls die Standesherren nicht bedienen, und in ihren Wappen haben sie alle jene Zeichen wegzulassen, welche an das ehemalige deutsche Reich erinnern.[20])

---

sogenannte Reichsfürstenrat; dieser bestand aus der geistlichen Bank und der weltlichen Bank mit den Laienfürsten, Grafen und Herren; c) die Städte. Siegel, Deutsche Rechtsgeschichte 3. Aufl. S. 281; vgl. das unten angeführte Gutachten v. Sicherers S. 25.

[17]) Gierke S. 401; Seydel S. 328.

[18]) W. I. 615 Note 2.

[19]) W. a. a. O. Note 3.

[20]) W. I. 128.

Bezüglich der Prädikate Durchlaucht und Erlaucht erging ein Bundesratsbeschluß vom 13. Februar 1829[21]) wornach, da den Häuptern der standesherrlichen Fürstenfamilien das Prädikat Durchlaucht[22]) zugestanden wurde, auch den reichsständischen gräflichen Familien das Prädikat Erlaucht zuerkannt wurde.[23])

Demgemäß führen die Grafen von Giech, Castell-Castell und Castell-Rüdenhausen, Fugger von Kirchberg-Weißenhorn, von Ortenburg, von Rechtern-Limpurg, von Schönborn, von Waldbott-Bassenheim, von Erbach-Wartenberg-Roth, Quadt-Wikradt-Isny, von Pappenheim und nunmehr auch von Törring[24]) das Prädikat Erlaucht. Die Gleichstellung einer Familie mit den standesherrlichen Häusern erstreckt ihre Wirkung über Bayern nicht hinaus (z. B. Pappenheim, Törring, Giech).

b) Kanzlei-Zeremoniell. Die Standesherren haben Anspruch auf ein ihrer Ebenbürtigkeit angemessenes Kanzlei-Zeremoniell. Staatlicherseits ist zugesichert, daß in den Ausfertigungen der Behörden den Fürsten das Prädikat: „Der durchlauchtig hochgeborne Herr Fürst" und den Grafen das „Hochgeborner Herr Graf" gegeben werde.

---

[21]) W. II. 468.

[22]) Das Prädikat Durchlaucht führen indes jetzt alle, auch die zum niederen Adel zählenden Fürsten, wie z. B. die Wrede.

[23]) Bezüglich des Prädikates Excellenz Seydel, 2. Aufl. I. S. 307 Note 23.

[24]) Wegen Gutenzell vgl. das musterhafte Rechtsgutachten Hermann von Sicherers, München 1886.

In ihren Schriften an den König ꝛc. müssen sie nach dem bestehenden Kanzlei-Zeremoniell sich richten.[25])

c) Ehrenrechte.

1. Kirchengebet. In allen Städten, Märkten und Dörfern, welche den standesherrlichen Häusern gehören, soll das Kirchengebet nach dem Souverän auch für das Haupt des Hauses und für dessen Familie verrichtet werden.[26])

2. Trauerfeierlichkeiten. Es wird gestattet, daß das Trauergeläute für den Herrn, seine Gemahlin und seinen nächsten Nachfolger, für einen Nachgebornen aber 14 Tage lang von dem Leichenbegängnisse an beobachtet werde. Die standesherrlichen Diener haben eine Trauer von sechs Wochen anzulegen; die Anwendung eines mit schwarzem Rande versehenen Papiers bei Ausfertigungen der Kanzleien ist zulässig.[27])

Die Versagung von Lustbarkeiten in dem früheren standesherrlichen Gebiete ist unzulässig.

d) Aufenthaltsfreiheit. Es gilt jetzt Gesetz über die Freizügigkeit vom 1. November 1867.[28])

---

[25]) W. I. 615, III. 36, IV. 301.

[26]) W. I. 616 erwähnt von Kraußold, die in der prot. Landeskirche gültigen Gesetze und Verordnungen. 1883. S. 190, nicht aber bei Stingl, Bestimmungen des bayer. Staates über die Verw. des kath. Pfarramts. 1890. S. 316. Dagegen Seydel S. 327.

[27]) W. I. 616 Note 6; II. 469, 689; B. L.R. Tl. 1 Kap. 2 § 15. Seydel S. 326 u. 327 erachtet dies für gegenstandslos.

[28]) W. I. 616.

e) Austrägalgericht. Der privilegierte Gerichtsstand der Standesherren in Strafsachen ist aufgehoben. Art. 2 des Grundlagengesetzes v. 4. Juni 1848 und Art. 76 des Gerichtsverfassungsgesetzes v. 10. Nov. 1861.[29])

f) Verlassenschaften. Den Standesherren bleibt die Befugnis, Verlassenschaftsverhandlungen, welche Mitglieder der Familie betreffen, so lange kein Rechtsstreit darüber entsteht, durch ihre Domänenkanzlei vornehmen zu lassen. Art. 76 Abs. 3 des Ger.-Verf.-Ges. vom 10. Nov. 1861, Art. 81 des Ausf.-Ges. z. Ger.-Verf.-Ges. vom 23. Februar 1879.[30])

g) Familienverträge (Selbstgesetzgebung). Die Familienverträge der Standesherren, welche nach den Grundsätzen der früheren deutschen Verfassung noch bestehen, bleiben aufrecht, und die Standesherren haben die Befugnis, über ihre Güter- und Familienverhältnisse verbindliche Verfügungen zu treffen, welche dem Souverän vorgelegt werden müssen, worauf sie, soweit sie nichts gegen die Verfassung enthalten, durch die obersten Landesstellen zur allgemeinen Kenntnis gebracht werden.[31]) Die Autonomie kann aber gegenüber dem Reichsrechte nicht verfügen.

h) Vormundschaften. Das Haupt des Hauses kann die Vormundschaften bestellen. Im Falle seiner Beteiligung

---

[29]) a. a. O. Ueber Austrägalgerichte s. Siegel, Rechtsgeschichte S. 299. Dagegen Seydel I. S. 628; Kries, Deutsches Strafprozeßrecht S. 75.

[30]) W. I. S. 617; Seydel S. 327.

[31]) W. I. 617 u. 7. Verf.-Beilage § 102, Verord. v. 25. Mai 1807, Hyp.-Ges. § 8, Plenarbeschluß v. 23. Okt. 1865.

wird der Vormund von Obrigkeitswegen aufgestellt. Die Oberaufsicht führt der Staatsminister der Justiz.[32]) Die Obervormundschaft hingegen führt das Oberlandesgericht.

i) Militärpflicht. § 1 des Gesetzes vom 9. November 1867 über die Verpflichtung zum Kriegsdienst hat an der Freiheit der Militärpflicht der Standesherren nichts geändert. Die Freiheit gilt auch für die Familien.[33])

k) Einquartierung. In den Schlössern, welche die Standesherren bewohnen, sollen sie, außer im Notfalle, von der Einquartierung der kgl. Truppen befreit sein.[34]) Nach § 4 Abs. 2 Ziff. 1 des Quartierleistungsgesetzes vom 25. Juni 1868 sind die Gebäude befreit, welche zu den Standesherrschaften der vormals reichsständischen Häuser gehören, insofern diese Gebäude für immer oder zeitweise zum Wohnsitz ihrer Eigentümer bestimmt sind.

l) Ehrenwache.[35]) Die Standesherren können in den Schlössern eine Ehrenwache aus Eingebornen halten, welche dem König den Huldigungseid geleistet haben und nicht militärpflichtig sind.

---

[32]) W. I. 618; Wagner, Handbuch des amtsgerichtlichen Verfahrens. 2. Aufl. S. 8 Note 10; Samml. X. 216 Bl. f. R.A.; X. S. 188, XI. 369, XII. 130, XXIX. 55, XXXI. 86; Seydel S. 328 Note 58 u. 59.

[33]) W. I. 618; Laband, Staatsrecht des deutschen Reichs. 3. Aufl. 2. Bd. S. 598.

[34]) W. I. 618.

[35]) W. a. a. O.

m) Diensteid der Beamten.[36]) Die Standesherren sind berechtigt, sich von ihren Beamten einen Diensteid leisten zu lassen.

n) Verkehr mit auswärtigen Regierungen. Die Standesherren sind befugt, jene Angelegenheiten an die Regierungen auswärtiger Staaten zu bringen, welche sie mit denselben rücksichtlich ihrer darin befindlichen Besitzungen und allenfallsigen Lehen- und Dienstverhältnisse zu verhandeln haben. Sie dürfen jedoch nicht Agenten mit diplomatischem Charakter abordnen.[37])

o) Anordnungsbefugnisse. Die Standesherren können besondere Anordnungen und Verfügungen über Gegenstände erlassen, welche ihre Verwaltung betreffen, sofern sie nicht den allgemeinen Gesetzen entgegen sind.[38])

p) Stiftungsverwaltung.[39]) Jeder Standesherr übt über die Verwaltung des Kirchen-, Schulen- und milden

---

[36]) a. a. O.; gegenstandslos Seydel S. 327.

[37]) a. a. O, Gesandtschaftsrecht der Einzelstaaten; Laband, Staats-Recht des deutschen Reichs I. 135, 141; II. 2 ff.; M. de Hoffmanns Guide diplomatique. 2 Bde. Bruxelles 1838. Abschnitt des agens. I. S. 59. Les simples agens pour les affaires privées et ceux des ces agens qui ont quelquefois le titre de résident, de conseiller de légation, ou simplement d'agent, ne sont pas pour cela membres du corps diplomatique. Ils ne peuvent demander aucun cérémonial ni prérogatives et immunités diplomatiques; ils ne sont considerée que comme sujets ou habitans de l'État dont lequel ils résident. Aussi ces sortes d'agens n'ont ils jamais des lettres de créance, mais seulement des lettres de provision ou tout au plus de recommandation: W. I. 129.

[38]) W. I. 618 u. § 96 der VI. Verf.-Beilage.

[39]) W. I. 622.

Stiftungsvermögens die unmittelbare Aufsicht, jedoch unter genauer Beobachtung der hierüber bestehenden Verordnungen.

q) Patronatsrechte. Jeder Standesherr übt in seinem Gebiet die Patronatsrechte aus, wo sie hergebracht sind; über die Qualifikation der Kirchendiener[40]) müssen die Gesetze beobachtet werden.

r) Gutsherrliche Rechte. Den Standesherren verbleiben alle aus ihrem Eigentumsrechte herrührenden Einkünfte, Nutzungen und Befugnisse und alle aus der Gutsherrlichkeit entspringenden Renten und Nutzungen, mit Ausnahme der aus persönlicher Leibeigenschaft herrührenden und gesetzlich aufgehobenen Gefälle, soweit sie nicht wie das Jagdrecht auf fremdem Grund und Boden und die Frohndienste aufgehoben oder als ablösbar erklärt wurden.

s) Steuern, Umlagen, Zölle.[41]) Die Auffassung des deutschen Bundesrates geht in seinem Bescheide an den Herzog von Arenberg-Meppen dahin, daß Art. XIV der deutschen Bundes-Akte hinfällig geworden sei und die Rechte der früheren Reichsunmittelbaren keine weitere Basis hätten,

---

[40]) W. I. 623, II. 215; Art. XI des Konkordats v. 5. Juni 1817 u. Weber a. a. O. Note 21; Stingl a. a. O. S. 64 ff.

[41]) W. I. S. 623 Abschnitt H der Deklaration vom 19. März 1807 in W. I. S. 132. A. Diepolder, Umfang der Steuerfreiheit der Standesherren in Bayern. München, J. Schweitzer Verlag 1894, und G. Rohmer, Die rechtliche Natur des standesherrlichen Steuer-Vorrechts und sein Umfang nach dem Staatsrechte Bayerns. München 1893, Beck. Streitfragen bei Seydel S. 330 u. ff.

als die in den partikularen Rechtsnormen begründeten. Art. XIV der Bundesakte sagt im wesentlichen, daß die Standesherren und ihre Familien die privilegiertesten Klassen in Ansehung der Besteuerung bilden. Die Deklaration vom 19. März 1807 schließt eine Steuerfreiheit in den mediatisierten Landen aus, gestattet aber in H Ziff. 12 den Mediatisierten Zollbefreiung hinsichtlich aller zum Hausgebrauch erforderlichen Konsumtibilien. Ziff. 13 statuiert Freiheit von der Entrichtung der Chausseegelder innerhalb des mediatisierten Gebietes, während Ziff. 11 die provisorische Belegung der Domänen und Güter der mediatisierten Herren nach dem Maßstab des Steuerbeitrages der bayerischen Stände anordnet. Dementsprechend zahlten die Standesherren seit 25. Nov. 1808 Familienschutzgeld. Nach der IV. Beilage der Verfassungsurkunde §§ 65 und 52 ff. wurden diese Rechte wesentlich erhöht, indem es zwar

1. in Ansehung der sämtlichen landesherrlichen Gefälle bei der Deklaration von 1807 blieb, jedoch

2. den Standesherren als Ehrenvorzug für sie selbst und ihren Familien Freiheit von allen Personalsteuern wie auch die Befreiung der Schloßgebäude, welche sie bewohnen, von der Haussteuer bewilligt wurde.

3. Die übrigen Besitzungen sollen den Staatsauflagen unterworfen sein; als Entschädigung aber, weil Bundesakte Art. 14 die Standesherren für die privilegierteste Klasse in Ansehung der Besteuerung erklärt, soll ihnen entweder eine beständige Rente, welche dem dritten Teile des Betrages der ordentlichen Grund-, Haus- und

Dominikal-Steuer gleichkommt, angewiesen oder von den Schulden, welche ihnen bei der Abteilung zugewiesen wurden, ein dem mit 20 erhöhten Kapitalstock einer solchen Rente gleichkommender Anteil auf die Staatskasse übernommen werden.

4. Die Standesherren sollen von Gemeinde-Umlagen befreit sein, wofern sie nicht Vorteile aus dem Gemeindeverband ziehen.[42])

5. Die Freiheit von Zoll und Weggeld verbleibt. Auch ist den Standesherren gestattet, ihre Naturalprodukte und Gefälle aus ihren im Auslande gelegenen und an ihre diesseitigen Herrschaften angrenzenden Besitzungen mauthfrei einzuführen.[43])

Diese Rechte genießen die fürstlichen Häuser:

Hohenlohe-Schillingsfürst,
Oettingen-Spielberg,
Thurn und Taxis,
Fugger-Babenhausen,
Oettingen-Wallerstein,
Löwenstein-Wertheim-Freudenberg,
Löwenstein-Wertheim-Rosenberg,
Waldburg-Zeil-Trauchburg,
Hohenlohe-Bertenstein

und die Seite 64 genannten gräflichen Häuser (nicht aber Pappenheim).

---

[42]) Siehe jedoch unten u. Seydel 329 u. 330.
[43]) Seydel S. 333.

Die Wirksamkeit des Privilegs erstreckt sich nach Min.-Entsch. v. 6. Juli 1818 nur auf die Familienhäupter der Standesherren, worunter auch die Gemahlin und die Blutsverwandten in gerader Linie zu verstehen sein dürften[44]), und auf das diesseitige Bayern.

Die außerordentlichen Umlagen unterliegen keiner Freiheit. (§ 54 der IV. Beilage.)

Was den sachlichen Umfang der Steuern betrifft, so ist Rohmer[45]) folgender Ansicht:

α) Die Personalsteuer anlangend, daß nur eine Freiheit gegenüber der Einkommensteuer vom 19. Mai 1881 besteht.

β) Die Haussteuer anlangend, daß nur das Schloßgebäude, welches die Standesherren gewöhnlich und regelmäßig bewohnen, von der Haussteuer befreit ist, nämlich sowohl die Sommer- wie Winter-Residenz samt ihren Nebengebäuden. Nur die besonderen, zum Erwerb bestimmten Gebäude bleiben ausgenommen, wenn sie gleich in unmittelbare Verbindung mit dem Schlosse stehen.[46])

Hingegen ist sicher, daß die Standesherren Kapitalrentensteuern, Erbschaftssteuern und Gewerbesteuern[47]) zu zahlen haben.

---

[44]) Bl. f. adm. Pr. V. 280.

[45]) a. a. O. S. 31 ff. § 8 der Vollzugsvorschriften vom 29. Juli 1881. Hock, Handbuch der Finanzverw. II. 224.

[46]) § 2 des Haussteuer-Ges. vom 15. Aug. 1828 u. 19. Mai 1881.

[47]) Vgl. Rohmer S. 48 Note 2.

Der Inhalt des Privilegs bezüglich der Gemeinde-Umlagen ist sehr bestritten.[48])

Die Distrikts-Umlage wird nach Art. 31 des Distrikts-Umlagen-Gesetzes bemessen.[49])

Bezüglich der Kreisumlagen sind Ausnahmen nicht vorgesehen.[50]) u. [51])

Meines Erachtens liegt in beiden Fällen dieselbe Streitfrage wie bei der Gemeinde-Umlage vor.

t) Lehen.[52]) Die Aktiv-Lehen bleiben den Standesherren. Die Ritterdienste können nur für den Souverän gefordert werden, alle übrigen Lehengefälle bleiben dem Mediatherrn.

u) Die Standesherren sind befugt, neben anderen Verwaltungsbeamten ein eigenes Kollegium für die Verwaltung ihrer gutsherrlichen Einkünfte unter dem Namen Domanialkanzlei anzuordnen.

Es dürfen als Beamte nur ein Direktor, die erforderliche Zahl von Räten, Sekretären, Kanzlisten und Rechnungsverständigen aufgestellt werden[53]) und diesen höhere Titel nur mit Bewilligung des Königs verliehen werden.

---

[48]) Rohmer S. 49.

[49]) W. VI. 138, Seydel S. 330 Note 78.

[50]) Landratsges. vom 28. Mai 1852, Kreislasten-Ausscheidungsges vom 23. Mai 1846.

[51]) Im übrigen vgl. W. I. 623, II. 37, V. 128.

[52]) W. I. 625, 135. Lehenablösungsges. vom 4. Juni 1808 und Lehenedikt vom 7. Juli 1808.

[53]) W. I. 135, 625. Ueber den Wert dieses Rechts Seydel S. 326 Note 47.

v) Schulden. Die persönlichen Schulden fallen den Standesherren zur Last.

Die verfassungsmäßig kontrahierten Schulden wurden geteilt.[54])

w) Uniform der Diener der Standesherren. Verpflichtung. Kammeranwälte. Disziplinargewalt. Portofreiheit. Mediat-Konsistorium.

Die Verpflichtung der Diener der Standesherren durch Eid ist auf den König gleichfalls und in erster Linie abzunehmen.[55])

Die Uniform ist dem Könige vorzulegen und muß die Nationalkokarde tragen.[56])

Fiskale dürfen die Standesherrn nicht anstellen, sondern nur Kammeranwälte.[57])

Sind standesherrliche Kanzleien renitent, so ist gegen sie wie gegen andere Korporationen zu verfahren, welchen eine Staatsdienerqualität nicht zukommt.[58])

Portofreiheit ist nur in reinen Staatsdienstsachen gewährt.[59])

Mediatkonsistorien haben seit 1851 zu bestehen aufgehört.[60])

---

54) W. I. 625.
55) W. I. 625, s. Seydel S. 326 u. 327.
56) W. I. 134.
57) W. II. 249.
58) W. III. 196.
59) W. VI. 186.
60) W. IV. 256.

Alle diese vorgenannten standesherrlichen Rechte sind an die Familie gebunden und können mit den Gütern nicht auf andere Personen übertragen werden. Umgekehrt, sobald der standesherrliche Besitz in Bayern der Familie vollständig verloren geht, geht auch die Standesherrlichkeit unter.[61]) Die Vorrechte sind auf das diesrheinische Bayern begrenzt. Die Vorrechte kommen 1. teils sämtlichen Mitgliedern der Familie zu, 2. teils nur den Häuptern derselben. Wer von einem standesherrlichen Hause abstammt, hat entweder den hohen Adel oder gar keinen Adel.

Ein standesherrliches Haus kann mehrere Häupter haben, z. B. die Grafen von Castell. Es hat dann jedes Haupt Anspruch auf die Reichsratswürde.

C. Rechtsverhältnis einzelner Familien.

a) Herzog Leuchtenberg. Auf Antrag der Großfürstin Marie, Witwe des Herzogs von Leuchtenberg, haben alle Rechte und Ehrenvorzüge dieser Familie in Bayern aufgehört.[62])

b) Gräflich Giech'sche Familie. Den Grafen Giech sind wegen der Herrschaft Thurnau standesherrliche Rechte zuerkannt worden.[63])

---

[61]) Seydel S. 325. Die Standesherren sind verpflichtet, vor Veräußerung ihrer Besitzungen Anzeige zur Staatsregierung zu erstatten. Der Staat hat alsdann das Vorkaufsrecht. S. 329.

[62]) W. IV. S. 630. Allerh. Entschl. v. 10. Mai 1854. W. I. 126.

[63]) W. V. S. 238 Min.Bek. v. 9. April 1861. Seydel I. S. 325 Note 35. Pözl, Staatsrecht, 5. Aufl., S. 208.

c) Graf v. Pückler-Limpurg.[64]) Der Anspruch desselben auf die standesherrlichen Vorrechte der Ebenbürtigkeit, des hohen Adels, der Titulatur, der Autonomie, der freien Wahl des Aufenthaltsortes, der Befreiung von der Militärpflicht und des Rechts, in fremde Dienste zu treten, wurde anerkannt, nicht aber der Anspruch auf den Eintritt in die Kammer der Reichsräte in standesherrlicher Eigenschaft, wegen ermangelnden Nachweises des Besitzes einer vormals reichsständischen Herrschaft in Bayern.

d) Fürstliches Haus Nassau. Ges. vom 26. April 1882. Es wurde seine Autonomie in Bezug auf Erbfolgerecht und die sonstigen Ansprüche von Todes wegen anerkannt.[65])

e) Thurn und Taxis. Ein gegenüber dem System der Gerichtsverfassung anormales Recht besitzt das Haupt der fürstlichen Familie Thurn und Taxis.[66]) Demselben war durch k. Deklaration vom 27. März 1812 die Zivilgerichtsbarkeit erster und zweiter Instanz über seine Dienerschaft zu Regensburg und deren Hausgenossen und zwar sowohl in streitigen, als in nichtstreitigen Sachen bewilligt worden. Zugleich wurde

---

[64]) W. VI. 98. Min.Entschl. v. 31. Okt. 1862.

[65]) W. XV. S. 676. Die Familie Nassau ist jetzt wieder in die regierenden Familien eingetreten, nachdem sie Luxemburg durch Erbfolge erworben hat. Seydel I. S. 323 Note 27. Die IV. Verfassungsbeilage ist an sich auf Häuser wie Nassau, die erst nach dem Erlasse der Verf.U. depossediert wurden, nicht anwendbar.

[66]) Seydel, 1. Aufl., I. S. 627, II. S. 333. Pözl, Staatsrecht S. 209.

den fürstlichen Behörden die Vornahme gewisser Akte freiwilliger Gerichtsbarkeit in Obsignationen, Verlassenschaften, Bestellung der Vormünder und der dahin einschlagenden Gegenstände hinsichtlich der Mitglieder des fürstlichen Hauses überlassen. Nachdem das Gerichtsverfassungsgesetz vom 10. Nov. 1861 ergangen war, verneinte der oberste Gerichtshof mit Rücksicht auf Art. 76 Abs. I dieses Gesetzes den Fortbestand der fraglichen Gerichte. Infolgedessen erging ein Gesetz vom 29. April 1869, welches die Thurn- und Taxisschen Gerichte für die Zukunft auf die freiwillige Gerichtsbarkeit beschränkte. Die Reichsjustizgesetze berührten dieses Gesetz nicht.

4. Reichsritterschaft.[67]) Dem bayerischen Adel ist die vormalige Reichsritterschaft, auch unmittelbarer Reichsadel genannt, einverleibt worden, soweit sie unter die bayerische Herrschaft gekommen ist. Die Stellung der Reichsritter unterscheidet sich nicht nennenswert von jener des landsässigen bayerischen Adels, obwohl dieselben die Erlangung größerer Rechte angestrebt hatten. Die Verfassungsurkunde bestätigte dies. Nur hinsichtlich der nicht mehr geltenden gutsherrlichen Rechte und der Fideikommisse wurden Ausnahmen von dem allgemeinen Adelsrechte gemacht, jedoch wurde ihnen Autonomie nicht zuerkannt. Die k. Deklaration von 1806 blieb nur insoweit in Kraft, als sie sich mit der Verfassungsurkunde vertrug.

---

[67]) W. I. 120, 141, 587. Seydel I., 1. Aufl., S. 599, 2. Aufl., S. 317. Bundesakte Art. 25. K. Deklaration v. 31. Dez. 1806.

Nur eine Bestimmung staatsrechtlicher Natur blieb in Geltung, welche eine Ausnahme von dem Satze bildet, daß die Rechte des Adels nur bayerischen Staatsangehörigen zukommen können. Solche Gutsbesitzer nämlich, welche der ehemaligen Reichsritterschaft angehören, genießen, wenn ihr Besitz unter die Hoheit verschiedener Staaten geteilt wurde, die Rechte des bayerischen Adels auch dann, wenn sie nicht bayerische Staatsangehörige sind.[68])

5. Der Adel. (V. Beilage zur Verfassungs-Urkunde Tit. V § 4.) Der Adel ist eine staatliche Einrichtung, welche nicht aus den Grundsätzen des heutigen Staatsrechts, sondern nur geschichtlich erklärt werden kann. Er hat sich als ein Rest der mittelalterlichen Ständebildung erhalten, jedoch unter völliger Veränderung seines Wesens.[69) u. 70)]

a) Der erheblichste Teil der Vorrechte, welche nach der Verfassung dem Adel eingeräumt waren, ist für die Pfalz

---

[68]) K. Entschließung v. 7. Dez. 1818, Ziff. I.

[69]) Seydel, Staatsrecht. 2. Aufl. I. S. 308. Seydel I. S. 601. Code civil 896. Strafrechtlicher Schutz des Adels, R.Str.G.B. § 360 Ziff. 8: Mit Geldstrafe bis 150 Mark oder mit Haft wird bestraft, wer unbefugt Adelsprädikate annimmt (also auch höhere als ihm gebühren).

[70]) Litteratur von Bruder im Staatslexikon der Görres-Gesellschaft Bd. I S. 96. Nach Anmerkungen z. B. Landrecht V. Teil S. 1666 unterscheidet man: alten und neuen (je nachdem viele Ahnen vorhanden oder nicht), halb- und vollbürtigen (wenn beide Eltern adelig waren oder nur der Vater), stift- und rittermäßigen Adel (wenn der Adel in gehöriger Ahnenzahl, sowie es die Statuten bei Turnieren, Stiften und Ritterorden erfordern, dargethan wird). Wer vier Ahnen zu beweisen hat, muß auf väterlicher Seite wenigstens zwei und ebensoviel auf mütterlicher Seite haben. (Vierschildiger Adel.) Ebenso wird der achtschildige Adel u. s. w. bewiesen. Die Sechzehn-Ahnenprobe mit der

nicht in Kraft getreten und nach dem gegenwärtigen Stande der Gesetzgebung besteht für die Pfalz überhaupt kein Vorrecht des Adels, auch nicht das der Fideikommisse.

Der Adel ist ein lediglich territoriales Recht. Nach den Grundsätzen über Comitas nationum wird aber auch der fremdländische Adel (also der nichtbayerische und der nichtdeutsche Adel) respektiert.

b) Einzelnes. Nach der Formationsordnung vom 9. Dez. 1825[71]) obliegt dem Ministerium des Hauses und des Aeußern die Verleihung[72]) des Adels aller Grade unter genauer Beobachtung der Vorschriften der V. Beilage zur Verfassungs-Urkunde.[73]) Dementsprechend wurde in diesem Ministerium das früher bestandene Reichsheroldamt für die Reichsherolden, -Adels- und Wappen-Prüfungsgeschäfte übergeführt.[74]) Demselben steht ein Reichsherold vor, welcher die

Gabelung besteht darin, daß des ersten Ur-Ur- oder Gug-Urahnherren sowohl väter- als mütterlicherseits Eltern beiderlei Geschlechts, nämlich im 5. Grade aufsteigend, väterlicher und mütterlicher direkter Linie wirklich edel und in ehelichen Geburten erzeugte Personen sind. (Beispiel S. 1668.)

[71]) W. II. 267.

[72]) Die Verleihung des Adels erfolgt entweder nur mit Wirkung für die Person (durch Verleihung des Militär- oder Civilverdienstordens) oder in erblicher Weise durch einen Adelsbrief, welcher Titel und Wappen festsetzt. Seydel I. S. 311.

[73]) Die Verleihung des Adels ist mit einer Staatsgebühr verbunden und zwar 20000 Mk. für den Fürstenstand, 10000 Mk. für den Grafenstand, 5000 Mk. für den Freiherrnstand, 2000 Mk. für den Ritterstand, 1500 Mk. für den einfachen Adel. Geb.Ges. v. 6. Juli 1892 Art. 204 und 208.

[74]) W. I. 249, II. 258, 263, 267 und Verordn. v. 1. Nov. 1808.

in Weber I. S. 249 vorgeschriebene Dienstkleidung trägt. Der Wirkungskreis dieser Ministerialsektion umfaßt:

1. Verkündigung großer Begebenheiten und Feierlichkeiten;
2. die Anführung feierlicher Züge;
3. den Vortrag über die Gegenstände der Kronämter mit Ausnahme von Lehenverhältnissen;
4. das Reichszeremoniell;
5. die Rangverhältnisse im Benehmen mit dem Zeremonienmeister;
6. und 7. das Kostümwesen und die Livreen;
8. das Ordens-Zeremoniell;
9. die Aufsicht über die Ordens-Archive;
10. die Geschäfte der Wappenprüfung;
11. die Untersuchung der Adelstitel.

Hiebei ist maßgebend das ältere Adelsedikt vom 28. Juli 1808 (W. I. 199), wornach der gesamte Adel in einer Matrikel vorzutragen ist, welche vollkommenen Beweis für den Adelstitel der Familien gibt. Eine Familie, welche in die Matrikel nicht eingetragen ist, wird in den öffentlichen Akten nicht als adelig anerkannt.[75]) Die Adeligen haben ihren Adelsnachweis

[75]) Seydel, I. 313. Es wurde ausgesprochen, daß ein bayerischer Staatsangehöriger aus Str.G.B. § 360 Ziff. 8 strafbar ist, wenn er sich, ohne in die Matrikel eingetragen zu sein, des Adels bedient. Oppenhoff, Komm. z. Str.G.B 11. Aufl. S. 890. Ein Nichtbayer, der Bayer geworden ist, kann seinen nichtbayerischen Adel nur führen, wenn er den bayerischen Adelsvorschriften genügt, einen bayerischen Adelsbrief besitzt und in der Matrikel vorgetragen ist. Seydel, 2. Aufl. I. 310 u. 312. Erwirbt ein Bayer einen nichtbayerischen Adel, so kann er dies nur mit königlicher Genehmigung. (Verf.Beil. I. § 10 Ziff. 2.) Darin liegt aber keine Verleihung des bayerischen Adels. (Beispiel: die Herren von Schlagintweit-Sakünlünski.)

zu den Akten zu bringen nebst den Familien-Wappen und dem gesamten Personalstand der Familie, deren Veränderungen durch Vermählungen, Geburten und Sterbefälle ebenfalls zu den Akten zu bringen sind.

B. L.R. T. V. c. 22 § XI gibt von der Adelsprobe folgende Regeln, welche zum Teil noch heute gelten:

„Der Adel ist Qualitas adventitia, und fällt nicht, wie der Thau von dem Himmel, sagt Knipschild de Nobilitate L. I C. 10 n 6, wird also (a) nicht praesumiert, sondern muß auf allenfallsigen Widerspruch bewiesen werden. Schmid, Jus. germ. p. 54. Welches bei neueren Familien durch Producierung ihrer Adelsdiplomatum, bei älteren aber teils durch die Notorietät, teils dadurch bewerkstelligt wird, wann sich die Kennzeichen des Adels bei dem Probanten, und seinen Vorfahrern durch hinlängliche (b) Documenten darthun lassen, z. E. daß sie zu Ritterorden, oder adelichen Dompraebenden zugelassen worden, adeliche Wappen, und Titulaturen geführt, und sich von, oder zu geschrieben haben, auch von anderen, sonderbar von Kanzleyen also tituliert worden, bei Dicasteriis auf der adelichen Bank gesessen, den Landtägen, oder Ausschluß unter dem Ritterstand beigewohnt, den Kammerschlüssel erhalten, und andere dergleichen adeliche Würden, und Ehrenämter begleitet, mit einem Wort, die dem Adel gebührende Vorzüge ruhig genossen und exerciert haben, wobei man gleichwohl auf den Landsgebrauch und das Herkommen zu sehen hat, nach gestalt dessen jeztbemeldete criteria Nobilitatis bald starken, bald schwachen, bald gar keinen Beweis machen. Ohlenschläger p. 92. 104, Riccius p. 2 C. 43 § 1.

An jenen Orten (c), wo die Straf des Schwertes oder Beils nur für den Adel allein ist, z. B. in Frankreich, Engelland und Schweden, kann auf den höchsten Notfall auch der Scharfrichter zum Beweis des Adels dienen, wann sich bezeigt, daß einer aus den Voreltern an dergleichen Orten decapitiert worden sei. Wer sich gar zum Ritter- und Stiftmäßigen (d) Adel zu legitimieren und dadurch zum Ritterorden oder einer adeligen Domprävend zu gelangen sucht, der hat freilich eine härtere Nuß aufzubeißen, als ein anderer, welcher sich nur des neuen oder halbbürtigen Adels berühmt, anerwogen jener nicht nur all und jede hiezu erforderliche Ahnen samt der Filiation, sondern auch all übriges, was die Stifts- oder Ordensstatuta von den Kandidaten erfordern, darthun muß."

Im übrigen erstreckt sich der erbliche Adel auf den Beliehenen und dessen eheliche Nachkommen, sowie auf die Gattinnen und Witwen der erblich Adeligen.[76]) Nur die Legitimation durch nachfolgende Ehe wird dabei ehelicher Geburt gleichgeachtet. Dagegen wird durch Legitimation mittels königlicher Entschließung, durch Adoption oder irgend einen anderen Privatakt Vererbung des Adels nicht bewirkt.[77])

Hat ein Beliehener den Adel nicht angenommen und den Eintrag in die Adelsmatrikel nicht nachgesucht, so ist die Verleihung verwirkt und kann daher auch eine Vererbung des Adels nicht stattfinden.[78])

---

[76]) Seydel I. S. 311.

[77]) a. a. O. S. 312. Engelmann, Die rechtliche Stellung der unehelichen Kinder im bayer. Landrechte. 1896. S. 107, 116, 123.

[78]) a. a. O. S. 314.

Der Adel erlischt durch Verzicht,[79]) durch Verheiratung mit einem Nichtadeligen, nicht aber durch Verjährung und durch Nichtgebrauch. Letzterenfalls müssen aber spätere Nachkommen den Titel neu prüfen und bestätigen lassen. Dies ist der häufigste Probationsfall. Der Adel ruht, wenn ein Adeliger niedrige Hantierungen treibt, für ihn und seine Gattin, nicht aber für die Kinder.[80])

Bezüglich des Probationsfalles ist zu unterscheiden: a) ob die Voraussetzungen des Eintrages in die Adelsmatrikel vorliegen. Diese Frage entscheidet das Staatsministerium des Aeußern; b) ob zwei Familien wegen Führung gleichen Schildes und Namens streiten, oder ob eine Familie einem Dritten die Familienrechte streitig machen will. Hier sind die ordentlichen Gerichte, zumeist das Landgericht, zuständig.[81])

12. Den Vortrag über die neuen Adelstand-Erhebungen und Gesuche hierüber.[82])

[79]) Der Verzicht wirkt nur für den Verzichtenden, seine Ehefrau und die nach dem Verzicht gebornen Kinder. Seydel I. S. 314.

[80]) Seydel I. S. 314 u. 315. Minist.-Entschl. v. 20. Dez. 1818. W. I. S. 747. Pözl S. 148.

[81]) Seydel I. a. a. O. S. 316.

[82]) Man spricht richtig von Verleihung des Adels und Erhebung auf eine höhere Adelsstufe, Seydel a. a. O. S. 310 Nr. 12, man nennt diesen Adel den sogenannten Diplom- oder Briefadel. Hiebei kann es vorkommen, daß der verliehene Briefadel geringer ist als der Adel, den der Geehrte bereits z. B. durch Verleihung des Max-Josef-Ordens oder des Kronordens besitzt. In diesem Fall wird der verliehene Erbadel mit Vorbehalt des erworbenen Rechts auf den dem Verliehenen für seine Person zustehenden höheren Adelsgrad erteilt.

Die Wappenprüfung erstreckt sich auf den vorschriftsmäßigen Gebrauch des Wappens und Mißbrauch desselben durch andere; namentlich darf niemand die bayerische Raute führen, ein Graf darf keinen Fürstenhut, ein Freiherr keine Grafenkrone, Ritter und Edle keine Barons-Binde führen, Adelige der letzten Klasse dürfen keine ganz offenen Helme führen: die Wappen der neu Geadelten sind in edlen und bedeutenden Symbolen herzustellen.[83])

Das Herold-Amt wird unterstützt durch eine anzulegende Sammlung der vorhandenen Wappen des Königreiches. Die Bestimmungen über die Adelsmatrikel sind näher ausgeführt in der Verordnung vom 22. Mai 1812, wo auch die Gebühren für den Eintrag festgesetzt sind.[84]) (Adelige mit dem Prädikat von 30 Mk., Ritter 50 Mk., Freiherren 100 Mk., Grafen 200 Mk., Fürsten 300 Mk.) Hiemit sind alle Gebühren berichtigt und soll die Bekanntmachung im Gesetz- und Verordnungsblatte kostenlos erfolgen. Ist kein Mitglied einer adeligen Familie mehr als lebend vorgetragen, so wird die adelige Familie als erloschen vorgemerkt und ausgeschrieben. Meldet sich später ein Mitglied einer bereits als erloschen ausgeschriebenen Familie zum Eintrag, so ist die Immatrikulations-Taxe aufs neue zu bezahlen.

Mit Entschließung vom 3. Dezember 1815 (W. I. 485) ist den Pfarreien beider Konfessionen der Auftrag geworden, von 1816 ab am Schlusse eines jeden Monats die von ihnen

---

[83]) Mit der Wappenprüfung ist selbstverständlich auch eine Titelprüfung verbunden. Seydel I. S. 318.

[84]) W. I. 393. Geb.-Ges. Art. 209.

beobachteten Zivilstandsveränderungen im Adel dem Ministerium anzuzeigen.[85]) Jetzt haben die Standesämter die Verpflichtung.[86]) Der Adelsstand der Frauen aus der Ritterklasse wird hiebei in der Weise bestimmt, daß sie bloß das Prädikat von zu führen haben, im übrigen aber nach wie vor bei der IV. Adelsklasse einzutragen sind.[86]) Wegen der Militärpersonen von Adel ist verfügt, daß Avantageurs im Heere beim Eintritt durch die Adelsmatrikel ihren Adel nachzuweisen haben. Bei Nichtbayern genügt der Vermerk Nichtbayer.[87])

Wichtig für Adelige ist das Bestehen von adeligen Stiftungen. Solche sind: 1. der Stipendienfond für Adelige, gebildet aus den Taxen für die Erhebung in den Adelstand und für die Verleihung der Kammerherrn- und Kammerjunkerwürde.[88]) Der Fond wird von der Zentralstaatskassa verwaltet. Seit 1831 fallen die genannten Taxen dem allgemeinen Stipendienfond zu; 2. dem Verein zur Bildung einer Präbendenstiftung für Töchter adeliger Personen wurde Korporationsrecht verliehen, sowie ein eigenes Siegel;[89]) 3. wegen der Pagerie und des Julianeums in Würzburg

---

[85]) W. I. 485; III. 377.

[86]) W. XI. 539; XV. 671. Min.-Entschl. v. 14. Mai 1874.

[87]) W. XIII. 15.

[88]) W. I. 744 u. Note 2, 3, 4, 5 u. Geb.-Ges. v. 18. Aug. 1879 Art. 199 Abs. III u. Art. 202 Abs. V u. Art. 208 u. Motive zu demselben, welche besagen, daß das Recht der Krone auf gebührenfreie Verleihung von Würden ꝛc. ꝛc. durch das Gebührengesetz nicht berührt werden soll.

[89]) W. III. 104 u. Note.

sind die bezüglichen Statuten zu vergleichen.[90]) Wegen des Damenstifts zu St. Anna in München W. I. S. 54 und II. S. 224; III. 386; in Würzburg W. I. 345; gemeinschaftliche Bestimmungen W. I. 290; III. 61, 62, 669; IX. 486; XI. 221, 540, 590, 606.[91])

Kurz zu berühren ist auch der sogenannte Patriziat. Dieser ist die Würde, wodurch sich die vornehmeren Ratsverwandten in Reichs- und anderen Haupt- oder Residenzstädten von der übrigen Bürger- und Einwohnerschaft unterschieden. Worin seine Rechte bestanden, läßt sich nicht bestimmen; es kam auf Statut und Observanz an; aber sicher ist, daß er nicht für Adel gehalten wurde, obwohl er in Ausübung gewisser Rechte dem Adel gleichgehalten wurde. In Bayern besteht für den Patriziat keine staatsrechtliche Grundlage,[92]) es sei denn, daß seine Mitglieder zum Adel aufrückten, wie vielfach geschehen.

Früher wurde auch der Doktorat dem Adel gleichgestellt.[93]) Das Recht, ein adeliges Wappen mit offenem Helm zu führen, dürfte ihm geblieben sein.

Staatsrechtlich von Belang ist, daß nur Adelige erbliche Reichsräte in Bayern werden können.[94])

---

[90]) Wegen des aufgehobenen Kadettenrechts s. W. V. 9, 249, X. 235; Seydel I. S. 317 Note 1.

[91]) Enthaltend Bestimmungen über Gründung und Statuten, Berücksichtigung der Töchter von Offizieren, Portopflicht, über bereits präbendierte Bewerberinnen, Ordenskleidung, Vormerkungen für Präbenden, Taxen, Korrespondenzen, Verhältnis zu den Pensionen.

[92]) B. L.R. T. V Kap. 22 § 15.

[93]) Eine lustige Schilderung im B. L.R. T. V Kap. 23 § 12.

[94]) Verf.Urk. Tit. VI. § 3.

6. Gutsherrliche Rechte und gutsherrliche Gerichtsbarkeit, deren Aufhebung und Ablösung.

a) Leibeigenschaft. Durch Edikt vom 31. August 1808 wurde die Leibeigenschaft aufgehoben; dasselbe ist bestätigt durch die Verfassungsurkunde Tit. IV § 6, dann § 49 der IV. und § 116 der VI. Beilage. Eine wichtige Finanzministerialentschließung vom 20. August 1819 trifft genaue Unterscheidung der hienach aufgehobenen persönlichen und der aufrecht erhaltenen dinglichen Lasten. Unter Leibeigenschaft verstand das Gesetz das Verhältnis, nach welchem der Unterthane seinem Herrn so unterwürfig war, daß ihm und seinen Kindern entweder kein oder nur ein sehr beschränktes Recht über ihren Stand und Erwerb zustand.[95])

b) Gutsherrliche Gerichtsbarkeit. Das Edikt vom 10. Aug. 1812 unterschied Herrschaftsgerichte erster Klasse, zweiter Klasse und Ortsgerichte. Es wurde ersetzt durch die IV. und VI. Beilage zur Verfassungsurkunde.[96]) Von Bedeutung sind hierher die Bestimmungen über das geteilte Eigentum, das Schulwesen[97]) und die Patronatsrechte[97]), die Verwaltung der Stiftungen.

c) Fixierung und Umwandlung der gutsherrlichen Gefälle des Staates und der Adeligen. Diese waren ein Vor-

---

[95]) W. I. 205, II. 29. Bayer. Landrecht I. 3. 3, I. 4. 4, I. cap. 8, IV. 16. § 6. Nr. 4, § 7. Nr. 1.

[96]) W. II. 400, I. 619, I. 630.

[97]) W. I. 630 ff., II. 215, 469 (Kirchengebet). Englmann, Handbuch des bayer. Volksschulrechts. 3. Aufl. S. 167. Brettreich-Pechmann, Wirkungskreis der bayer. Distriktsverw.Behörde I. 299.

läufer des Grundentlastungsgesetzes vom 4. Juni 1848. Die Deklaration vom 8. Februar 1825 und die Verordnung vom 13. Februar 1826 sind hiebei maßgebend gewesen.[98]) Ihnen folgte das Gesetz vom 28. Dezember 1831 über die Rechtsverhältnisse und die Entschädigung der auf die Gerichtsbarkeit freiwillig verzichtenden Standes- und Gutsherren[99]) und die Verordnung vom 19. Juni 1832 über die Fixierung und Ablösung des Handlohnes und anderer unständiger Besitzveränderungsgefälle des Staates[100]), sowie das Gesetz vom 1. Juli 1834 über die Vindikation der Gerichtsbarkeit.[101]) Es kam das Gesetz über die Aufhebung des Jagdrechts auf fremdem Grund und Boden vom 4. Juni 1848[102]), der standes- und gutsherrlichen Gerichtsbarkeit, der Fixierung und Ablösung der Grundlasten[103]), nebst dem Gesetze vom 28. April 1872.[104])

7. Lehen. Siehe Lehenedikt vom 7. Juli 1808. Behandlung der Lehensgeschäfte, Revision des Lehenedikts, Ablösung desselben, Wertermittlung und Katastrierung.[105])

8. Siegelmäßigkeit.[106]) Dieselbe ist begründet im Edikt über die Siegelmäßigkeit vom 26. Mai 1818 (nebst

---

[98]) W. II. 224, 340, IV. 37.

[99]) W. II. 574.

[100]) W. II. 611.

[101]) W. II. 740, III. 105.

[102]) W. III. 708.

[103]) W. III. 697 ff.

[104]) W. IX. 488.

[105]) W. I. 176, II. 255, 307, 441, V. 4.

[106]) V.L.R. Tit. V. c. 22. § 16. W. I. 667.

Gesetz vom 28. Mai 1852) und zur Aufhebung angebahnt im Grundlagengesetz vom 4. Juni 1848, aber beseitigt durch Art. 150 Abs. II des Notariatsgesetzes vom 1. Juli 1861 und Art. 3 Ziff. 16 des Einführungsgesetzes zur Zivilprozeßordnung vom 1. Juli 1870. Die Siegelmäßigkeit begriff das Recht in sich, Urkunden, zu welchen sonst obrigkeitliche Protokollierung und Verbriefung notwendig war, mit gleicher Kraft durch Unterschrift und Siegel zu fertigen.

9. Ueber Orden und Auszeichnungen[107]) geben wir nachstehend eine Zusammenstellung der bezüglichen Vorschriften. (Die Zahlen beziehen sich auf Webers Gesetz- und Verordnungs-Sammlung.)

a) Ministerielles Ressort II. 271 (§ 78). Verfahren behufs Belohnung ausgezeichneter Verdienste (29. Dez. 1834) III. 5. Auszeichnungen aus Anlaß fünfzigjähriger Dienstzeit (5. März 1835) III. 17. Anzeige der Sterbefälle ausgezeichneter Personen II. 603.

b) Orden. Ministerielles Ressort II. 266 (§ 39). Reihenfolge der Orden III. 96, insbesondere des Kronordens und des Michaelsordens (vom 24. Juni 1855) IV. 714. Gesuche um Ordensverleihung II. 260. Zurückgabe der bayerischen Ordensdekorationen und Ehrenzeichen VI. 169. Wertangabe bei der Zurücksendung VII. 14. Einsendung XI. 540. Jährliche Anzeigen über die Ordensinhaber XI. 584. Beschädigte und verlorene Dekorationen beim Militär XI. 100. Unbefugtes Tragen von Orden und Ehrenzeichen XI. 433 (§ 360 Ziff. 8).

---

[107]) Vgl. Seydel. 2. Aufl. I. S. 306.

1. Hubertusorden I. 167.

2. St. Georgsorden II. 367. Derselbe ist eine Korporation.

3. Der Zivilverdienstorden der bayerischen Krone verleiht den Adel, wenn er an Inländer verliehen wird; dieser Adel beschränkt sich auf die Person des Begnadigten. Wenn jedoch die Verleihung in drei auf einander folgenden Generationen erfolgt, so entsteht ein Anspruch auf taxfreie Verleihung des erblichen Adels. V. Beilage zur Verf.Urk. § 5. Ordensgesetze (vom 19. Mai 1808) I. 166. Erwerb des Adels (23. Dezember 1812) I. 403. Erläuterung der Statuten (8. Oktober 1817) I. 543. Verdienst-Medaille (19. Juni 1839) III. 289. Aenderung der Statuten (Verord. vom 24. Juni 1855) IV. 712. Unterstützungen aus dem Ordensfond II. 205, III. 370.

4. Militär-Max-Josefs-Orden. Wegen des Adels trifft das beim Kronorden Bemerkte zu. Statuten (vom 1. März 1806) I. 113. Erwerb des Adels (23. Dez. 1812) I. 403. Unterstützungen aus dem Ordensfond III. 16. Ordenspensionen (13. Februar 1878) XII. 230. Militärverdienstmedaille, Medaillenzulagen XII. 35.

5. Michaelsorden. Satzungen (vom 16. Febr. 1837) III. 93. Aenderungen (Verord. vom 24. Juni 1855) IV. 713, revidierte Satzungen vom 16. Dezember 1887. Später wurden noch einzelne Medaillen affiliiert.

6. Maximiliansorden für Wissenschaft und Kunst. Satzungen (vom 28. November 1853) IV. 601 auch jüngst geändert.

7. Ludwigsmedaille für Wissenschaft, Kunst und Industrie. Gründung (Verord. vom 25. August 1872) IX. 522.

8. Ludwigsorden. Gründung (Verord. vom 25. Aug. 1827) II. 389, statt anderer Auszeichnungen (5. März 1835) III. 17, rechtzeitige Antragstellung III. 270, IX. 541. Verleihung an protestantische Geistliche III. 550. Erweiterung bezüglich des mittelbaren Staatsdienstes (Verord. vom 2. Oktober 1848) III. 731. Berechnung der Dienstjahre der Schullehrer VI. 754.

9. Militär-Verdienstorden. Gründung (Verord. vom 19. Juli 1866) VI. 640.

10. Eisernes Kreuz. Ehrenzulage an die Inhaber des Eisernen Kreuzes (Ges. vom 2. Juni 1878) XII. 308, 498, 571, 758. Bescheinigung der Quittungen XV. 267.

11. Verdienstkreuz für die Jahre 1870/71. Stiftung (Verord. vom 12. Mai 1871) IX. 19.

12. Kriegsdenkmünze für die Feldzüge 1870/71. Stiftung (Kais. Erl. vom 20. Mai 1871) IX. 22 nebst Noten.

13. Armee-Denkzeichen. Gründung (Verord. vom 6. Oktober 1866) VI. 712.

14. Die neugegründete Rettungsmedaille v. 12. März 1889.

15. Dienstalterszeichen für 24- und 40jährige Militärdienstzeit (3. März 1865) VI. 419, (21. Januar 1876) XI. 334, Vollzugsvorschriften (vom 24. Januar 1876) XI. 337.

16. Theresienorden. Statuten (vom 12. Dezember 1827) II. 392, Erläuterung (vom 14. Januar 1836) III. 58. Präbendenbezüge und Verleihungstaxen (7. April 1876) XI. 506.

17. Damenstift zu St. Anna.[108])

c) Annahme fremder Ehrenzeichen und Auszeichnungen. Notwendigkeit landesherrlicher Genehmigung (21. Aug. 1801) I. 51, (Verf.Urk. Tit. IV. § 14) I. 586, 599 (§ 10), ministerielles Ressort II. 267 (§ 48), allgemeine Vorschriften (17. Juni 1835) III. 29, bezüglich der Standesherren III. 96. Verfahren (6. April 1855) IV. 694.

[108]) Vgl. oben S. 86.

III.

Das Edikt über die Familien-Fideikommisse.[1])

Titel I.

Von Familien-Fideikommissen überhaupt.

§ 1. Familien-Fideikommisse, kraft welcher ein Vermögen für alle, oder doch für mehrere Geschlechtsfolger als unveräußerliches Gut der Familie bestimmt wird, können künftig nur zum Vorteil adeliger Personen und Familien errichtet werden.[2]) Errichtun

Familien-Fideikommiß kann sowohl den Akt der Errichtung wie den Vermögenskomplex selbst bedeuten. — Familien-Fideikommisse s. Einleitung und Roth B. II S. 551, D. III S. 758. — Geschlechtsfolger. Diese werden in Bezug auf ihre schwebenden Ansprüche Anwärter genannt. — Adelige Personen und Familien s. Einleitung; Tit. V § 4 Ziff. 2, V. Beilage § 13 der Verf.Urk. — Bayerisches Landrecht Tl. III Kap. 10 aufgehoben. Es hatte die F.K. nicht auf den Adel beschränkt: Seydel, Staatsrecht 2. Aufl. I. S. 316 Note 68. — Familien-Fideikommiß. Unterschied von Familienstiftung: Scheurl im Archiv für civ. Praxis Bd. 77 S. 243; Beispiel einer Verbindung beider bei O. Zängerle, Statut für das Familien-Fideikommiß des Grafen Friedrich von Quadt S. 14 und 60 ff.; Pözl,

---

[1]) Beilage VII zum Titel V § 4 der Verfassungsurkunde.

[2]) Vergleiche damit das Gesetz vom 22. Februar 1855 über landwirtschaftliche Erbgüter.

Staatsrecht 5. Aufl. S. 150 Note 7 und 5. — Adelige Personen: Versuche der Regierung, das Adelsvorrecht bei den F.K. zu beseitigen, mißlangen. Seydel a. a. O. S. 316. Derselbe sieht die F.K. als ein privatrechtliches Vorrecht des Adels an. Dagegen Pözl S. 150 Note 5 und S. 152 Note 15.

Arten der Fideikommisse: Pözl, b. Staatsrecht 5. Aufl. S. 150 unterscheidet:

a) Die sogenannten umgehenden Aktivlehen der adeligen Familien. Hierüber schreibt das Bayer. Landrecht Tl. V Kap. 18 § 46 Nr. 29: „Die Aktivstammlehen fallen unter mehreren Geschlechtsverwandten allzeit nur dem Aeltesten zu, wie dies schon das alte bayerische Rechtsbuch mit den Worten: „Und die sollen leihen die ältesten Manneserben“ in den Mund führt; daher man sie auch Majorat oder umgehende Aktivlehen zu nennen pflegt, weil sie von einem Senior der Familie auf den andern herumspazieren, dergleichen sich bekanntermaßen gar viele bei den altadeligen Familien in Bayern befinden.

b) Familienstiftungen.

c) Die Fideikommisse der Standesherren.

d) Die Fideikommisse der Verfassungsurkunde von 1818 Beil. VII.

e) Die auf Grundlage der Edikte von 1808 und 1811 errichteten Majorate, wenn sie der Konstituent nicht bis zum 26. Mai 1820 in ein Familienfideikommiß verwandelte; Edikt § 103.

f) Die Fideikommisse der Reichsritterschaft, wenn sie noch in ihrem alten Komplexe bestehen und nicht inzwischen an andere nicht zur Familie gehörige Besitzer übergegangen sind, Edikt § 102 und 104. Beispiel, die Grafen von Ingelheim, Reg.-Blatt 1869 S. 1257, Edikt § 102 und 104.

g) Noch bestehende Familienfideikommisse des Adels in jenen Provinzen, welche erst seit 1812 zu Bayern kamen, wie Würzburg und Aschaffenburg.

Die Fideikommißurkunde in den beiden Fällen mußten aber innerhalb 2 Jahren bis zum 26. Mai 1820 zur Bestätigung vorgelegt werden und sie sind subsidiär nach den Bestimmungen des VII. Edikts zu beurteilen. § 106—108.

§ 2. Zur Errichtung eines Familien-Fideikommisses wird ein Grundvermögen erfordert, von welchem an Grund- und Dominikalsteuer in simplo wenigstens fünfundzwanzig Gulden zu entrichten sind. Grundvermögen

Grund- und Dominikalsteuer Vgl jetzt Grundsteuergesetz § 4 und 117, Pözl S 154 -- In simplo: Der so bestimmte Satz entsprach einer Gutsrente von 1500—2000 fl Roth B S. 554. Von diesem Ertrage ist auch der Fortbestand des F K abhängig F.E §§ 10 und 28. Preußen verlangt 2500 Thl Reinertrag (oder 30,000 Mk. Kapital); Hessen 75,000 fl ; Hannover 1200 Thl , Braunschweig 3000 Thl.; Baden 4000 bezw 15,000 fl Reinertrag — Reichsräte: Ges v 11 Sept 1825, Seydel II S 105 Note 1 — Alles im Königreiche gelegene Landeigentum: Damit ist das Fideikommißgut auf das in Bayern befindliche Grundeigentum beschränkt S X. 332 Dasselbe gilt auch für Vermehrung des Fideikommißvermögens — Grundeigentum ist unter allen Umständen notwendig. S. VII. 283 Ob aber nur landwirtschaftliches Grundeigentum? Die Praxis hat auch die Fideikommißfähigkeit von Miethäusern 2c allein angenommen. — Rechtliche Natur des Fideikommißguts Danzer, B L R S. 69 und 114

Parallelstellen des Preußischen Landrechts. II. 4. § 47—226.

§ 48 Zu beständigen Familien-Fideikommissen aber können nur Kapitalien und Grundstücke, mit welchen Ackerbau und Viehzucht verbunden ist, gewidmet werden.

§ 51 Ein Landgut, welches zum beständigen Familien-Fideikommiß gewidmet werden soll, muß wenigstens einen reinen Ertrag von Zweitausendfünfhundert Thalern, nach einem landüblichen Wirtschaftsanschlage, gewähren

§ 52 Dieser Ertrag darf weder mit Zinsen von Schuldposten, die auf dem Gute haften, noch mit Abgaben an Familienmitglieder oder Fremde belastet werden

§ 54. Es muß also bei jedem künftig zu errichtenden Fideikommisse dem zeitigen Besitzer wenigstens ein reiner Ertrag von Zwölfhundertundfünfzig Thalern zur freien Verwendung übrig bleiben.

§ 55. Grundstücke, die schon an und für sich den reinen Ertrag von Zweitausendfünfhundert Thalern nicht gewähren, können nur insofern zu einem beständigen Fideikommisse gewidmet werden, als damit ein Kapital, dessen Nutzung das Fehlende ergänzt, untrennbar verbunden wird.

§ 56. Für eben dieselbe Familie soll in Zukunft kein Fideikommiß, welches den reinen Ertrag von Zehntausend Thalern übersteigt, ohne besondere landesherrliche Genehmigung gestiftet werden.

§ 57. Auch ein nachfolgender Fideikommißbesitzer kann das von seinen Vorfahren auf ihn verfällte Fideikommiß über diesen Ertrag nicht vergrößern.

§ 60. Aus bloßen Häusern und Gebäuden, ingleichen aus Mobilien und Kostbarkeiten allein, kann kein beständiges Familien-Fideikommiß errichtet werden.

[...]och: Grundvermögen.

§ 3. Unter dieses Grundvermögen sind zu rechnen:

a) Land.

a) alles im Königreiche gelegene Landeigentum samt den mit denselben in natürlicher Verbindung stehenden landwirtschaftlichen Industrial-Anstalten, insbesondere den Brauereien;

b) Obereigentum.

b) die Früchte des Obereigentums, als Gilten, Stiften, Grundzinsen, Laudemien, Scharwerke;

[...]) Sonstige Rechte.

c) Jurisdiktions-Erträgnisse und fruchtbringende Realrechte auf fremdem Eigentum, insonderheit Zehnten, unablösliche Geldrenten, das Jagd- und Fischrecht in fremden Waldungen oder öffentlichen Flüssen und Seen, wenn sich diese Rechte mit einem zum Fideikommiß bestimmten Gute im Zusammenhange befinden.[3])

---

[3]) Das Jagdrecht in fremden Waldungen ist seit 1848 weggefallen; ebenso sind die Jurisdiktionserträgnisse weggefallen mit der Aufhebung der gutsherrlichen Gerichtsbarkeit; bezüglich der Früchte des Obereigen-

Königreiche, nicht aber auch die Pfalz. Roth B. S. 553. — Obereigentum: Ablösungsges. v. 4. Juni 1848 Art. 2, 8. 17, 21 ff. Dominium directum u. utile. B. L.R. Tl. II Kap. 2 § 2. — Gilten: B. L.R. Tl. IV. 5. 11 Nr. 2; IV. 7. 9 Nr. 1 und Ewiggeld IV. 7. 33 und Danzer S. 254. — Stiften: B. L.R. IV. 3. 13 Nr. 2. — Grundzins: B. L.R. IV. 7. 33. — Laudemien: a. a. O. IV. 7. 11; 15 Nr. 3; 28 Nr. 2; 29 Nr. 7; 33 Nr. 1. — Scharwerk: a. a. O. II. 11. 1 ff. — Jurisdiktionserträgnisse: Ablösungsges. v. 4. Juni 1848 Art. 21; Ges. v. 4. Juni 1848, betr. Aufhebung des Jagdrechts auf fremdem Grund und Boden. B. L.R. Tl. I. Kap. 8. — Vereinigung eines Ablösungsfonds mit dem allgemeinen Fideikommißfonds ist keine Einverleibung in das Fideikommiß. S. 14. 454. — Freie Grundstücke: aus der Gegenüberstellung von Ziffer 1 zu 2 u. 3 geht hervor, daß nur freies Grundeigentum Fideikommißgut werden konnte. Vgl. § 4 d. F.E. Bodenzinspflichtige Grundstücke werden heute jedoch Fideikommißgut werden können.

§ 49. Nur freie und keiner grundherrschaftlichen Botmäßigkeit unterworfene Grundstücke können mit einem solchen beständigen Familien-Fideikommisse belegt werden. Preuß. L.R.

§ 4. Ein Grundvermögen, welches als Lehen, erbzins- oder erbrechtsbares Gut im Lehen- oder Grundbarkeitsverbande steht, kann nur mit Einwilligung des Lehen- oder Grundherrn zum Fideikommisse verwendet werden, jedoch muß bei dem Lehen dieselbe Erbfolgeordnung, wie bei dem zu errichtenden Fideikommisse stattfinden. Lehen als Grundvermögen.

Grundbarkeitsverband: Nach Ablösungsgesetzen v. 4. Juni 1848 bestehen Grundbarkeitsverbände nicht mehr. — Lehen: Roth,

---

tums, der Zehnten und unablösbaren Geldrenten hat das Ablösungsgesetz von 1848 Verfügungen getroffen, wonach solche Gegenstände nicht mehr zum Grundvermögen zu rechnen sind.

B. C.R. I. § 199—216. Das Lehenedikt v. 7. Juli 1808, das in der Hauptsache auf den Grundlagen des longobardischen Lehenrechts beruht, und durch Ges. v. 15. Aug. 1828 einer Revision unterzogen wurde. Durch Lehenablösungsgesetz v. 4. Juni 1848 Art. 4 ist dem besitzenden Vasallen mit Ausnahme der thronlehenbaren Würden und der auf königlicher Dotation oder Staatsverträgen beruhenden Lehen das Recht der einseitigen Allodifikation eingeräumt, für welche eine verschieden bestimmte Ablösungssumme zu bezahlen ist. Das Recht der Erbfolge wird dadurch nicht berührt; es bleibt den Berechtigten freigestellt, sich durch Uebereinkommen zu vergleichen.

Preuß. L.R. § 50. Lehen können zwar in Fideikommisse nicht verwandelt, wohl aber darin eine Successionsordnung, wie bei Fideikommissen, mit Beistimmung sämtlicher Interessenten eingeführt werden.

Lasten-freiheit. **§ 5.** Das Grundvermögen, welches dem § 2 gemäß zur Errichtung eines Fideikommisses erfordert wird, muß frei von Schulden und Lasten sein. Haften darauf unablösbare Lasten, oder soll das Fideikommiß durch besondere Dispositionen des Stifters, oder mit Schulden belastet werden, so wird außer jenem Grundvermögen noch ein Fond erfordert, aus dessen Rente jene Bürden und Lasten bestritten werden können.[4])

Schulden: vgl. § 5 des Ges. v. 11. Sept. 1825. Schulden müssen aus dem Ueberschusse bezahlt werden können. Tilgungsplan ꝛc. ist nicht notwendig. — Lasten: Freiheit von öffentlichen Lasten ist nicht darunter zu verstehen. S. 11. 483; Bl. 51. 416. Der Reichnisberechtigte ist zu hören, wenn die mit Reallasten beschwerten Fidei-

---

[4]) Siehe das Gesetz vom 11. Septbr. 1825, betr. die Anwendung und Vollziehung einiger Bestimmungen des Edikts über die Familien-Fideikommisse (in Abteilung III), sowie die Verordnung vom 3. März 1857 über die Instruktion und Behandlung der Familien-Fideikommisse.

kommißteile wechseln. S. 7. 851. — Steuern von Grund- und Hausbesitz, sowie vom Gewerbebetrieb bestanden schon zur Zeit des Erlasses der Verfassungsurkunde, sie sind daher nicht abzugsfähig. Bl. 51. 416. — Versicherung: Immobiliarversicherung, falls diese vom Konstituenten angeordnet wurde, kann in Abzug gebracht werden, freiwillige Zahlung von Versicherungsprämien nicht. Bl. 51. 416. Vgl. auch § 44 F.K.E. Ob der Fideikommißbesitzer ohne Verfügung des Konstituenten verpflichtet ist, der Brandversicherung beizutreten? Ja:

1. wenn ein Minderjähriger oder sonst unter Kuratel stehende Person in Frage kommt. Art. 3 des Brandvers.Ges. v. 5. Mai 1890; Hauck, Kommentar hiezu S. 14 ff. u. S. 40;
2. wenn Hypotheken auf den Fideikommißgebäuden haften. Art. 3 Z. 6.

§ 53. Nur mit Prästationen zum Besten der Kinder des jedesmaligen Fideikommiß-Besitzers, zur Aufsammlung eines Kapitals für künftige Unglücksfälle oder zur Erweiterung und Verbesserung des Fideikommisses, kann der Ertrag desselben, bis zur Hälfte der gesetzmäßigen Summe, in dem Stiftungsbriefe belegt werden. Preuß. L.R.

§ 6. Ein auf Grundvermögen (§ 3) konstituiertes Fideikommiß kann sowohl bei der Errichtung, als in der Folge durch jede Art von beweglichem oder unbeweglichem Vermögen vermehrt werden. Insbesondere ist gestattet, Häuser und Gärten, Geld und Kapitalien, Kleinodien und Sammlungen von Gemälden, Kunstsachen, Büchern u. dgl. und die Hauseinrichtung zu diesem Fideikommißüberschusse mit gleicher fideikommissarischer Eigenschaft zu bestimmen. Fideikommißüberschuß.

Unbewegliches Vermögen: vgl. § 3. — Vermehrung des Fideikommisses: Bolze 8. Nr. 599. Zu unterscheiden von der Vermehrung (Ueberschuß) ist die Verbesserung des Fideikommisses. Bolze 12. Nr. 539; vgl. unten §§ 7, 44, 75, 76. — Verzeichnis oder Inventar der Mobilien: die in Mobiliar bestehende Fideikommißvermehrung des Konstituenten ist zu verzeichnen, nicht aber abzuschätzen. F.K.E. § 8 und Ges. v. 11. Sept. 1825 § 4. — Kapitalien: Bei Heimzahlung von Fideikommißkapitalien hat der Schuldner die nötige Vorsicht anzuwenden, daß er wirksam bezahle. (Angehung des Fideikommißgerichts u. s. w.)

Preuß. L.R. § 59. Zu einem bloßen, für sich allein bestehenden Geld-Fideikommisse ist ein Kapital von Zehntausend Thalern hinreichend.

§ 61. Wohl aber können dergleichen Gebäude, Mobilien und Kostbarkeiten einem andern, für sich bestehenden Fideikommisse zugeschlagen werden.

§ 131. Der Schuldner eines Fideikommiß-Kapitals, der diese Eigenschaft desselben weiß oder zu wissen schuldig ist, kann dasselbe nur auf richterlichen Befehl oder in das gerichtliche Depositum sicher bezahlen.

Lastenfreiheit desselben. **§ 7.** Das Vermögen, welches zu diesem Ueberschusse verwendet wird, muß, wenn es mit Schulden belastet ist, aus dessen Früchten in 20 Jahren schuldenfrei gemacht werden (§ 69).

Ueberschuß: Hier wird der Begriff Fideikommißüberschuß rechtlich festgelegt. Der Immobiliarkomplex eines Fideikommisses kann nämlich größer sein, als das Gesetz gebietet. Pözl S. 154; Roth B. II S. 554 hier und in § 6 F.E.

Zugehörungen. **§ 8.** Außer den auf besonderen Dispositionen (§ 6) beruhenden Zugehörungen eines Fideikommisses sind kraft des Gesetzes als Zugehörungen desselben anzusehen:

1. bei Oekonomien das Vieh und die sogenannte Fahrnis;
2. bei Brauereien das Braugeschirr jeder Gattung;
3. bei andern Industrialanstalten die hierzu gehörigen Maschinen und Werkzeuge aller Art.

Inventar derselben. Diese sollen, wie die mit dem Fideikommisse bei dessen Errichtung verbundenen Mobilien (§ 6), gehörig verzeichnet, abgeschätzt und dem Fideikommißnachfolger in dem Umfange, welchen jenes Verzeichnis ausspricht, in vollkommen brauchbarem Stande hinterlassen oder in eben derselben Qualität ersetzt werden.[5])

Zugehörungen oder Pertinentien: B. L.R. II. 2. 14; Regelsberger S. 197 (Begriff); S. 43 u. 50, 51, 59 (Vortrag auf dem Hypotheken-Folium, Wirkung desselben); S. 65 (auch Aenderungen sind vorzutragen); S. 100 (Zugehörungen außerhalb des Gerichtsbezirkes); S. 163 (wie kann sich der Eigentümer schützen, daß sie ein anderer als Zubehör seines Grundstückes im Hypothekenbuch einschreiben läßt?) S. 324. — Fahrnis: B. L.R. I. 6. 21; I. 7. 13 Nr. 11; auch Hausfahrnis III. 7. 19 Nr. 2 u. 20. — Inventar: Man unterscheidet das Inventar der Fideikommißvermehrung (ohne Abschätzung) durch den Konstituenten und das Inventar der Zugehörungen und der mit dem Fideikommiß bei dessen Errichtung verbundenen Mobilien. S. I. 194. — Vollkommen brauchbarer Zustand: Dieser ist Thatfrage und vom Richter zu bestimmen. — Zugehörungen müssen schon zur Zeit dem F.K.-Verbande angehören: z. B. Rittergüter, die nach Aussterben der Nachkommen der in einer Anordnung bezeichneten Familie einem F.K. erst einverleibt werden, sind dermalen noch nicht Zugehörungen des F.K., das F.K.Gericht ist daher auch nicht befugt, darüber Anordnungen zu treffen. S. X. 509. — Früchte gehören im allgemeinen nicht zum Inventar: S. XII. 566; jedoch Ausnahme § 9. — Klage der Anwärter auf Anerkennung der fideikommissarischen Qualität gewisser Vermögensobjekte. Seuffert, Arch. XXIX. 47. — Pfändung: Bolze 4. 906.

§ 71. Uebrigens soll künftig bei Errichtung eines jeden Fideikommisses von den dazu gehörenden Pertinenz- und Inventarienstücken ein vollständiges beglaubigtes Verzeichnis aufgenommen und ein Exemplar davon bei den Akten des Hypothekenbuches verwahrt werden. Preuß. L.R.

[5]) Siehe § 4 des Ges. v. 11. Sept. 1825.

Nahe Zugehörungen.

§ 9. Besteht das Familien-Fideikommiß in einem Gutskomplexe, so sind ferner Pertinenzstücke desselben mit gleicher Eigenschaft:

1. bei Oekonomien der nötige Samen und das bis zur nächsten Ernte hinreichende Speisegetreide: dann
2. bei Brauereien ein, nach dem zur Zeit der Fideikommißfolge sich bezeigenden Betrieb des Braugeschäftes, notwendiger halbjähriger Vorrat.

Fideikommiß für die Zukunft.

§ 10. Kann ein Fideikommiß auf das dazu bestimmte Vermögen nicht sogleich gegründet werden, so ist die Disposition gültig, wenn dasselbe aus dem Vermögen entweder für sich selbst oder mittelst der inzwischen anfallenden und als Kapital anzulegenden Früchte und Zinsen längstens in 20 Jahren hergestellt werden kann.

Bis zur Erfüllung dieser Bedingung soll ein solches Vermögen gleich dem Vermögen der Minderjährigen unter Aufsicht des zuständigen Gerichts verwaltet, das bare Geld gegen hypothekarische Sicherheit verzinslich angelegt und von dem Appellationsgerichte, bei welchem diese Disposition in die Fideikommißmatrikel einzutragen ist, dafür gesorgt werden, daß innerhalb der vorgemerkten 20 Jahre das Fideikommiß durch Ankauf eines dazu geeigneten Vermögens oder durch dessen Freimachung von Lasten und Schulden vollkommen gegründet werde.

Bedingte Bestätigung: Roth B. II. S. 562. — Verwaltungspflicht des Vormundschaftsgerichts: S. VII. 985. — Beispiel einer bedingten Disposition: Reg.Bl. 1845 S. 381 ff.; Pözl S. 155. Roth a. a. O. S. 563 Note 17 weist darauf hin, daß man unterscheiden müsse:

a) eine bedingte Errichtung im Sinne des F.C.;

b) eine solche außerhalb dieser Schranken; z. B. F.K.Stiftung für einen Nichtadeligen mit der Auflage, daß dieser sich den Adel erwerbe; oder, wenn der Stifter ein Kapital bestimmt, mit der Auflage, damit den zur F.K.Errichtung nötigen Grundbesitz zu erwerben. Das erste ist keine F.K.Errichtung, das zweite lediglich ein Auftrag, ein solches zu errichten.

Gebühr: unter F.C. § 17 Anm. u. Art. 67 Abs. II des Geb.Ges., welcher lautet:

Ist die Bestätigung eines Fideikommisses nur bedingt erfolgt (§§ 10, 28, 29 der VII. Beilage zur Verfassungsurkunde), so wird die obige Gebühr erst nach Erfüllung der Bedingung aus dem in diesem Zeitpunkte vorhandenen Vermögen berechnet und erhoben.

Burkhard S. 197 bemerkt hiezu:

Der zweite Absatz enthält eine Modifikation zu dem sonst bei bedingten Verträgen festgehaltenen Prinzip (Art. 135, 136, 142), daß bedingte Verträge wie unbedingte zu behandeln seien. Hier, bei den Fideikommissen, wird die prozentuale Gebühr erst nach Erfüllung der Bedingung aus dem in diesem Zeitpunkte vorhandenen Vermögen berechnet.

Die allegierten Paragraphen der Verfassungsbeilage beziehen sich ohnehin sämtlich nur auf Bedingungen, welche gestellt werden, weil das erforderliche Grundvermögen noch nicht vorhanden ist, sondern erst surrogiert bezw. ergänzt werden muß.

Bei Komplettierung dieses Vermögens ist ein Fideikommiß überhaupt nicht möglich, die gestellte Bedingung ist also eine Suspensivbedingung. Die gerichtliche Bestätigung wirkt erst mit dem Zeitpunkte der Eröffnung der Bedingung.

Es ist noch zu erwähnen, die wegen der Aufsicht des Gerichts anfallende Gebühr. Art. 69 des Geb.Ges. lautet:

Wenn das zu einem Fideikommisse bestimmte Vermögen gemäß § 10 Abs. 2 der VII. Beilage zur Verfassungsurkunde unter gerichtlicher Aufsicht verwaltet werden muß, so kommen hiefür bei dem zuständigen Gerichte die in Art. 75, 76 bestimmten Gebühren zur Erhebung. Hin=

sichtlich der Fälligkeit der Gebühren findet die Bestimmung in Art. 77 Abs. 2 entsprechende Anwendung.

Hiezu bemerkt Burkhard S. 109:

Es ist also hier der analoge Fall der gerichtlichen Vormundschaft gegeben, weshalb auch die Gebühren für „andere Vormundschaften“ als Spezialkuratelen analog zu erheben sind.

Die Bestimmung der Fälligkeit dieser Gebühren nach Maßgabe der Bestimmungen in Art. 77 Abs. 2 (gleichwie in Pflegschaften und Verlassenschaften nach Art. 85) ist eine Ausnahme von dem sonstigen Prinzipe der Fälligkeit der Gebühren und zurückzuersetzenden Auslagen.

Fideikommisse für Nachgeborene.

§ 11. In einer Familie können neben dem Fideikommisse für die erstgeborne Linie noch mehrere Fideikommisse für die nachgebornen Linien errichtet werden.

Separatfideikommisse aus einem bestehendem Fideikommisse sind jedoch unzulässig. S. VII. 283.

Preuß. L.R.

§ 58. Sobald aber eine Familie in mehrere, nebeneinander fortlaufende Linien sich teilt, kann für jede dieser Linien ein besonderes Fideikommiß gestiftet werden.

Lasten des Fideikommisses.

§ 12. Mit einem Fideikommisse können besondere Dispositionen zum Vorteil einzelner Mitglieder des Geschlechts, z. B. für den Geschlechtsältesten, für die nachgebornen Söhne, für Ausstattung der Töchter, für den Unterhalt der Witwen und dergleichen verbunden werden. Diese Anordnungen sind als Lasten des Fideikommisses zu betrachten, für welche nach § 5 ein besonderer Fond ausgeworfen werden muß.

Ausgeworfen: bedeutet nicht ausgeschieden. Es genügt ein bilanzmäßiges Auswerfen. Beispiel S. VI. S. 247; vgl. F.K.E. 2, 5, 46, 54, 59, 65. — Vorteil: Apanagen Seuffert, Arch. V. Nr. 43; XVI. Nr. 134. Primogenitur Bolze 4. 907.

§ 13. Die Rechte und Verbindlichkeiten des Fideikommißbesitzers und der Mitglieder der Familie in Ansehung des Fideikommisses sind hauptsächlich nach dem erklärten Willen des Stifters, soweit dessen Anordnungen dem gegenwärtigen Edikte nicht zuwiderlaufen, zu beurteilen. Berechtigungen aus dem Fideikommiß.

Eine Abänderung dieser Dispositionen findet nur unter den Voraussetzungen und aus den Gründen statt, unter welchen die Auflösung des Fideikommisses (§ 97) gestattet ist.

Die Beseitigung einer von dem F.K.Stifter erlassenen Successionsordnung durch Verfügungen eines nachfolgenden Fideikommißbesitzers ist unstatthaft, auch wenn dieselben von dem Stammvater eines einzelnen Zweiges für diesen getroffen worden und auf ein in früherer Zeit errichtetes, nachträglich vermehrtes Fideikommiß sich erstrecken. S. VII. S. 279. — Fideikommißüberschuß: der Konstituent oder Stifter eines Fideikommisses ist nach § 13 anzuordnen befugt, daß ein bestimmter oder unbestimmter Teil des Fideikommißüberschusses (§ 7) zur Tilgung der auf demselben bei dessen Konstituierung haftenden Schulden von dem Fideikommißbesitzer veräußert werden könne oder solle. Ges. v. 11. September 1825 § 3.

§ 14. Alle Handlungen, welche sich auf die Bestätigung des Fideikommisses beziehen oder sonst die Genehmigung des Gerichts erfordern, sowie die Führung der Fideikommißmatrikel sind dem Appellationsgerichte zugewiesen, in dessen Bezirke das Fideikommißvermögen gelegen ist. Liegen die Güter unter verschiedenen Appellationsgerichten, so ist dasjenige zuständig, in dessen Bezirk sich das Hauptobjekt des Fideikommisses befindet. In Fideikommißsachen sollen die Appellationsgerichte durch Vorrufung der Beteiligten in Person oder durch Spezialbevollmächtigte in kommissionellen Fideikommißgerichte.

Zusammentritten alle weitläufige Verhandlung abzuschneiden suchen.

Gegen die Entschließungen der Appellationsgerichte in Fideikommißsachen finden Rechtsmittel wie in streitigen Rechtssachen statt.

Standpunkt des Gerichts bei der Aufsicht: daß die zeitigen Nutznießer des F.K. in ihrer Dispositionsbefugnis hinsichtlich desselben nicht mehr beschränkt werden, als der Zweck der Stiftung oder die bei der Stiftung vorgeschriebenen Normen, oder endlich ein besonderes Gesetz erheischen, daß überhaupt alles zu vermeiden ist, was zu unnötigen Kosten und' Zeitaufwand der Beteiligten führt. Seuffert, Archiv XIII. S. 542; S. III. S. 252. — Appellationsgericht, jetzt Oberlandesgericht: B. Ausf.Ges. z. Ger.Verf.Ges. v. 23. Febr. 1879, Art. 36 Ziff. 1. Gebühren: S. XIII. 350; Wagner, Handbuch des amtsger. Verfahrens 2. Aufl. S. 7, 51, 63, 66. Ueber Beaufsichtigungsgerichte in anderen Staaten s. Roth D. III. S. 761. — Die Fideikommißsenate bei dem Appellationsgerichte, welche seit A. A. v. 2. Dezember 1818 bestanden, sind seit der V. v. 3. März 1857 aufgehoben und die F.K.Gegenstände den gewöhnlichen Zivilsenaten überwiesen. Dabei ist jedoch angeordnet, daß für jedes F.K. ein Mitglied des Gerichts als ständiger Referent benannt werde. — Das Fideikommiß-Gericht schreitet entweder von Amts wegen oder auf Antrag der Beteiligten aufsichtlich ein. F.E. § 43 Ziff. 2 und 4, § 61, 70 u. a.

Die sachliche Zuständigkeit des Oberlandesgerichts ist teilweise beschränkt:

a) Bei den auf k. Dotation beruhenden F.K.; hier obliegt die Ausfertigung der F.K.Urkunde und die Anordnung der wegen der öffentlichen Bekanntmachung und Immatrikulation erforderlichen Maßregeln dem Staatsministerium der Justiz. F.E. § 31.

b) Hinsichtlich der Verwaltung des F.K.Vermögens, die dem zuständigen Gerichte gebührt. Dem Oberlandesgerichte ist jedoch jährlicher Bericht über den Vermögensstand am Schlusse eines jeden Jahres zu erstatten. F.E. § 10 und Instruktion vom 3. März 1857 § 14; Becher S. 943.

Beschwerde: gegen die Entscheidungen des Oberlandesgerichts ist das Rechtsmittel der Beschwerde zum obersten Landesgerichte gegeben. Streitfrage bei Becher S. 943 Note 9. — Bestätigung: s. F.E. § 22 Anm. — Genehmigung des Gerichts: wegen der Gebühren: Geb.Ges. Art. 68. Derselbe lautet:

Für jede sonstige Entscheidung, welche eine Genehmigung oder Bestätigung enthält oder überhaupt eine vorgängige Prüfung seitens des Fideikommißgerichts erfordert, einschließlich des vorangegangenen Verfahrens, werden drei Zehnteile der Sätze des § 8 des Reichs-Gerichtskostengesetzes bis zum Meistbetrag von 50 Mark erhoben.

Burkhard S. 198 bemerkt hiezu:

In den Artikeln 65, 66, 67 des Geb.Ges. war die Gebühr für die Entscheidung auf gerichtliche Bestätigung oder Auflösung eines Fideikommisses (Art. 65), auf Einverleibung von Vermögen in bestehende Fideikommisse (Art. 66), sowie die prozentuale Gebühr in diesen Fällen geregelt.

Es sind also damit die in den §§ 22, 29, 40 und 97 des Edikts vom 26. Mai 1818 (III. Verfassungsbeilage) vorgesehenen Handlungen des Fideikommißgerichts bewertet.

Die in den §§ 22 und 101 F.E. befohlene Einschreibung der gerichtlichen Bestätigung, sowie der Auflösung in die Fideikommißmatrikel ist nach Abs. 2 des Art. 68 des Geb.Ges. gebührenfrei.

Außer diesen gerichtlichen Handlungen kommt aber das Fideikommißgericht auch in anderen Fällen in die Lage, eine Entscheidung zu treffen. Soweit nun eine solche Entscheidung eine Genehmigung oder Bestätigung enthält, ist dieselbe mit drei Zehntel des Satzes nach § 8 des Reichsgerichtskostengesetzes (der Skala) bis zu 50 Mark zu bewerten.

Solche gebührenpflichtige Entscheidungen sind z. B. vorgesehen in § 51 des Edikts (Veräußerungen und Veränderungen an der Substanz des Fideikommisses), § 61 (Aufnahme von Schulden II. Klasse), § 71 (Administration des Fideikommisses).

Der hier bestimmte Maximalsatz der Entscheidungsgebühr ist eine Ausnahmebestimmung von dem sonst anerkannten Prinzip der Progression nach dem Werte des Entscheidungsgegenstandes. Das Reichs-Gerichtskostengesetz geht dabei von der Annahme aus, daß der, der es mit einer höheren Summe zu thun habe, auch zahlungsfähiger sei. Das bayerische Gebührengesetz hat aber hier eine Beschränkung der Steigerung des Gebührensatzes mit Rücksicht auf den Umfang der Arbeit und die Billigkeit eintreten lassen. (V. d. K. d. A. 1879, Beil.Bd. VII Abt. II S. 41.)

Rechtsstreitigkeiten.

§ 15. Andere Rechtsstreitigkeiten, welche über ein Familien-Fideikommiß oder über die dazu gehörenden Güter entstehen, bleiben den sonst zuständigen Gerichten überlassen.

Gericht: z. B. ist das Konkursgericht zuständig, über die Kompetenz des in Konkurs geratenen Fideikommißbesitzers zu befinden. S. VII. 540; F.K.E. § 53; Bl. f. R.A. 41 S. 61; Beiträge zur Erläuterung des deutschen Rechts Bd. 24 S. 799; Bd. 33 S. 850. S. XIII. 142. — Die Gerichte sollen dem Oberlandesgerichte als F.K.-Gericht von dem Anhängigwerden eines Rechtsstreites Nachricht geben. Instr. v. 3. März 1857 § 16; vgl. Becher S. 942 Note 1. Aehnliche Anweisung an die Notare, Testamentsvollstrecker und -Gerichte fideikommissarischer Dispositionen dem F.K.Gerichte anzuzeigen: Becher a. a. O. Note 5.

Fideikommißmatrikel.

§ 16. Bei jedem Appellationsgerichte wird eine eigene Matrikel geführt, welche die in dessen Bezirke befindlichen Familien-Fideikommisse, mit einer vollständigen Anzeige des dazu gehörenden, sowohl Grund-, als andern Vermögens, dessen Ab- und Zugänge, die darauf haftenden Lasten und Schulden, die zur Tilgung der Schulden und Ergänzung oder Vermehrung der Substanz festgesetzten Fristen, dann alle an dem Fideikommisse mit Genehmigung des Gerichts vorgegangenen Veränderungen enthält. Jeder Beteiligte kann die Einsicht dieser Matrikel verlangen.

Das Staatsministerium der Justiz hat für die Anlegung und Fortsetzung derselben besondere Obsorge zu tragen.

Nähere Beschreibung der F.K.Matrikel auch in der Inst. v. 3. Mai 1857 § 7 ff., welche am Schlusse abgedruckt ist. Die Matrikel genießt wie das Hypothekenbuch öffentlichen Glauben (bestritten). Vgl. § 21 F.K. Anm.

Titel II.

Von Errichtung der Familien-Fideikommisse.

§ 17. Familien-Fideikommisse können nur durch aus- Form der Errichtung
drückliche Erklärung entstehen.

Schranken des Stifters: Roth B. II. S. 551. — Gesetz, Observanz und Verjährung können nicht Entstehungsgründe sein. Roth D. III. S. 761. — Stifter: eines Fideikommisses ist derjenige, welcher die Bestimmungen über die Bestandteile desselben und die Erbfolge in demselben getroffen hat, nicht derjenige, der nach dessen inzwischen erfolgtem Tode diese Dispositionen auszuführen hat. S. I. 194. Auch Frauen und Nichtadelige können Stifter oder Konstituent sein. — Stifter-Konstituent. Stifter ist derjenige, welcher ein F.K. letztwillig begründet hat. Konstituent ist derjenige, welcher ein F.K. in einem Rechtsgeschäft unter Lebenden begründet hat. — Fideikommiß. Die Bezeichnung als Fideikommiß ist erforderlich? Bolze V. 830; Becher S. 944 Note 1. Es darf nicht aus einem schon bestehenden F.K. begründet werden. S. VII. 283. Eine notarielle Form ist nicht notwendig. Art. 14 des Not.Ges.; S. XI. 189. Zurücknahme einer Fideikommißverfügung? Bejaht in Bolze 13. 547. Widerruf des F.K. ist solange möglich, als niemand durch Uebergabe oder Vertrag Rechte an dem F.K. erworben hat. Pözl S. 175; Roth D. III. S. 766. Bergwerksanteile? Bolze 8. 594. Schenkungsform? Annahme der Schenkung. Bolze 7. 711. F.K. in einem Destituten-Testament? Bejaht Seuffert, Arch.

Bd. 29 Nr. 255. Errichtung in einem Testament. Auslegung desselben Seuffert, Arch. 36. 136. — Gläubiger des Konstituenten, wenn das F.K. bei seinen Lebzeiten ins Leben tritt. Beiträge zur Erläuterung des deutschen Rechts Bd. 35 S. 422. — Ausdrücklich: Ein Vertrag, in welchem mehrere Brüder sich gegenseitig verpflichten, daß ihre Besitzungen nur auf den Aeltesten unter den Erbberechtigten im Mannsstamm vererbt werden sollen, begründet keine rechtsverbindliche Stiftung eines Familienfideikommisses. Seuffert, Archiv IX. 194; Pözl S. 157; Roth B. II. S. 558. — Rechtliche Natur der Errichtung: Innominatkontrakt? B. L.R. Tl. IV Kap. 12 § 8. — Schriftlichkeit ist erforderlich, weil die Erklärung dem Gerichte vorzulegen ist. Pözl S. 157.

Gebühren: Art. 117 des Geb.Ges. lautet:

Schenkungen oder Stiftungen unter Lebenden unterliegen den Gebühren für Verträge. Geb.Ges. 113 Ziff. 1 und 114 oder 113 Ziff. 2 (nämlich 2% bei Immobiliarverträgen, resp. 1% oder 3‰). Schenkungen oder Stiftungen für den Todesfall unterliegen der in Art. 126 bestimmten Gebühr (nämlich 3 Mark für den Akt).

Für Urkunden über Familienfideikommisse, gleichviel ob letztere unter Lebenden oder für den Todesfall errichtet werden, beträgt die Gebühr 50 Mark. Bezüglich der Schenkungsverträge s. Art. 134.

Art. 67 des Geb.Ges. lautet:

In den Fällen der Art. 65, 66 des Geb.Ges. kommt außer den dort bestimmten Sätzen, soferne die Errichtung oder Vermehrung des Fideikommisses gerichtlich bestätigt wird, noch eine besondere Gebühr zu zwei vom Hundert des gestifteten Vermögens ohne Abzug etwaiger Schulden zur Erhebung.

Burkhard S. 196 bemerkt hiezu:

Die Familienfideikommisse unterliegen außer der Entscheidungsgebühr noch der Urkundengebühr nach Art. 117 dieses Gesetzes (50 Mark), wo ein Familienfideikommiß notariell beurkundet wird. Wie aber schon bisher die Familienfideikommisse bei ihrer Errichtung einen Gradationsstempel zu 1/5 Prozent, bei der notariellen Beurkundung eine minutiöse Taxe von 55 Pfennig bis 1 Mark 10 Pfennig und die geheime Ratstaxe von 18 bis 90 Mark zu tragen hatten, außerdem bei jedem Wechsel in der Person des Fideikommißbesitzers die Besitzveränderungstaxe aus dem vollen Wert des Fideikommißvermögens zu bezahlen war, so wurden auch nach dem Gebührengesetze die Familienfideikommisse mit einer ergiebigen Abgabe belegt.

Die Besitzveränderungsabgabe wurde in Art. 214 und 215 bedeutend gemindert. Sie wird jetzt nur mehr nach Analogie der Erbschaftssteuer aus dem Werte der Nutzungen und da nur mehr in den seltenen Fällen des Ueberganges auf Seitenverwandte erhoben. Dagegen wurde in Art. 67 außer der Entscheidungsgebühr eine prozentuale Gebühr von 2 Prozent des gestifteten Vermögens, nach Bestätigung der Errichtung oder Vermehrung des Fideikommisses, festgesetzt. Gerade mit Rücksicht auf die geringe Gebühr des Art. 65 und der geminderten Besitzveränderungsgebühr erscheint die in Art. 67 festgesetzte prozentuale Gebühr nicht unbillig. (V. d. K. d. A. 1879, Beil.Bd. VII. Abt. II. S. 41.)

§ 75. Wenn der Sinn des Stiftungsbriefes nicht klar ist, so muß derselbe jedesmal so gedeutet werden, wie es dem Zwecke der Erhaltung des Fideikommisses bei der Familie am gemäßesten ist. Preuß. L.R.

§ 62. Von Errichtung und Verlautbarung der Fideikommiß-Urkunden gilt eben das, was in Ansehung der Familienstiftungen verordnet ist.

§ 63. Doch muß, wenn das Fideikommiß in einem Grundstücke besteht, die Verlautbarung vor demjenigen Richter geschehen, unter welchem das Grundstück belegen ist.

§ 64. Dieser muß von Amts wegen dafür sorgen, daß das Fideikommiß auf das dazu gewidmete Grundstück im Hypothekenbuche eingetragen werde.

§ 18. Von Seiten des Konstituenten wird zu dieser Erklärung bei einer Handlung unter den Lebenden das freie Dispositionsrecht über sein Vermögen, und bei einer letztwilligen Verfügung die Fähigkeit, zu testieren, erfordert. Dispositionsfähigkeit.

Form: Roth B. II. S. 558: Vertrag, einseitige Disposition, letztwillige Verfügung. Zeigt sich ein wesentlicher, materieller oder formeller,

Mangel bei Entstehung des F.K., so kann ein solches überhaupt nicht entstehen. Es gilt dieser Satz auch in folgender Anwendung: was ein Hindernis der Entstehung des F.K. ist, bildet auch ein solches für die Fortdauer desselben. Pözl S. 175. — Ueber die Formen anderer Partikularrechte s. Roth D. III. S. 762. — Einverleibung von Lehengütern in den F.K.Verband. Becher S. 945 Note 8.

Pflichtteil. **§ 19.** Wer ein Familien-Fideikommiß gründet oder vermehrt, darf den Pflichtteil derjenigen, welche darauf nach den Gesetzen ein Recht haben, nicht verletzen.

Pflichtteil. Roth, Bayer. Zivilrecht III. 484, 528; Becher S. 945 Note 9. — Vermehrung des Fideikommisses. Art. 66 des Geb.-Ges. lautet:

Die Bestimmung des Art. 65 findet auch in dem Fall Anwendung, wenn das Verfahren die Einverleibung von Vermögen in ein bereits bestehendes Fideikommiß auf Grund einer die Mehrung desselben bezielenden neuen Disposition zum Gegenstand hat.

Art. 65 des Geb.Ges. ist bei § 23 F.E. Anm. abgedruckt.

Für eine unbedingte, auch ohne Vorbehalt der Rechte der Noterben auf den Pflichttheil gerichtlich bestätigte Familien-Fideikommiß-Urkunde ist die Gebühr nach Abs. 1 des Art. 67 des Geb.Ges. sofort zu erheben. (Beschluß des obersten L.G. vom 19. Dez. 1888, S.Bd. XII. S. 215.) F.E. §§ 10, 28, 29.

Noch: Pflichtteil. **§ 20.** Der Pflichtteil wird bei dem Tode des Konstituenten bestimmt, wie sich in diesem Zeitpunkte dessen Kinderzahl und dessen Vermögen, mit Einschluß des zum Fideikommisse gewidmeten Vermögens verhält.

Anrechnung. **§ 21.** Den zum Pflichtteil Berechtigten kann dasjenige, was ihnen durch das Fideikommiß zugewiesen wird, in den Pflichtteil angerechnet, und selbst der ganze Pflichtteil des ersten Institutierten mit der Fideikommiß-Eigenschaft belegt werden, wenn dieses so geschieht, daß er die Wahl hat, ob er das Fideikommiß mit Belastung des Pflichtteils oder den Pflichtteil allein ohne Belastung, aber auch ohne die Fideikommißfolge annehmen will.

§ 22. Ein Familien-Fideikommiß wird erst Noch: Form der Errichtung
1. durch gerichtliche Bestätigung und
2. durch die Eintragung in die Fideikommißmatrikel wirksam.

Perfektion des Fideikommiß. Roth B. S. 561. Bestätigung darf nicht abgeschlagen werden. — Fideikommiß-Matrikel: Nur ein Gut, das in diese Matrikel eingetragen ist, unterliegt der Zuständigkeit des F.K.Gerichts. S. 10. 509. Im Widerstreit zu Roth B. II. S. 588 will Becher S. 943 der Fideikommißmatrikel keinen öffentlichen Glauben zuerkennen.

Gebühren: Art. 65 des Geb.Ges. lautet:

Für die Entscheidung, einschließlich des vorangegangenen Verfahrens, über Anträge auf gerichtliche Bestätigung eines Fideikommisses oder auf Genehmigung der Auflösung eines solchen, werden fünf Zehnteile der Sätze des § 8 des Reichs-Gerichtskostengesetzes erhoben.

Das Reichs-Gerichtskostengesetz hat als 18. Gebührenstufe, eine niedere interessiert hier nicht, von einer Gegenstandssumme eine Gebühr von 90 Mark festgesetzt. Die ferneren Wertsklassen steigen um je 2000 Mark und die Gebühr um je 10 Mark.

Die Entscheidungsgebühr wird erhoben, mag es sich um ein neues Familienfideikommiß, um die Auflösung eines solchen oder um Einverleibung eines Vermögensbestandteiles in ein bereits bestehendes handeln.

Außer dieser Entscheidungsgebühr nach obigem Artikel kommen auch die Urkundengebühr nach Art. 117 und die prozentuale Gebühr nach Art. 67 in Betracht. Die Urkundengebühr für die notarielle Urkunde über Familienfideikommisse beträgt nach Art. 116 50 Mark.

In der Abgeordnetenkammer wollte man die Gebühren der Art. 65 und 66 verdoppeln (V. d. K. d. A. 1879, Beil.Bd. VII. Abt. II. S. 40

und 124), indem man an die große Arbeit erinnerte, welche die Bestätigung der Fideikommisse den Appellgerichten mache. Die doppelte Gebühr (also der volle Satz des § 8 des R.G.K.G.) entspreche erst ungefähr 1/2 Prozent des Fideikommißvermögens. Vom Regierungsvertreter wurde dagegen erinnert, daß bei den Fideikommissen nach unserem Gesetze dreifache Gebühren zur Anwendung kämen:

a) Die Entscheidungsgebühr nach 5/10 der Sätze des § 8 des Reichs-Gerichtskostengesetzes, was z. B. bei einem Familienfideikommisse von 1 Million Mark 2565 Mark ausmache;

b) die 2prozentige Errichtungsgebühr nach Art. 67, also 20,000 Mark;

c) die Urkundengebühr nach Art. 117, wenn eine notarielle Urkunde errichtet würde, so daß die Gesamtgebühren 22,565 Mark, eventuell 22,615 Mark betragen, was als genügend erachtet werden könne.

Die Reichsratskammer lehnte auch die Erhöhung ab und stellte die Regierungsvorlage in obiger Fassung wieder her (besonderes Ausschußprotokoll S. 89).

Die Einschreibungen in die Fideikommißmatrikel erfolgen gebührenfrei. Geb.Ges. Art. 68 Abs. II.

Bestätigung.

§ 23. Die Bestätigung wird in einer bei dem betreffenden Appellationsgerichte von den Beteiligten, oder im Fall eines durch letzten Willen bestimmten Fideikommisses von denjenigen, welchen dessen Vollzug obliegt, zu übergebenden Vorstellung nachgesucht.[6])

Vertreter. Dieser muß letztwillig bestimmt sein. Stirbt er vor Uebernahme oder Vollendung des Auftrages, sind die nächst Beteiligten zum Vollzuge berechtigt. S. XIII. S. 608.

Gesuch um dieselbe.

§ 24. Mit dieser Vorstellung ist

1. die Urkunde, welche die fideikommissarische Disposition enthält, entweder in Urschrift oder in einer gericht-

---

[6]) Jetzt beim Oberlandesgericht.

lich beglaubigten Abschrift, und eine umständliche Anzeige aller Bestandteile des Fideikommisses vorzulegen, dabei

2. gerichtlich zu beurkunden, daß der Fideikommißstifter bisher der unbestrittene Eigentümer des zum Fideikommisse bestimmten Grundvermögens war; ferner
3. nachzuweisen, daß das zum Fideikommisse bestimmte Vermögen schon dermal oder wenigstens in der Zukunft zur Gründung eines Familien-Fideikommisses (§§ 2 bis 7) geeignet sei, worüber in Ansehung des Grundvermögens beglaubigte Auszüge aus den Steuerregistern beizulegen sind;
4. bei den durch letztwillige Verfügung errichteten Fideikommissen ist zu beweisen, daß diese Verfügung von den Beteiligten als rechtsgültig anerkannt und kein Noterbe an seinem Pflichtteil verletzt sei; endlich sind
5. die erforderlichen Beweise der persönlichen Fähigkeit derjenigen, zu deren Vorteil das Fideikommiß errichtet wurde, beizulegen.

Dadurch, daß die Vorlage einer Urkunde vorgeschrieben ist, geht hervor, daß auch die einseitige Disposition (Errichtung durch k. Deklaration u. a.) schriftlich erfolgen muß. Becher S. 945 Note 7.

§ 25. Zeigen sich bei der vorläufigen Prüfung dieses Gesuches Anstände und Mängel, so sollen sie den Beteiligten eröffnet und diese zur Hebung der Anstände und Ergänzung des Mangelnden innerhalb eines bestimmten, jedoch auf Ansuchen zu verlängernden Termins aufgefordert werden. Prüfung des Gesuches.

Noch: Prüfung desselben.

§ 26. Das Appellationsgericht hat von den Gerichten und Hypothekenämtern, in deren Bezirke die zum Fideikommiß bestimmten Güter liegen, Zeugnisse abzuverlangen, ob und mit welchen Hypotheken sie belastet seien, auch denjenigen, welche hinsichtlich des zum Fideikommisse bestimmten Vermögens persönliche oder hypothekarische Forderungen zu machen haben, und zwar den unbekannten Gläubigern durch Ediktalladung, zu deren Angabe einen präklusiven Termin von sechs Monaten unter dem Rechtsnachteil vorzusetzen, daß nach Verstreichung desselben das obgedachte Vermögen als ein Familien-Fideikommiß würde immatrikuliert werden, folglich dieselben wegen der nicht angezeigten Forderungen sich nicht mehr an die Substanz des Fideikommißvermögens, sondern nur an das Allodialvermögen des Schuldners oder in dessen Ermanglung an die Früchte des Fideikommisses zu halten berechtigt sein sollten, und selbst hier nur unter der Beschränkung, daß sie denjenigen Gläubigern nachgehen, welche sich innerhalb des gedachten Termins gemeldet haben. Die Ediktalladung soll dreimal in zweimonatlichen Zwischenräumen in öffentliche Blätter eingerückt werden.

Gläubiger: Die Bestimmung des § 26, wonach die persönlichen und hypothekarischen Gläubiger unter dem Rechtsnachteile, daß sie sich nicht mehr an die Substanz des Fideikommißvermögens zu halten berechtigt sind, vorgeladen werden sollen, ist auf die von den Gerichten und Hypothekenämtern angezeigten Gläubiger, sowie auf die von dem Stifter des F.K. benannten F.K.Gläubiger nicht anwendbar, sondern es sind dieselben erforderlichenfalls unter dem Rechtsnachteile vorzuladen, daß ihre Forderungen dergestalt, wie sie angezeigt sind, eingetragen werden sollen. Ges. v. 11. Sept. 1825 § 6. — Kinder des Konstituenten: Diese oder die ihnen zu bestellenden Kuratoren dürfen, wenn er selbst die Eintragung des F.K. in die Matrikel veranlaßt, nur in dem Falle speziell hiezu vorgeladen werden, wenn dieses nach § 26 auch bei anderen Personen zulässig ist, und bedarf es insbesonders wegen des Pflichtteils gemäß § 20 F.K.E. keiner Vorladung der Kinder. Ges. v. 11. Sept. 1825 § 7. — Behandlung nicht in Bayern gelegenen Grundvermögens ist ausgeschlossen. S. X. 332. — Oeffentliche Blätter, das sind die zu Bekanntmachungen bestimmten Blätter. — Form der Ladung. Entsch. d. obersten L.G. VII. 284.

Gebühren: Daß unter den fraglichen Bauschsätzen (s. oben § 19 und 22 F.E. Anm.) zugleich auch die Gebühren für öffentliche Vorladungen nach § 26 (vgl. auch Art. 70 des Gesetzes v. 23. Febr. 1879 zur Ausführung der R.Z.P.O. und K.O.) mit inbegriffen seien, ist nach der Fassung des Gesetzes nicht zweifelhaft.

Durch Art. 70 des Ausführungsgesetzes zur Reichszivilprozeß-Ordnung und Konkursordnung wurden der § 26 der VII. Verfassungsbeilage und Artikel 4 des Gesetzes vom 22. Februar 1855, die landwirtschaftlichen Erbgüter betreffend, ausdrücklich aufrecht erhalten.

Der § 26 der Verfassungsbeilage regelt das Verfahren der Appellations-(Oberlandes-)Gerichte. Diese üben die Ediktalcitation zur Erhebung der persönlichen und hypothekarischen Forderungen gegen die zum Fideikommiß bestimmten Güter unter dem Rechtsnachteile, daß nach Verstreichung der vorgesetzten Frist das bezügliche Vermögen als Fideikommiß immatrikuliert wird. Vgl. Burkhard, Kommentar z. Geb.Ges. S. 190.

§ 27. Werden nach erfolgter gerichtlicher Bekanntmachung Forderungen vorgebracht, für welche das zum Fideikommiß bestimmte Vermögen haftet, so soll das Gericht den Gläubigern den Zustand dieses Vermögens eröffnen und sich bestreben, zwischen ihnen und den Fideikommißfolgern eine Uebereinkunft zu stande zu bringen. Die Forderungen, welche ein Gläubiger auf dem Fideikommisse stehen läßt, können die Eigenschaft einer Fideikommißschuld erster Klasse erhalten; Forderungen auf dem Fideikommißvermögen.

jedoch muß nicht nur das im § 2 bestimmte Grundvermögen unbeschwert bleiben, sondern auch für diese Schulden ein Tilgungsplan (§ 69) entworfen, und nach erfolgter gerichtlichen Bestätigung der Fideikommißmatrikel einverleibt werden.

Noch: Prüfung des Gesuches.

§ 28. Wenn sich entweder gleich bei der Errichtung oder bei den nur bedingt bestätigten Fideikommissen (§ 29) in der Folge ein Mangel an dem zur Gründung eines Familien-Fideikommisses notwendigen Vermögen bezeigt, so können diejenigen, welche zum Fideikommisse berufen sind, das Mangelnde entweder aus eigenem Vermögen oder durch Verwendung der Früchte zur Vermehrung der Substanz nach der im § 10 enthaltenen Bestimmung ergänzen und hiedurch die fideikommissarische Disposition aufrecht erhalten. Kann die Disposition als Familien-Fideikommiß nicht bestehen, so bleibt sie als eine fideikommissarische Substitution (§ 109) gültig.

Gebühren: s. oben F.E. §§ 10, 17. — **Fideikommissarische Substitution:** eine solche wird die Verfügung nach den allgemein rechtlichen Satzungen über die Konversion der Rechtsgeschäfte. Becher S. 945 Note 4.

Noch: Prüfung des Gesuches.

§ 29. Nach geendigter Instruktion ist die Errichtung des Fideikommisses in wiederholte und nähere Prüfung zu nehmen und von dem Appellationsgerichte die Bestätigung, wenn es an einem wesentlichen Erfordernisse mangelt, abzuschlagen, oder, wenn es daran nicht mangelt, zu erteilen. Diese Bestätigung wird im Falle der §§ 10 und 28 unter der Bedingung, daß innerhalb des bestimmten Zeitraums das zur Errichtung eines Fideikommisses erforderliche Grundvermögen hergestellt werde, im Falle des § 20 aber mit Vorbehalt der Rechte der Noterben auf den Pflichtteil erteilt.

Gebühren: oben F.E. §§ 10, 17, 28. — Bewertung der gerichtlichen Bestätigung: S. 12. 214.

§ 30. Im Falle der nach § 29 zu erteilenden Bestätigung wird darüber eine Urkunde ausgefertigt, welche sämtliche Bestandteile und Bedingungen des Fideikommisses enthalten muß; diese wird sodann in die Fideikommißmatrikel eingetragen, durch das allgemeine Intelligenzblatt bekannt gemacht, und deren Vormerkung in den Hypothekenbüchern des Orts, wo ein zum Fideikommiß gehöriges Gut gelegen ist, von dem Appellationsgerichte veranlaßt. Ausfertigung der Fideikommißurkunde.

Die Fideikommißmatrikel ersetzt gewissermaßen das Hypothekenbuch. Vgl. Ortenau-Henle-Fischer, Komm. z. Subh.O. 1889, S. 47 ff. — Die ganze Urkunde ist zu publizieren. Pözl S. 159. — Allgemeines Intelligenzblatt — jetzt Gesetz- und Verordnungs-Blatt.

§ 31. Bei den durch königliche Dotation gegründeten oder vermehrten Fideikommissen wird das Erteilungsdekret nebst dem Verzeichnis der das Fideikommiß konstituierenden Güter dem Staatsministerium der Justiz zugefertigt. Diesem liegt sodann ob, hienach die Fideikommiß-Urkunde auszufertigen, und sowohl wegen öffentlicher Bekanntmachung, als wegen der Immatrikulation das Geeignete zu verfügen. Noch: Fideikommißurkunde.

Vgl. F.E. § 14 Anm. und Becher S. 943.

Titel III.

Von Bildung neuer Familien-Fideikommisse aus den vorigen Fideikommissen und Stammgütern.

Aeltere Fidei-kommisse.

§ 32. Wenn in einem Gebietsteile, worin die vormals gültigen Familien-Fideikommisse durch die inzwischen eingetretenen Gesetze oder Verordnungen aufgehoben wurden, bei einer adeligen Familie ein Familien-Fideikommiß oder ein diesem gleichgeachtetes Stammgut bestanden hat, und daran seit jener Abänderung der Gesetze nach den eingetretenen Veränderungen neue Rechtsverhältnisse zwischen den Familiengliedern, oder mit Gläubigern, oder mit andern Dritten durch Erbteilungen, Vergleiche, richterliche rechtskräftige Urteile, oder andere rechtsgültige Handlungen festgesetzt worden, so sollen dieselben ihre Rechtsgültigkeit unwiderruflich behalten.

Fideikommisse, vormals gültige: s. S. 94. — Stammgut: Seuffert, Archiv I. 76; XXIX. 254; vgl. Anm. zu § 35 und § 1.

Gebühren: Art. 67 des Geb.Ges. Abs. III. lautet:

Insoweit Fideikommisse aus Bestandteilen bisheriger adeliger Familiengüter mit gebundener Erbfolge (Lehen, Majorate, Stammgüter und dergl.) errichtet werden, kommt die in Abs. 1 des Art. 67 bestimmte Gebühr nicht zur Erhebung. — Es wird also die Gebühr von 2 Prozent des gestifteten Vermögens nicht erhoben.

Burkhard bemerkt hiezu S. 197:

Der dritte Absatz wurde erst in der Reichsratskammer aufgenommen. Es waren dort verschiedene Gebührenermäßigungen und -Befreiungen vorgeschlagen. Sie wurden aber alle abgelehnt (besondere Ausschußverhandlungen S. 92) bis auf den Abs. 3, welchen der Finanzminister reproduzierte und den auch die Abgeordnetenkammer annahm. (Beil.Bd.VII. Abt. II. S. 126.)

Dagegen fand die obige Gebührenbefreiung Genehmigung. Der Grund hievon ist wohl, daß die Familien-Fideikommisse in den oben bezeichneten Fällen (aus Bestandteilen bisheriger adeliger Familiengüter mit gebundener Erbfolge, Lehen, Majorate, Stammgüter und dergl.) Gütern zusammengesetzt wird, welche bereits in einem gebundenen, den Fideikommissen ähnlichem Verbande standen und großenteils erst durch die Gesetzgebung des Jahres 1848 unter Aufrechthaltung der früheren Erbfolge allodifiziert wurden. Jedenfalls war bei diesen Gütern auch bisher schon das Verfügungsrecht des Eigentümers ein beschränktes. Das Familien-Fideikommiß wird nur formell nach den hiefür bestehenden gesetzlichen Bestimmungen erst neu errichtet.

Bei den Fideikommissen aus solchen Gütern kommt also lediglich die Gebühr nach Art. 65 zur Erhebung.

Als adelige Familiengüter mit gebundener Erbfolge wird von den deutschen Privatrechtslehrern außer den im Gesetze bezeichneten Arten der Erbfolge, welche nur beispielsweise, also nicht erschöpfend, aufgeführt sind, nachstehende genannt: Primogenitur, Seniorat (vgl. Mittermaier, deutsches Privatrecht § 450; Gerber §§ 82—85, 267—275; Runde §§ 666—671).

§ 134. In den bisher schon, unter ausdrücklicher oder stillschweigender Genehmigung des Staates errichteten Familien-Fideikommissen hat es bei der von dem Stifter vorgeschriebenen Successionsordnung lediglich sein Bewenden. Preuß. L.R.

§ **33.** Soweit diese Rechte nicht verletzt werden, und das vormalige Fideikommiß-Vermögen, oder die Stammgüter bei der Familie noch in der Substanz erhalten worden, können die gegenwärtigen Besitzer solcher Güter aus denselben nach ihrem Gutfinden neue Fideikommisse unter folgenden Bedingungen bilden. Erneuerung von Fideikommissen aus älteren

§ 143. Besteht das Fideikommiß aus mehreren abgesonderten Landgütern, so kann zwar der Stifter eine Teilung derselben unter Preuß. L.R.

mehreren Linien, sowohl von Anfang an, als bei künftig vorkommenden Successionsfällen anordnen.

Preuß. L.R. § 144. Doch ist dergleichen Anordnung nur insofern zu Recht beständig, als jeder solche Anteil, für sich allein, seinem künftigen Besitzer wenigstens den § 50 ff. bestimmten reinen gesetzmäßigen Ertrag gewähren kann.

Voraussetzungen. **§ 34.** In Ansehung des zur Errichtung eines Fideikommisses notwendigen Vermögens kommen die Vorschriften des ersten Titels zur Anwendung.

Noch: Voraussetzungen. **§ 35.** Bei der Bildung eines solchen Fideikommisses ist der Konstituent aus dem vormaligen Fideikommiß-Vermögen, soweit er daran die fideikommissarische Eigenschaft erneuert, seinen Noterben zwar keinen Pflichtteil schuldig: ihnen gebührt jedoch in Ermanglung eines andern Vermögens aus dem Fideikommisse nicht nur eine verhältnismäßige Alimentation, sondern auch dessen Töchtern bei der Verehelichung eine anständige, den vormaligen Fideikommißrechten angemessene Aussteuer.

Vgl. Pözl S. 151. Die Bildung von neuen F.K. aus aufgelösten älteren oder früheren Stammgütern war transitorisch bis 26. Mai 1820 erleichtert in Bezug auf die Verbindlichkeit des Konstituenten, seinen Noterben den Pflichtteil zu hinterlassen, die Successionsordnung (§ 37) und die Haftung für die früheren Schulden.

Noch: Voraussetzungen. **§ 36.** Dagegen dürfen zum Schaden des Pflichtteiles, welcher den Noterben aus dem übrigen Vermögen des Konstituenten gebührt, die Schulden desselben nicht auf das Allodialvermögen allein hingewiesen, sondern sie sollen, was die Ausmessung des Pflichtteiles angeht, zwischen dem Vermögen, an welchem der Fideikommiß-Verband erneuert wird, und zwischen dem übrigen Vermögen in folgender Art verteilt werden:

1. die alten Fideikommißschulden und die nach gegenwärtigem Edikte als Fideikommißschulden I. Klasse anzusehenden dürfen von dem Allodialvermögen nicht abgezogen werden;
2. von den übrigen Schulden des Konstituenten aber wird nach dem Verhältnisse, in welchem das Allodialvermögen und das zum neuen Fideikommisse verwendete vormalige Fideikommißvermögen gegen einander steht, ausgeschlagen, wie viel davon auf das Fideikommiß- oder auf das Allodialvermögen fällt, und hiernach wird der Pflichtteil berechnet.

§ 37. Die Erneuerung vormaliger Fideikommisse findet bloß für die Descendenten der dermaligen Konstituenten statt, auch tritt unter diesen Descendenten die bei dem vorigen Fideikommisse bestandene Successionsordnung wieder ein, sofern nicht die Beteiligten sich zu einer anderen Successionsordnung verstehen. Wirkung der Erneuerung.

Wenn jedoch mehrere Linien einer Familie vormals verschiedene Fideikommisse unter einem gemeinschaftlichen fideikommissarischen Verbande besessen haben, und diesen Verband unter sich wieder herstellen, oder die vormaligen verschiedenen Fideikommisse in ein Familien-Fideikommiß vereinigen wollen, so kann die Erneuerung des Fideikommisses auch darauf erstreckt werden.

Vgl. Anm. zu § 35.

Erlöschung älterer Ansprüche.

§ 38. Alle andern Substitutionen und Regredient-Ansprüche, welche durch die früheren Gesetze mit Aufhebung der Familien-Fideikommisse für erloschen erklärt wurden, bleiben erloschen, wenn auch aus dem vormaligen Fideikommisse dem gegenwärtigen Edikte gemäß ein neues Fideikommiß gebildet wird.

Gläubiger.

§ 39. Die Gläubiger des Konstituenten können sich bei dieser Erneuerung an das neu gebildete Fideikommiß in der Art halten, daß

1. jene Forderungen, welche entweder nach den vormaligen Fideikommißrechten oder nach dem gegenwärtigen Edikte auf der Substanz des Fideikommisses haften, desgleichen jene Schulden, welche nach der gesetzlichen Aufhebung der Familien-Fideikommisse unter ausdrücklicher Verpfändung eines vormaligen Fideikommiß-Gutes kontrahiert wurden, als Fideikommißschulden erster Klasse;
2. alle übrigen Schulden aber als Fideikommißschulden zweiter Klasse angesehen werden.

Prüfung.

§ 40. Bei Bildung dieser neuen Fideikommisse tritt die im Tit. II, §§ 23—30 vorgeschriebene gerichtliche Instruktion und Bestätigung ein. Mit dem Gesuche um die Bestätigung ist der Beweis zu verbinden, daß das zum neuen Fideikommiß bestimmte Vermögen vor Auflösung der Fideikommisse die Eigenschaft eines Fideikommiß- oder Stammgutes an sich getragen habe, und die Erbfolge anzuzeigen, welche dabei vormals stattgefunden hat oder künftig stattfinden soll.

Beweis der Fideikommiß- oder Stammguteigenschaft: Ges. v. 11. Sept. 1825 § 5. Es können auch Vermutungen als Beweismittel genügen.

§ 41. Die im gegenwärtigen Titel enthaltene Begünstigung der Fideikommiß-Errichtung aus dem vormaligen Stamm- oder Fideikommißvermögen ist auf die Dauer von zwei Jahren, von Bekanntmachung des gegenwärtigen Ediktes an gerechnet, dergestalt beschränkt, daß nur diejenigen Fideikommisse hiernach beurteilt werden, bei welchen der Besitzer innerhalb dieses Zeitraumes entweder bei Gericht durch das Gesuch um Bestätigung (§ 24) erklärt hat, daß er aus dem vormaligen Fideikommißvermögen ein neues Fideikommiß bilden wolle, oder für welche der Besitzer, wenn er während der zwei Jahre stirbt, die bestimmte schriftliche Erklärung hinterläßt, daß aus dem vormaligen Fideikommißvermögen ein neues Fideikommiß gebildet werden soll. Uebergangsbestimmung

Titel IV.

Von den Rechten und Verbindlichkeiten, welche aus dem Fideikommiß-Verbande entspringen.

§ 42. Das Eigentum des Fideikommißvermögens steht nicht dem jedesmaligen Besitzer desselben allein, sondern auch den übrigen zur Nachfolge Berechtigten (Anwärtern) zu. Inhalt des Fideikommißrechtes.

Eigentum: S. VII. S. 279, 283, 692. — Anwärter: Roth B. II. S. 556; solche sind nur männliche Descendenten S. 574 u. F.E. § 84, daher ist die Erbtochter keine Anwärterin, wohl aber sind nascituri Anwärter. Die Eigenschaft des Anwärters ist mit der Geburt gegeben. Doch gilt auch der Satz: nasciturus pronato habetur, cum de commodo ejus agitur. Die nondum concepti sind nicht Anwärter. Ausnahme F.C. § 93 Ziff. 4, § 97, § 98. Becher S. 955 Note 53 u. S. 962 Ziff. 8.

Preuß. L.R. § 73. Das Obereigentum befindet sich bei der ganzen Familie.

§ 123. Die Eigenschaft des Fideikommisses selbst aber kann durch keine Verjährung verloren gehen.

§ 124. Wenn also das Successionsrecht eines zum Fideikommiß mitberufenen Anwärters durch Verjährung erloschen ist, so steht diese Verjährung ihm und seinen Abkömmlingen, in Ansehung aller übrigen zum Fideikommiß berechtigten Personen, nicht aber in Ansehung eines Fremden, entgegen.

§ 125. Wenn daher alle übrigen zu Fideikommiß berufenen Personen abgegangen sind, so kann der durch Verjährung ausgeschlossene auf den Besitz desselben wiederum Anspruch machen.

§ 126. Bei Geld-Fideikommissen schränkt sich das Recht des Besitzers der Regel nach bloß auf die Erhebung und den Genuß der Zinsen ein.

§ 127. Er ist nicht berechtigt, das Kapital selbst eigenmächtig einzuziehen, an andere abzutreten, zu verpfänden oder sonst zu belasten.

§ 128. Ereignet sich etwas, wodurch die Sicherheit des Kapitals bedenklich wird, so muß er, mit Zuziehung der nächsten Anwärter, nach obiger Bestimmung § 87 ff. für dessen Einziehung und anderweitige Unterbringung sorgen.

§ 129. Ein Gleiches muß geschehen, wenn der Schuldner das Kapital aufzukündigen berechtigt ist und wirklich aufkündigt.

§ 130. In beiden Fällen muß, wenn die Stiftungsurkunde nicht das Gegenteil verordnet, die anderweitige Belegung unter gerichtlicher Aufsicht erfolgen.

Anwärter. **§ 43.** Vermöge des Miteigentums sind die Anwärter berechtigt:

1. zu verlangen, daß alle zum Fideikommiß gehörigen Sachen in ein ordentliches Verzeichnis gebracht, und darin die beweglichen nach ihrer Beschaffenheit, Zahl,

Größe, Gewicht oder Wert genau beschrieben werden. Dieses Verzeichnis dient bei jeder Besitzveränderung und bei Absonderung des Fideikommisses vom Allodium zur Richtschnur;

2. zu verlangen, daß die Schuldbriefe über die zum Fideikommiß gehörigen Kapitalien auf den Namen des Fideikommisses als Gläubiger gestellt und bei Gericht zur Verwahrung hinterlegt werden;
3. eine üble Verwaltung der Fideikommißgüter dem Gerichte anzuzeigen;
4. überhaupt sowohl für Erhaltung der Substanz, als für Erfüllung der fideikommissarischen Anordnungen zu wachen, und darüber in den geeigneten Fällen die gerichtliche Hilfe nachzusuchen.

Rechtliche Natur des Eigentums: Es liegt nicht Gesamteigentum vor, sondern es ist das Prinzip des preußischen Rechts angenommen, wonach das Fideikommißgut im Miteigentum des Nutzungsberechtigten und der Anwärter steht. Vgl. Roth, b. C.R. 1. Aufl. II. Bd. S. 49 und besonders Note 20, dann S. 54 ff. Seuffert, Archiv X. 276. — Zu Ziff. 2. Depositalordnung v. 8. Sept. 1879. Die Hinterlegung ist fakultativ. Zängerle S. 74. — Zu Ziff. 2. Damit ist der Anspruch auf Sicherheitsleistung nicht verliehen. Roth B. II. S. 577 u. F.E. § 71.

§ 76. In allen Fällen, wenn bei geteiltem Eigentume die Einwilligung des Obereigentümers zu einer Verfügung erforderlich ist, muß dieselbe bei Fideikommissen durch einen Familienschluß getroffen werden. Preuß. L.R.

§ 77. Wegen Aufnehmung eines solchen Familienschlusses gilt bei Fideikommissen alles das, was bei Familienstiftungen vorgeschrieben ist. (§ 41 ff.)

Fidei-kommiß-besitzer.

§ 44. Der Fideikommißbesitzer hat alle Rechte und Verbindlichkeiten eines Nutzungseigentümers; ihm gebührt also die Verwaltung und der Genuß des Fideikommisses; er trägt dagegen auch alle Lasten und ist verbunden, die Fideikommißgüter in gutem Stande zu erhalten, und hierauf den Fleiß eines guten Hausvaters zu verwenden.

Früchte gehören dem Nutznießer nach ihrer Separation, Becher S. 948, nicht erst nach ihrer Perzeption. — Accessionen (insula in flumine nata, alveus derelictus, avulsiones, alluvio) werden Bestandteile der F.K.-Substanz. — Forst-, Jagd- ꝛc. Nutzung s. Becher S. 948 Note 6. — Die juristische Natur der Gemeinschaft wird als eine communio incidens bezeichnet. Becher S. 955 Note 54. — Miteigentümer: Pözl S. 170. — Nutzeigentümer: Ihm gebührt auch der gefundene Schatz. Roth B. II. S. 565. — Gewinne aus Lotterie-anlehen: Bl. f. R.A. XXX. S. 552; Pözl S. 164. — Berechnungsart der Lasten: Bolze 19. 670; Seuffert, Archiv V. 45. — Prozeßkosten: Nur solche, welche die Substanz betreffen, gehen zu Lasten des F.K.Gutes, andere Prozeßkosten sind Lasten des Nutznießers. Vgl. § 56 Ziff. 3. Pözl S. 168. — Fideikommißbesitzer: Inwieferne ist er Rechtsnachfolger? R. 21, 412; 26, 141. Nicht Singularsuccession, nicht Universalsuccession, sondern eine „eigentümlich geartete Nachfolge" in einen Komplex von Rechten und Verbindlichkeiten (F.K Vermögen). — Verwaltung s. Gemeindeordnung Art. 25. — Lasten, außer den Steuern und Gemeindeumlagen, z. B. Ges. v. 29. April 1869, Gemeindeordnung Art. 49 ff., die Gemeindedienste betr., 28. Mai 1852, die Benützung des Wassers betr. und Uferschutzgesetz vom gleichen Datum Art. 47 ff. u. Art. 1 ff., Kommentar von M. Pollwein S. 54 u. 112. Ueber die Pflicht zum Wildschadenersatz s. Höcht, Syst. Darstellung des im rechtsrh. Bayern geltenden Jagdrechts S. 32 ff. und Pollwein, b. Ges. v. 30. März 1850, die Ausübung der Jagd betr., 3. Aufl. 1895 mit Wildschadenges. S. 169. Ferner Brandversicherungsges. v. 5. Mai 1890 und andere Versicherungen Becher S. 940 Nt. 14. Jedoch Gemeindeordnung Art. 44 Ziff. 3 für Standesherren. Ferner kirchliche

Baulast, Silbernagl, Kirchenrecht 2. Aufl. S. 660. Schulaufwand s. Englmann, Volksschulrecht 3. Aufl. S. 459. — Reparaturen: Mäßige fallen dem Nutznießer zu. Roth B. II. 565.

§ 72. Dem jedesmaligen Fideikommiß-Besitzer gebührt das nutzbare Eigentum des Fideikommisses. Preuß. L.R

§ 74. Die Rechte und Pflichten des Fideikommiß-Besitzers sind hauptsächlich nach dem Inhalte des Stiftungsbriefes, übrigens aber nach den Vorschriften der Gesetze vom nutzbaren Eigentume zu beurteilen.

§ 82. Doch soll künftig jeder Fideikommiß-Besitzer schuldig sein, die zum Fideikommisse gehörigen Gebäude in die Feuer-Versicherungs-Gesellschaft aufnehmen zu lassen.

§ 83. Ist dieses durch seine Schuld unterblieben, so kann er wegen Feuerschäden, deren Vergütung durch Beiträge der Gesellschaft erfolgt sein würde, die Einkünfte des Fideikommisses, zum Nachteile künftiger Besitzer, mit Schulden nicht beschweren.

§ 120. Alle Prozeß- und andere Gerichtskosten ist der Fideikommiß-Besitzer aus den Einkünften zu tragen verpflichtet.

§ 121. Ist aber der Besitzer, wider seinen Willen, auf Verlangen der Anwärter, einen Prozeß fortzusetzen genötigt worden und geht derselbe demnächst verloren, so fallen diejenigen Kosten, welche seit dem Zeitpunkte, wo der Besitzer sich hat vergleichen oder dem Prozesse entsagen wollen, aufgelaufen sind, den Anwärtern, auf deren Andringen die Sache hat fortgesetzt werden müssen, allein zur Last.

§ 132. Alle bei (Heimzahlung und Wiederanlegung von Kapitalien) vorfallenden Kosten muß der zeitige Besitzer des Fideikommisses tragen und die Substanz des letzteren kann dadurch niemals geschmälert werden.

§ 45. Durch Willenserklärung des Konstituenten kann dem Besitzer des Fideikommisses der Genuß gänzlich auf nicht länger als zwanzig Jahre entzogen und nach diesem Zeitraume vom Konstituenten nicht weiter beschränkt oder belastet werden, als so, daß dem Besitzer der volle Genuß des zur Beschränkungen desselben.

Gründung eines Fideikommisses erforderlichen Vermögens (§ 2) unbeschwert bleibe.

Verpflichtungen desselben. **§ 46.** Wenn der Konstituent keine besondere Verfügung zum Vorteil der Familienglieder (§ 12) gemacht hat, so ist der Fideikommißbesitzer verbunden, seinen Geschwistern und der Witwe seines Vorfahrers, im Mangel eines andern Vermögens oder Einkommens, die nötige und nach den Umständen zu bestimmende Alimentation, auch seinen Töchtern und Schwestern, unter eben diesen Voraussetzungen, bei ihrer Verehelichung eine anständige Aussteuer zu geben.

Besondere Verfügungen: Ein gesonderter Fond ist hiezu nicht erforderlich. S. VI. 237. Alle diese Reichnisse sind persönlicher, nicht dinglicher Natur. Becher S. 957 Note 66. — Alimentation der Witwe ist eine aus dem Familienverhältnis entspringende, auf dem Nutzgenuß haftende persönliche Verbindlichkeit des Fideikommißbesitzers. Das Reichnis an die Witwe bleibt daher auch Alimentation, wenn es auch als Wittum bezeichnet werden sollte. S. XIII. 142. — Dauer der Alimentationspflicht: Dieselbe ist nicht bestimmt, hat aber keinenfalls länger zu dauern, als der Grund zur Alimentation gegeben ist. Tritt bei der Witwe anderes Vermögen oder Einkommen zu Tage, so fällt die nur subsidiäre Alimentationspflicht weg. — Konkurrenz mehrerer Witwen? Es kann der Fall eintreten, daß mehrere Witwen von verschiedenen Vorfahren vorhanden sind und um Alimentationsansprüche konkurrieren. In diesem Falle wird der jeweilige Fideikommißbesitzer nur die Witwe seines nächsten Vorfahrers zu alimentieren haben. — Töchter: Seuffert, Archiv XI. 72.

Preuß. L.R. § 115. Wird durch Versandungen oder andere dergleichen aus höherer Macht herrührende Unglücksfälle das Fideikommiß-Gut dergestalt verringert, daß die nach § 53 auf das Gut gelegten stiftungsmäßigen Prästationen daraus nicht mehr genommen werden können, so müssen diese soweit zurückstehen, als es notwendig ist, um dem Fideikommiß-Besitzer den in § 54 ausgemessenen reinen Ertrag zu gewähren.

§ 116. Doch dauert dieser Nachlaß nur so lange, bis das Gut so weit, als zur Aufbringung der vorigen Prästationen erforderlich ist, wieder hergestellt werden können.

§ 47. Ist dem Besitzer des Fideikommisses der Genuß durch Willenserklärung des Konstituenten entzogen, so fällt auch für diesen Zeitraum jeder Anspruch der Witwen und andern Familienglieder auf einen Bezug aus dem Fideikommisse hinweg. Ausnahm

§ 48. Der Fideikommißbesitzer kann eigenmächtig das Fideikommiß mit einer neuen bleibenden Bürde oder Dienstbarkeit nicht belegen, ebenso wenig die zum Fideikommisse gehörigen Güter durch Tausch, Verkauf, Vergleich oder auf andere Weise veräußern. Verpachtungen, die auf mehr als neun Jahre abgeschlossen sind, verbinden den Nachfolger nicht. Belastunge Verpacht-ungen.

Wertpapiere s. Becher S. 948 Note 6 u. 950 Note 23.

§ 49. Zu allen Veräußerungen, desgleichen zu allen Veränderungen an der Substanz des Fideikommisses, z. B. durch Ankauf eines Gutes aus den vorhandenen Fideikommiß-Kapitalien, durch Ablösung fruchtbringender Realrechte, wird nach Vernehmung der Anwärter die Genehmigung des Gerichts erfordert. Veräußer-ungen.

Veränderungen: S. III. S. 252, R. 26, 135 u. 153, R. 18, 206. — Genehmigung der Flurbereinigung: Für diese besteht nach Art. 9 des Gesetzes v. 29. Mai 1885 betr. die Flurbereinigung, die gesetzliche Regel, innerhalb deren die Genehmigung des Gerichts sich zu erstrecken hat. Hienach hat das Oberlandesgericht die Genehmigung zur Veränderung nicht zu verweigern, wenn 1. durch Vorlage eines Zeugnisses der Flurbereinigungskommission die günstigere Gestaltung der Bewirtschaftungsverhältnisse nachgewiesen und 2. dargethan wird, daß der eingetauschte oder veränderte Grundbesitz einen mindestens gleich großen Wert als der dermalige hat. (Vgl. Art. 6 des Ges. v. J. 1861.) Hiebei ist zu berücksichtigen, daß die Erhebungen schon gepflogen sind, wenn das Zeugnis ausgestellt wird. Windstoßer, Kommentar zum Flurbereinigungsgesetz, Ansbach 1889 S. 32 ff. — Anwärter: Bei der Flurbereinigung ist die Zustimmung der Anwärter dann nicht erforderlich, wenn die gesetzliche Genehmigungsregel für den Fideikommißsenat gegeben ist: a. a. O. Art. 9; Winstoßer S. 32. Hiebei ist zu beachten: 1. über die Zustimmung zur Flurbereinigung gemäß Art. 3 des Ges. v. 29. Mai 1886 kann der Fideikommißbesitzer allein befinden, vgl. Art. 5; 2. ebenso, wenn er die Zustimmung nicht gibt; 3. gehört der Fideikommißbesitzer der Minorität an und zwingt ihn die Flurbereinigungskommission im geordneten Verfahren zur Zustimmung, dann kann auf Grund dieses verwaltungsrechtlichen Endbescheids von einer Verweigerung der Zustimmung seitens des Fideikommißsenates wie auch der Anwärter nicht die Rede sein. v. Müller, Kommentar z. Fl.Ber.Ges., Erlangen 1887 S. 147. Zu unterscheiden von der Flurbereinigung ist die ebenfalls zulässige Grenzregulierung. Roth B. II. 566. — Zwangsenteignung: Nach Ges. v. 17. Nov. 1837, betr. die Zwangsabtretung von Grundeigentum zu öffentlichen Zwecken, gelten folgende Rechtssätze:

a) Die Lehens-, Fideikommiß- und Stammgutseigenschaft steht der Zwangsabtretung nicht entgegen. Art. 1 in fine. W. Henle, Kommentar zum Zwangsenteignungsgesetze 1890, München, S. 54 und die dort angeführte Litteratur.

b) Wegen Empfangs der Entschädigung gilt nach Art. X des Ges. v. 17. Nov. 1837 die Bestimmung in § 68 des Fideikommißediktes. Henle S. 95 u. 96. Hier auch Litteratur.

c) Die Anwärter sind als Beteiligte zu den Expropriations-Verhandlungen beizuziehen gemäß Art. XV des Enteignungsgesetzes. Henle S. 107.

Zwangsrechte nach dem Berggesetze vom 20. Mai 1869. Dieselben sind nebst dem Entschädigungsrechte beschrieben in Art. 124 ff. u. 151 ff. des genannten Gesetzes. — Forstgesetz: Art. 30. Ges. über Ablösung und Ausübung des Weiderechtes v. 28. Mai 1882 Art. 27. — Wem gehört der Kursgewinn bei Veräußerungen von Wertpapieren? Dem Fideikommißbesitzer? Zängerle S. 52. Wer trägt den Kursverlust? Ebenda S. 53; Pözl S. 167 Note 1; Bl. f. R.A. XXXII. S. 345. — Einvernahme der Anwärter: Form bei Zängerle S. 10. Der F.K.Besitzer wird gut thun, dieselbe selbst zu bethätigen.

Anwärter: S. VI. 235. Bolze 12. 544. Urteile sind gegen Anwärter nicht wirksam, wenn diese nicht zur Klage beigezogen werden.

§ 78. Wenn also mit der Substanz der zum Fideikommisse gewidmeten Güter, durch Tausch oder sonst, Veränderungen vorgenommen werden sollen, so muß dieses durch einen Familienschluß geschehen. Preuß. L.R.

§ 50. Sind mit einem Fideikommisse lehen-, erbzins- oder erbrechtsbare Güter verbunden, so muß auch noch die Einwilligung des Lehen- oder Grundherrn, und hinsichtlich der durch königliche Dotation gegründeten Fideikommisse die königliche Einwilligung vorher erholt werden. Einwilligung Dritter.

§ 51. Das Gericht muß alle bekannten Anwärter, und wenn sie minderjährig oder abwesend sind, ihre Kuratoren, dann den Vertreter des Fideikommisses, wenn einer bestellt ist, darüber vernehmen, alle Verhältnisse genau prüfen, und nach reifer Erwägung der Gründe die Genehmigung erteilen oder abschlagen. Gerichtliche Genehmigung.

Vertreter: Dieser wird genannt in § 51, 61, 66, 71 u. a. auch schon bei Vorverhandlungen kann ein solcher bestellt werden. Der Konstituent kann zur Wahrung des Bestandes des F.K. einen Vertreter desselben aufstellen. Da, wo es sich um die Zulässigkeit der Auflösung eines F.K. handelt, muß von Amts wegen ein solcher ernannt werden, der die Interessen der nasciturі wahrzunehmen hat; F.E. § 97 Nr. 2; Bl. f. R.A. XXIII. S. 189; Pözl S. 160, 162. — **Gebühr**: Art. 68 Abs. I des Geb.Ges. u. F.E. § 14 Anm.

Revokatorienklage.

§ 52. Jede Veräußerung oder Belastung der Substanz des Fideikommisses ohne Genehmigung des Gerichtes ist nichtig, und kann nicht nur von jedem Fideikommißfolger, sondern auch von jedem Anwärter, sowie von dem Vertreter des Fideikommisses, wenn einer bestellt ist, selbst von jenen Anwärtern, welche in die Veräußerung oder Belastung eingewilligt haben, und von ihren Nachkommen angefochten, und das Veräußerte, wenn es in unbeweglichen Gütern besteht, von jedem dritten Inhaber zurückgefordert werden. Inwieferne die Vindikation beweglicher Sachen gegen den dritten Inhaber stattfinde, oder der Schuldner eines zum Fideikommisse gehörigen Kapitals durch Zahlung an den Fideikommißbesitzer von der Schuld befreit werde, ist nach den Civilgesetzen zu beurteilen. Die vindizierten Bestandteile des Fideikommisses sollen wieder mit demselben vereinigt werden.

Veräußerung oder Belastung s. Roth, deutsches Priv.-Recht S. 770 ff. und Roth B. II. S. 567. — **Anwärter**: Darunter sind auch die Reichnisberechtigten mit inbegriffen. S. VII. 851. — **Genehmigung des Gerichts**: Diese kann auch nachträglich erfolgen. S. III. 252. — **Revokatorienklage**: Unterschied des bayerischen Rechts vom preußischen. Bolze XV. 465, V. 831; Seuffert, Archiv X. 276, VI. 231. — **Feststellungsklage?** Bolze X. 602; Zängerle S. 57; Roth a. a. O.; Roth D. III. S. 770. — **Widerspruchsklage** gemäß C.P.O. § 690. Auch diese haben die Anwärter jederzeit. Bolze XV. 465. — **Verjährung** der actio revocatoria Becher S. 951 N 33.

— Beispiele von Veräußerungsverboten bei Zängerle S. 8 und ebenso Ausnahmen hievon S. 9.

§ 79. Ist dergleichen Schluß nicht zu stande gekommen, so kann jedes Familienmitglied, welches nicht eingewilligt hat, sobald es zur Succession gelangt, die Handlung anfechten und auf Versetzung der Sache in den vorigen Stand antragen.

§ 53. Für die Allodialschulden des Fideikommißbesitzers haftet die Substanz des Fideikommisses nicht, und selbst dessen Früchte können dafür nicht weiter in Anspruch genommen werden, als sie dem schuldenden Besitzer nach Abzug der Fideikommißlasten zukommen, und mit Vorbehalt der Kompetenz. Die Fideikommißfolger können daher um die Allodialschulden des Vorgängers nur insoferne belangt werden, als sie entweder zugleich dessen Allodialerben sind oder sich für eine Schuld besonders verbürgt haben. Allodialschulden

Verschuldung im allgemeinen: Roth B. II S. 569 — Kompetenz: Die Wohlthat des Notbedarfs (vgl. F.E. § 79) ist aufrecht erhalten in Kap. XVIII § 10 der bayerischen Gerichtsordnung von 1753; vgl. Vierling, die fragmentarischen zivilrechtlichen Gesetze des Königr. Bayern 3. Aufl. 1894 S. 14. Nicht anwendbar ist sie gegen Adelige und Würdenträger ꝛc; vgl. Seuffert, Komm. zur alten Gerichtsordnung IV. S. 357 u. Ausf.Ges. z. R.C.P.O. und Konkursordnung Art. 9. Jedoch hat sie hinwiederum Bestand gemäß F.E. § 53 S. V. 990, VII. 539, XIII. 143. Bolze V 829; Bl. f. R.A. 42, 93; Petersen-Kleinfeller, Konk.O. 2. Aufl. S. 484. Art. 6 der b Subhastationsordnung setzt für den Schuldner das Recht auf notdürftigen Unterhalt fest. Ganz verschieden von diesem Sustentationsbeitrag ist die dem F.K.Besitzer zustehende Rechtswohlthat der Kompetenz. Sie ist ihm ein unentziehbares verfassungsmäßiges Recht, und ist bei der Ausmessung derselben gemäß Ausf.Ges. z. R.C.P.O. u. K.O. Art. 81 nach der oben genannten Bestimmung der bayerischen Gerichtsordnung Kap. XVIII § 10, 2 zu verfahren; es sind in Bezug auf Höhe der Kompetenz folgende Umstände in Betracht zu ziehen: Stand, Alter, Vermögen des Schuldners, die Anzahl seiner Familie, Qualität der Schuldforderung ꝛc. ꝛc.; es ist das Privilegium nicht über Gebühr auszudehnen, immer aber in aller Freiheit des Ermessens eine gewisse Standesmäßigkeit des Auskommens, die über das notdürftigste Essen und Trinken hinausgeht, festzuhalten. Vgl. Ortenau, Subh.O. 2. Aufl. S. 57; vgl. auch Art. 4 der b. Subh.O. u. Böhm, Kommentar z. Ausf.Ges. z. R.C.P.O. u. K.O. S. 138 N. 5. B. Gerichtsordnung Kap. XVIII § 10; Seufferts Kommentar 4. Bd. 2. Abt. Erlangen 1845 S. 300 ff. Die Kompetenz ist also gegeben im Falle der Immission in die Früchte des Fideikommisses. Ist das Recht auf Kompetenz nun auch wirksam gegenüber anderen Gläubigern, die sich an die Kompetenz selbst halten wollen?

Diese Frage ist lediglich nach Reichsrecht zu beantworten. Nach R.C.P.O. § 755 ff. ist die Zwangsvollstreckung in das unbewegliche Vermögen nach den Landesgesetzen zu bestimmen. Die Zwangsvollstreckung in das bewegliche Vermögen ist aber einheitlich vom Reiche geregelt; R.C.P.O. § 708 ff. Maßgebend ist C.P.O. § 749, welcher von den der Pfändung nicht unterworfenen Ansprüchen handelt. Unter Ziff. 3 sind von der Pfändung ausgenommen die fortlaufenden Einkünfte, welche ein Schuldner aus Stiftungen oder sonst auf Grund der Fürsorge und Freigebigkeit eines Dritten bezieht, insoweit der Schuldner zur Bestreitung des notdürftigen Unterhaltes für sich, seine Ehefrau und seine noch unversorgten Kinder dieser Einkünfte bedarf. — Es ist die Kompetenz nicht als eine Alimentenforderung anzusehen (§ 749 Ziff. 2), wie sämtliche Kommentatoren zur C.P.O. annehmen. Gaupp 2. Aufl. 2. Bd. S. 484; Wilmowski u. Levy 6. Aufl. S. 1016 Nr. 3; Struckmann u. Koch 6. Aufl. S. 906 Ziff. 4; Seuffert 6. Aufl. S. 908. Der Unterschied ist also klar: gegenüber den Immissionsgläubigern hat der sequestrierte F.K.-Besitzer standesgemäßen Unterhalt anzusprechen, gegenüber Kurrentgläubigern, die sich an die Früchte des F.K. nicht mehr halten können, ist lediglich die Kompetenz auf den Grad des notdürftigen Unterhaltes herabzustimmen. Gleicher Ansicht R. Falkmann, die Zwangsvollstreckung 1888 S. 239 und ganz besonders Seuffert, Archiv 49 Nr. 67. — Die Berechnung der Kompetenz S. 15, 292.

Die Früchte kommen dem Gläubiger nur nach Abzug der Fideikommißlasten und der Kompetenz zu; unter die Fideikommißlasten rechnen die auf die Gewinnung der Früchte erwachsenen Auslagen. Kosten der Zwangsvollstreckung mindern die Kompetenz nicht.

§ 54. Die Fideikommißschulden haften entweder auf der Substanz und den Früchten des ganzen Fideikommisses zugleich oder nur auf den Früchten allein und werden hiernach in Fideikommißschulden erster oder zweiter Klasse abgeteilt. Fideikommißschulden

Reallasten sind keine Fideikommißschulden. Becher S. 952 Note 36; Beispiele bei Pözl S. 165 Note 2 und 3. — Substanz der Sache, auch Hauptgut genannt. Beispiele im bayer. L.R. I. 6 § 28 Nr. 5. II. 2 § 10 Nr. 7; § 11 Nr. 6. Gegensätze sind: Früchte, Verbesserungen S. VII. 853.

Zwangsvollstreckung in Fideikommißgüter:

I. Durch das Reichs-Einführungsgesetz zur Konkursordnung § 5 sind in Bezug auf Schuldenhaftung die landesgesetzlichen Vorschriften über die Lehen und Fideikommisse ausdrücklich aufrecht erhalten worden. Es war daher, da diese Vermögensteile samt ihren Zubehörungen durchaus zu dem unbeweglichen Vermögen gehören, in der bayer. Subhastations-Ordnung der Ort, das Fortbestehen der bisherigen Gesetze in dieser Beziehung gleichfalls ausdrücklich anzuerkennen.

Demgemäß wurden, wie auch schon in der Prozeßnovelle vom 17. November 1837 § 93 und in der bayer. Prozeßordnung von 1869 Art. 880 geschehen war, die bestehenden besonderen Bestimmungen, namentlich Beschränkungen, hinsichtlich der Zwangsvollstreckung in Lehen und Fideikommißgüter, sowie in die Früchte derselben, und die besonderen Bestimmungen hinsichtlich der Beitreibung von Lehen- und Fideikommißschulden auch für künftighin vorbehalten, und kommt die Subhastations-Ordnung nur unabbrüchig dieser besonderen Bestimmungen und Beschränkungen zur Anwendung.

II. Fideikommißgüter können unbeschränkt a) mit der Substanz und den Früchten nur für die in der Fideikommißmatrikel förmlich eingetragenen Fideikommißschulden erster Klasse und b) mit den Früchten allein nur für die ebenso eingetragenen Fideikommißschulden zweiter Klasse in Anspruch genommen werden. Für die Allodialschulden des Fideikommißbesitzers haften nur die Früchte, soweit sie ihm selbst zukommen und sich nach Abzug der vorweg zu bestreitenden Fideikommißlasten ergeben, und überdies noch mit der Beschränkung, daß dem Besitzer die Rechtswohlthat der Kompetenz zur Seite steht.

Anderseits kann aber wiederum das Allodialvermögen des Fideikommißbesitzers nicht für Fideikommißschulden als solche seitens eines Gläubigers in Anspruch genommen werden; nur einem Fideikommißnachfolger haftet das Allodium des Vorfahren, wenn dieser letztere mit einer planmäßigen Tilgungsfrist im Rückstande geblieben ist oder aber bezüglich einer Fideikommißschuld zweiter Klasse zu dem Ersatz aus dem Allodialvermögen sich ausdrücklich verpflichtet hat. Etwas anderes ist es, wenn der Fideikommißbesitzer von vornherein oder später die Schuld ausdrücklich zugleich auch als Allodialschuld übernommen hat, was natürlich nicht als unzulässig bezeichnet werden kann; hier steht selbstverständlich dem Zugriffe des Gläubigers auf das Allod gegebenen Falls kein Hindernis im Wege.

Fideikommißschulden erster Klasse sind nur diejenigen, welche zum Nutzen des Fideikommisses selbst kontrahiert und verwendet wurden, während Fideikommißschulden zweiter Klasse nur dann konstituiert werden können, wenn der Inhaber zur Bestreitung notwendiger, unvermeidlicher, die Substanz des Fideikommisses selbst nicht betreffender Ausgaben in Ermanglung eines Allodialvermögens, einer Kapitalsaufnahme bedarf und überdies ein noch nicht über ein Drittel beschwerter fruchtbringender Fideikommißüberschuß vorhanden ist. Was hiernach zu jeder einzelnen Klasse gehört, ist aus den §§ 56 und 60 der VII. Verfassungs-Beilage zu entnehmen; immer ist aber eine vorgängig erfolgte Untersuchung und Genehmigung seitens des Fideikommißgerichtes und hierauf erfolgte Eintragung in die Fideikommißmatrikel absolut erforderlich.

Soweit nach diesen gesetzlichen Bestimmungen die Substanz eines Lehens oder Fideikommisses haftet, ist auch eine Zwangsversteigerung der dazu gehörigen Grundstücke und Realrechte möglich; nur ist bei Fideikommissen selbst diese nur dann zulässig, wenn nach Vernehmung der Anwärter sich bezeigt, daß eine Befriedigung der Fideikommißgläubiger erster Klasse auf andere Weise, insonderheit aus beweglichen Fideikommißbestandteilen, unmöglich ist, auch müssen zuerst die Rechte, und erst, wenn diese gleichfalls unzureichend sein sollten, in letzter Linie die Grundstücke selbst angegriffen werden; in allen Fällen muß aber immer auch noch die Einwilligung des Fideikommißgerichtes selbst hinzutreten.

Soweit nur die Früchte haften, hat die nach Maßgabe der oben entwickelten Grundsätze modifizierte Zwangsverwaltung der Subhastations-Ordnung einzutreten. Eine solche aber ist die in den §§ 71 und 72 der VII. Verfassungs-Beilage für den Fall übler Wirtschaft vorgesehene Administration nicht, da die Zwangsverwaltung im technischen Sinne des Wortes nach Art. 1 lediglich zum Zwecke der Beitreibung von Geldforderungen stattfindet.

Insoferne nun nach dem obigen Zwangsveräußerung oder Zwangsverwaltung wirklich in Frage ist, richtet sich das Verfahren mit den bereits angedeuteten Beschränkungen ganz nach den Bestimmungen der Subhastations-Ordnung und folglich, soweit diese durch die Novelle abgeändert ist, nach dieser; nur fällt natürlich, da über Fideikommißgüter wegen ihrer Unfähigkeit, hypotheziert zu werden, kein Hypothekenbuchsfolium besteht, der Eintrag der Beschlagnahme in dieses letztere hinweg und ist solche vielmehr in die Fideikommißmatrikel, welche in gewissem Sinne das Hypothekenbuch vertritt, einzuschreiben. Daß die Fideikommißgläubiger wie Hypothekgläubiger zu behandeln, also von der Zwangsvollstreckung in der bei jeder Art derselben vorgeschriebenen Weise zu verständigen und zur Ausübung der gleichen Rechte wie diese befugt sind, wird kaum einer Erläuterung bedürfen, wie es auch anderseits klar ist, daß diese Vorschrift sehr gut befolgt werden kann, da aus der Fideikommißmatrikel alles Nötige ersehen werden kann.

III. Behufs Durchführung des Grundsatzes des geringsten zulässigen Gebotes bestimmt Art. 38 Nov., daß im Falle der Zwangsversteigerung auf Fideikommißschulden die für Hypothekforderungen gegebenen Vorschriften der Novelle analoge Anwendung finden. Bayer. Subh.Ordng. v. 23. Februar 1879/29. Mai 1886 Art. 4 und Ortenau-Fischer-Henle, Kommentar hiezu 1888 S. 47 ff.

Preuß. L.R. § 87. In allen Fällen, wo das Fideikommiß mit einer neuen Schuld beschwert werden soll, müssen bei Regulierung der Sache zwei der Fideikommiß=Anwärter zugezogen werden.

§ 88. Besteht die zum Fideikommiß berufene Familie aus mehreren Linien, so wird die Zuziehung des nächsten Anwärters aus der im Besitze befindlichen, und des Aeltesten aus derjenigen Linie, welche nach ihr die nächste ist, erfordert.

§ 89. Ist nur eine Linie vorhanden, so müssen aus dieser die beiden nächsten Anwärter zugezogen werden.

§ 90. Unter die zuzuziehenden Fideikommiß-Anwärter sind die Kinder des Besitzers nicht mitzurechnen.

§ 91. Stehen die zuzuziehenden Anwärter unter Vormundschaft, so müssen sie, auch bei diesem Geschäfte, von ihren Vormündern vertreten werden.

§ 92. Sind keine anderen Anwärter, außer den Kindern des Fideikommiß=Besitzers, vorhanden, so ist deren Zuziehung hinreichend.

§ 93. Ihnen muß, wenn sie ihren Sachen nicht selbst vorstehen können, ein besonderer Kurator diesem Geschäft bestellt werden.

§ 94. Ist überhaupt nur ein Anwärter vorhanden, so ist dessen Einwilligung hinreichend.

§ 95. Ist kein Anwärter bekannt, doch aber auch noch nicht entschieden, ob das Fideikommiß in den Händen des gegenwärtigen Besitzers erlöschen werde, so muß dieser, wenn er ein Darlehen aufnehmen will, bei dem Richter der Sache auf Bestellung eines Kurators für das Fideikommiß und auf dessen Zuziehung antragen.

§ 213. An Schulden darf der Fideikommiß=Folger nur diejenigen übernehmen, welche nach Vorschrift § 104 aus der Substanz oder nach Vorschrift § 81 ff. aus den Einkünften des Fideikommisses zu bezahlen sind.

§ 214. Diese letzteren muß er auch alsdann übernehmen, wenn er damals, als das Darlehen gemacht worden, unter die nächsten Anwärter nicht gehört hat, und daher seine Einwilligung nicht erfordert worden.

§ 215. Doch ist er nur zur Entrichtung derjenigen Termine verbunden, welche nach den gleich von Anfang festgesetzten Bestimmungen (§ 96) auf die Jahre seiner Besitzzeit treffen.

§ 55. Die Fideikommißschulden erster Klasse gehen den Schulden zweiter Klasse vor; die Schulden jeder Klasse unter sich haben den Vorzug nach der Zeit ihrer Eintragung in die Fideikommißmatrikel. Solche erste Klasse.

§ 56. Unter die Fideikommißschulden erster Klasse werden diejenigen gerechnet, welche zum Nutzen des Fideikommisses selbst kontrahiert und verwendet werden. Noch: Schuld erster Klasse.

Hierher gehören

1. diejenigen, welche bei der Errichtung des Fideikommisses auf dasselbe mit ausdrücklicher Bestimmung dieses Vorzugs angewiesen wurden, insbesondere die Pflichtteile der Noterben des ersten Konstituenten, soferne sie nach Uebereinkunft der Interessenten als ein Kapital auf dem Fideikommisse liegen bleiben;
2. diejenigen, welche zum Ankauf eines dem Fideikommisse einverleibten Gutes verwendet oder mit demselben übernommen wurden;
3. die auf notwendige Prozeßkosten in Streitigkeiten, welche die Substanz des Fideikommisses betreffen, und zur Erzielung gerichtlicher Vergleiche, zu deren Beendigung oder
4. zur Abführung der in Rücksicht des Fideikommisses erlegten feindlichen Kontributionen, desgleichen
5. auf Herstellung notwendiger und nützlicher Gebäude, endlich
6. zur Abführung einer von den vorbenannten Schulden verwendet wurden.

Die Tilgung einer Fideikommiß-Schuld durch eine neue F.K.Schuld mit längerer Tilgungsdauer unterliegt dem Verfahren des § 57 S. 12. S. 3. — Zu Ziff. 3. Jus rei sitae ist auf F.K.Gütern anwendbar. Böhm, Ztschr. f. int. Privat- und Strafrecht Bd. 3 S. 142. — Zu Ziff. 5. Bl. f. R.A. Bd. 59. S. 351. Ein Gesuch um Aufnahme einer F.K.Schuld 1. Klasse ohne Rückzahlungspflicht wurde abgewiesen. Vgl. § 69. Hiebei ist stets anzugeben, auf welches Gebäude die Ausgabe verwendet wird. Dieselbe ist zu spezialisieren und die Notwendigkeit und Nützlichkeit derselben ist glaubhaft zu machen. S. 12. 81. Ferner S. 6. 235; 7. 694; 7. 853; Bolze 12. 539. Bezüglich des Textes der Ziffer 5 ist zu erwähnen, daß der Text der amtlichen Oktavausgabe der Verfassungs-Urkunde lautet: notwendiger oder nützlicher Gebäude. Piloty S. 158. Gegen diese Textänderung Becher S. 953 Note 42.

Preuß. L.R. § 81. Für notwendige Schulden sind diejenigen Summen zu achten, welche zur Wiederherstellung der durch Unglücksfälle, ingleichen durch Alter, ohne eigenes Verschulden des Besitzers ruinierten oder in Verfall gerathenen Gebäude aufgenommen werden müssen.

§ 104. Schulden des Fideikommiß-Stifters, mit welchen er selbst das Fideikommiß bei dessen Errichtung belastet hat oder die aus seinem übrigen Vermögen nicht bezahlt werden können, sind als ursprüngliche, die Substanz angehende Fideikommiß-Schulden anzusehen.

§ 117. Bei Prozessen, welche die Substanz des Fideikommisses betreffen, ist zwar der jedesmalige Besitzer die Rechte desselben, auf den Grund einer zu vermutenden Vollmacht, wahrzunehmen befugt und schuldig.

§ 118. Er muß aber im Fortgange des Prozesses die nächsten Anwärter nach obiger Bestimmung (§ 87) zuziehen oder Vollmacht von selbigen beibringen.

§ 119. Was in einem solchergestalt geführten Prozesse entschieden oder mit Beitritt der Anwärter durch Vergleich festgesetzt worden, daran ist die ganze Familie und jeder künftige Fideikommiß-Besitzer aus selbiger gebunden.

§ 84. Dagegen ist ein Fideikommiß-Folger, welcher die Gebäude von seinen Vorfahren in so schlechten Umständen überkommen hat, daß sie eines neuen Baues oder einer Hauptreparatur bedürfen, die dazu erforderliche Summe auf die Nutzungen des Fideikommisses aufzunehmen berechtigt, wenn das freie Vermögen des Vorfahren zum Ersatze derselben nicht hinreicht.

§ 105. Dergleichen Schulden ist der Fideikommiß-Folger aus den Einkünften zu bezahlen nicht verbunden.

§ 106. Hat er sie bezahlt, so findet dabei eben das statt, was wegen der Lehensschulden verordnet ist. (Tl. I Tit. XVIII § 292 ff.)

§ 107. Ein Gleiches gilt auch alsdann, wenn der Fideikommiß-Besitzer auf die terminlich zurückzuzahlenden Schulden Zahlungen, die erst in die Zeiten seines Nachfolgers treffen würden, zum voraus geleistet hat.

§ 57. Diese Schulden sollen vom Gerichte erst nach vorläufiger Untersuchung, ob sie überhaupt und in dem verlangten Maße sich zu einer solchen Fideikommißschuld eignen, und in zweifelhaften Fällen nach Vernehmung der Anwärter, in die Fideikommißmatrikel eingetragen werden. Matrikeleintrag derselben.

Anwärter: Für den minderjährigen Anwärter tritt dessen Vormund ein. — Die Praxis hat übrigens besonders bei Annuitäten-Kapitalien der Banken diese Bestimmung gemildert. Pözl S. 166. — Fideikommiß-Matrikel: Durch die V. v. 3. März 1857 ist das besondere F.K.Schuldenbuch aufgehoben. Die Matrikel besteht jetzt nur in einem Buche, das nach der Weise des Hyp.Buches in Folien und Rubriken zerfällt. Die F.K. werden sodann in die dritte Rubrik eingetragen, die wieder zwei Unterabteilungen — I. und II. Rubrik — begreift. Verschieden davon ist natürlich der Fall, wenn der F.K.Besitzer den ihm zustehenden Fruchtgenuß verpfändet, was ihm für die Dauer seines Rechts vollkommen freisteht. Pözl S. 166; vgl. Anhang. — Genehmigung: Becher S. 954 Note 45.

§ 80. Nur allein bei Aufnehmung notwendiger Darlehen auf die Einkünfte des Fideikommisses ist nicht Zuziehung aller, sondern bloß gewisser Familienmitglieder erforderlich. Preuß. L.

Fidei-kommiß-schulden zweiter Klasse.

§ 58. Zu den Fideikommißschulden zweiter Klasse werden außer den im § 39 Nr. 2 bemerkten Schulden diejenigen gerechnet, welche das Gericht den folgenden Bestimmungen gemäß nach Vernehmung der Anwärter genehmigt hat.

Anwärter: Für den minderjährigen Anwärter tritt dessen Vormund ein. — Betriebsvorschüsse des Nutznießers gehören hieher. S. 12. 566.

Preuß. L.R.

§ 108. Wegen solcher Schulden, die nach § 80 ff. in gewissen Terminen aus den Einkünften wieder abgestoßen werden sollen, kann die Subhastation des Fideikommiß-Gutes selbst niemals erfolgen.

§ 109. Vielmehr kann der Gläubiger wegen solcher zurückbleibenden Zahlungen nur an die Einkünfte durch den Weg der gerichtlichen Sequestration sich halten.

Voraussetzung derselben.

§ 59. Ein bestehendes Fideikommiß kann mit einer Fideikommißschuld zweiter Klasse nur dann beschwert werden, wenn der Fideikommiß-Inhaber zur Bestreitung notwendiger und unvermeidlicher, die Substanz des Fideikommisses selbst nicht betreffenden Ausgaben (§ 56) in Ermanglung hinreichenden Allodialvermögens einer Kapitalsaufnahme bedarf, und wenn bei dem Fideikommisse außer dem erforderlichen Betrage des Grundvermögens (§ 2) noch ein weiteres fruchtbringendes Vermögen (§ 5, 6) vorhanden ist, dieser Ueberschuß auch nach Abzug aller darauf bereits haftenden Lasten und Schulden durch die neue Schuld nicht über ein Dritteil beschwert wird, vorbehaltlich dessen, was der Konstituent besonders verfügt hat.

Dabei ist in Ansehung der unbeweglichen Güter nicht der Schätzungspreis, sondern das Steuerkapital zur Richtschnur zu nehmen.

Forderungen des Nutznießers: S. 12. 566; Bolze 19. 668 u. 669.

§ 60. In die zur Aufnahme einer Fideikommißschuld zweiter Klasse sich eignenden Ausgaben gehören die erweislich durch Krankheit, höhere Auslagen für Erziehung oder Versorgung mehrerer Kinder, Ausstattung der Töchter, Antritt eines Civil- oder Militärdienstes, eintretende Verehelichung, Unglücksfälle in der Oekonomie oder schwere Kriegslasten verursachten außerordentlichen Kosten, welche weder aus den Früchten des Fideikommisses, noch aus dem Allodialvermögen bestritten werden können. Noch: Voraussetzung.

§ 86. Wenn das Gut durch Krieg oder sonst durch höhere Gewalt dergestalt verheert worden, daß der Besitzer in einem oder dem anderen Jahre nicht so viel Nutzungen, als zur Abführung der stiftungsmäßigen Prästationen erforderlich sind, daraus hat ziehen können, so ist er berechtigt, soviel als zu dieser Abgeltung ermangelt, auf die künftigen Revenüen aufzunehmen und zu versichern. Preuß. L.R.

§ 61. Das Gericht hat bei jedem Gesuche um Bewilligung einer Fideikommißschuld zweiter Klasse hierüber den nächsten Fideikommißnachfolger, die Anwärter und den Vertreter des Fideikommisses, wenn einer bestellt ist, nach § 51 zu vernehmen, und wenn sie in die Schuld einwilligen, ohne erhebliche Gründe die Genehmigung nicht zu versagen, dagegen aber auch diese im Falle eines von demselben erfolgenden Widerspruches ohne hinreichende Gründe nicht zu erteilen, und dabei besonders auf die Veranlassung der Schuld, auf den Betrag des noch unbeschwerten Vermögens und die dadurch gegründete Erwartung ihrer früheren Tilgung, Gerichtliche Genehmigung.

auf die im Zahlungsplan bestimmten kürzern oder längern Fristen und auf die Beschaffenheit des Widerspruchs ihr (sein?) Augenmerk zu richten.

S. VI. 235; VII. 694; vgl. Anm. zu F.E. § 57. — Gebühr: Art. 68 Abs. I des Geb.-Ges. u. Anm. zu F.E. § 14.

Haftung des Fideikommisses für Fideikommißschulden.

§ 62. Für Fideikommißschulden, sie seien erster oder zweiter Klasse, haftet das Allodialvermögen des Besitzers außer den ihm zukommenden Früchten nicht, sondern sie gehen mit dem Fideikommisse auf jeden Nachfolger über, dem jedoch der Regreß gegen das Allodium des Vorgängers vorbehalten bleibt, wenn dieser entweder mit den im Tilgungsplane bestimmten Fristen im Rückstande geblieben ist, oder bei Fideikommißschulden zweiter Klasse zum Ersatz aus seinem Allodialvermögen sich ausdrücklich verpflichtet hat.

Fideikommiß-Kapitalien: Für die Einziehung und Verwendung von Fideikommiß-Kapitalien zur Deckung solcher Auslagen, welche nicht zu den Fideikommißschulden erster Klasse gehören, sind die für Aufnahme von Fideikommißschulden zweiter Klasse gegebenen Vorschriften maßgebend. S. 11. 131; vgl. F.E. § 49 Anm. V.

Lehen.

§ 63. In Ansehung der mit einem Fideikommisse verbundenen Lehen kommen die Bestimmungen des Lehenedikts über Lehenschulden zur Anwendung.

Fideikommiß-kapitalien.

§ 64. Die vorhandenen Fideikommiß-Kapitalien können für solche Auslagen, welche unter die Fideikommißschulden erster Klasse gehören, mit Genehmigung des Gerichts nach Vernehmung der Anwärter, desgleichen in den § 61 bestimmten Fällen unter den dortselbst enthaltenen Beschränkungen und

Voraussetzungen, vorbehaltlich der im § 69 bestimmten Rückzahlung, eingezogen und verwendet werden.

Vgl. Anm. zu § 62 F.E.

§ 65. Die Veräußerung der zu einem Fideikommisse gehörenden Grundstücke und Realrechte kann nur mit Einwilligung des Gerichts in dem Falle stattfinden, wenn die Gläubiger wegen Fideikommißschulden erster Klasse auf die Zahlung dringen, und nach Vernehmung der Anwärter sich bezeigt, daß sie auf andere Weise nicht befriedigt werden können. Veräußerung von Immobilie u. s. w.

Insbesondere darf das Grundvermögen, worauf das Fideikommiß ruht, nicht veräußert werden, so lange noch unter dem Fideikommißvermögen andere zur Zahlung dieser Schulden hinreichende Objekte sich befinden.

Seuffert XXIX. 47; Bolze 17. 580. — Gebühr: Art. 68 des Geb.Ges. s. oben F.E. § 14.

§ 110. Wegen solcher Schulden aber, die nach § 104 aus der Substanz des Fideikommisses selbst bezahlt werden müssen, kann der Gläubiger im Verfolge der Exekution auch auf den gerichtlichen Verkauf des Gutes selbst antragen. Preuß. L.R.

§ 111. Was aber von dem Kaufgelde nach Abzug dieser Schulden noch übrig bleibt, muß zum Fideikommiß angelegt werden.

§ 112. Der Käufer eines solchen Gutes kann also nur in das gerichtliche Depositum mit Sicherheit zahlen.

§ 113. Wie die anderweitige Anlegung zum Fideikommiß geschehen solle, muß durch einen Familienschluß angeordnet werden.

§ 114. Ein solcher Familienschluß ist auch alsdann notwendig, wenn in außerordentlichen Fällen zur Wiederherstellung eines ruinierten Fideikommisses ein so starker Vorschuß erforderlich ist, daß derselbe aus den bloßen Einkünften nicht zurückgezahlt werden kann.

Noch: Veräußerung von Immobilien. **§ 66.** Außer diesem Falle können solche Immobilien und Realrechte nicht anders als mit Einwilligung aller bekannten Anwärter und des Fideikommißvertreters, wenn einer bestellt ist, sodann mit Genehmigung des Gerichts veräußert, und diese Genehmigung kann nur alsdann erteilt werden, wenn die Veräußerung dem Fideikommisse einen beträchtlichen und bleibenden Nutzen gewährt.

S. I. 283; VI. 235; XII. 571; XI. 429, 68. — Gebühr: Geb.-Ges. Art. 68 und F.E. § 14 Anm. — Wird ein F.K.-Gut verkauft, so dürfen F.K.-Schulden II. Klasse nur aus denjenigen Teilen des Kaufschillings gedeckt werden, welcher für die mit dem Gute veräußerten Früchte des F.K. erlöst worden ist. Becher S. 952 Note 36.

Preuß. L.R. § 122. Einzelne Rechte des Fideikommisses, oder auf dasselbe, können durch dreißigjährige Präskription erlöschen oder gegen das Fideikommiß erworben werden.

Ablösung. **§ 67.** Die zum Fideikommisse gehörigen grundherrlichen Rechte können zwar durch gemeinsames Einverständnis des Grundherrn und des Grundholden abgelöst, sie sollen aber womöglich in eine beständige Rente an Getreide verwandelt werden.

S. VII. 853. Beispiel Bl. f. R. A. 59 S. 351.

Noch: Veräußerung. **§ 68.** Im Falle des § 66, sowie wenn im Falle des § 67 ein Ablösungskapital bedungen worden, muß der Kaufpreis oder das Ablösungskapital zum Besten des Fideikommisses, besonders zum Ankauf fruchtbringender Realitäten verwendet, und, bis es geschehen kann, gegen hypothekarische Sicherheit verzinslich angelegt werden. Insbesondere darf sich weder

der Fideikommißbesitzer, noch ein Anwärter dabei einen Privatvorteil bedingen.

§ 133. Sollen mit dem Fideikommiß-Kapitale andere Veränderungen vorgenommen oder Grundstücke statt des Kapitals dazu gewidmet werden, so kann solches nur durch einen Familienschluß geschehen. Preuß. L.R.

§ 69. Mit jeder Fideikommißschuld und mit jeder die Substanz des Fideikommisses vermindernden Handlung ist ein Plan zu verbinden, wie aus den Früchten des Fideikommisses die darauf gelegten Schulden getilgt, oder die an der Substanz desselben geschehenen Verminderungen durch bestimmte und von dem dermaligen Besitzer sowohl, als von den Nachfolgern zu entrichtende Fristen ergänzt werden sollen. Schuldentilgung.

Dieser Tilgungs- und Ergänzungsplan ist mit Rücksicht auf den Betrag und die Lasten des Fideikommisses so einzurichten, daß in jährlichen Fristen, sobald es geschehen kann, insbesondere für die zur Aussteuer der Töchter verwendeten Summen in solchen Raten, welche dem vorigen Unterhaltsbezuge gleich sind, die Schulden getilgt, und die an der Substanz geschehenen Verminderungen ergänzt werden.

Niemals dürfen die jährlichen Fristen weniger als fünf vom Hundert am Kapital betragen; der Fideikommißbesitzer muß sich aber höhere Summen gefallen lassen, solange ihm der Ertrag des normalmäßigen Grundvermögens übrig bleibt. Das Gericht kann die einmal bestimmten Fristen nur aus besonders erheblichen Ursachen verlängern.

Vgl. F.E. § 7. — Zulässigkeit von Annuitätenzahlungen: Becher S. 953. Bl. f. R.A. X. 533; Pözl S. 166 Note 5.

Wir geben zu Abs. III anfolgend eine Tabelle nach den Rechnungen der Süddeutschen Bodenkreditbank in München, welche die Tilgung von

1000 Mk. bei halbjähriger Annuität von 10% (es gibt auch 9½%, 9%, 8½% u. s. f.) darstellt, wovon 5% (4½%, 4%, 3½% u. s. f.) Zins und 5% Tilgung:

Jahre	Kapital	Zinsen	Tilgung	Kapitalsrest
	Dec.	Dec.	Dec.	Dec.
½	1000,000	25,000	25,000	975,000
1	975,000	24,375	25,625	949,375
½	949,375	23,734	26,266	923,109
2	923,109	23,077	26,923	896,186
½	896,186	22,404	27,596	868,590
3	868,590	21,714	28,286	840,304
½	840,304	21,007	28,993	811,311
4	811,311	20,282	29,718	781,593
½	781,593	19,539	30,461	751,132
5	751,132	18,778	31,222	719,910
½	719,910	17,998	32,002	687,908
6	687,908	17,198	32,802	655,106
½	655,106	16,378	33,622	621,484
7	621,484	15,537	34,463	587,021
½	587,021	14,676	35,324	551,697
8	551,697	13,793	36,207	515,490
½	515,490	12,888	37,112	478,378
9	478,378	11,960	38,040	440,338
½	440,338	11,009	38,991	401,347
10	401,317	10,034	39,966	361,381
½	361,381	9,035	40,965	320,416
11	320,416	8,010	41,990	278,426
½	278,426	6,960	43,040	235,386
12	235,386	5,884	44,116	191,270
½	191,270	4,781	45,219	146,051
13	146,051	3,651	46,349	99,702
½	99,702	2,492	47,508	52,194
14	52,194	1,304	48,696	3,498
½	3,498	0,087	3,498	— —
			1000,000	

Die Dauer der Tilgungsperiode berechnet sich im allgemeinen nach folgender Formel:

$$S = Kq^n \pm \frac{A(q^n - 1)}{q - 1};$$

S = Gesammtsumme, K = Kapital, p = %, n = Anzahl der Jahre, $q = 1 + \frac{p}{100}$, A_1 = die Summe, welche am Ende eines jeden Jahres hinzugefügt bezw. abgezogen wird. Bei halbjähriger Zinseszahlung wird n mit 2 multipliziert und p mit 2 dividiert.

§ 96. Bei Aufnehmung eines solchen Darlehens sind allemal gewisse Termine zu dessen Rückzahlung, durch Uebereinkommen mit den zugezogenen Anwärtern oder in dessen Ermangelung nach richterlichem Ermessen, zu bestimmen. Preuß. L.R.

§ 97. Der Fideikommiß-Besitzer ist nicht schuldig, höhere Rückzahlungstermine auf ein Jahr zu übernehmen, als der vierte Teil der gewöhnlichen Einkünfte nach einem ungefähren Ueberschlage beträgt.

§ 98. Dieser Ueberschlag ist jedoch nicht nach der gegenwärtigen etwa verfallenen Beschaffenheit des Gutes, sondern darnach einzurichten, was das Gut, wenn es sich in gewöhnlich gutem Wirtschaftsstande befunden, sonst getragen hat.

§ 99. Dem Besitzer muß aber auch zur Wiederherstellung des Gutes durch Verwendung der aufzunehmenden Summe eine verhältnismäßige Zeit gelassen werden, ehe er mit den Rückzahlungen anzufangen schuldig ist.

§ 100. Mindere Termine, als das Viertel der gewöhnlichen Einkünfte beträgt, sind die zugezogenen Anwärter dem Besitzer zu bewilligen nur insofern befugt, als das Fideikommiß dadurch dennoch binnen zehn Jahren von der Schuld wieder befreit werden kann.

Ueberwachung derselben.

§ 70. In allen Fällen, wo die fristenweise Rückzahlung einer Fideikommißschuld oder die Wiederherstellung eines eingezogenen Fideikommißkapitals, oder der sonst verminderten Substanz vorgeschrieben, oder eine Mehrung derselben durch fristenweise Zahlungen des Fideikommißbesitzers von dem Konstituenten angeordnet ist, können nicht nur die Anwärter von dem Besitzer den Beweis der geleisteten Fristzahlung verlangen, sondern auch die Gerichte denselben anhalten, daß er sich wegen geleisteter Rückzahlung ausweise, oder für die wiederherzustellende oder zu vermehrende Substanz entweder das bare Geld oder hypothekarische Schuldbriefe bei Gericht hinterlege.

S. VII. 694.

Preuß. L.R. § 101. Die Regulierung eines solchen Darlehensgeschäfts muß allemal gerichtlich erfolgen.

§ 102. Der Richter, unter welchem das Fideikommiß gelegen ist, muß dabei von Amts wegen dahin sehen, daß die vorstehenden Erfordernisse beobachtet werden.

§ 103. Gibt der Gläubiger wegen der bestimmten Rückzahlungstermine freiwillig Nachsicht, so geschieht es auf seine Gefahr. (Tl. I Tit. XVIII § 252. 253.)

Verderbliche Wirtschaft. **§ 71.** Zeigt sich bei einem Fideikommißbesitzer eine dem Fideikommisse verderbliche Wirtschaft, so kann und soll das Fideikommiß auf Anrufen der Interessenten oder des benannten Fideikommißvertreters vom Gerichte in Administration gesetzt werden.

Administration. Läßt sich aus der erwiesenen übeln Wirtschaft des Besitzers nur eine Gefahr für die in dessen Händen befindlichen beweglichen Zubehörungen des Fideikommisses befürchten, so können ihm auf Anrufen der Interessenten diese abgenommen und einem Familiengliede zur Verwahrung übergeben oder nach Umständen selbst in gerichtliche Verwahrung genommen werden.

Die Administration soll womöglich einem Familiengliede übertragen werden. S. 7. 540; 10. 509; Zängerle S. 77. — Forstverwaltung: Bezüglich dieser s. Ganghofer, das Forstgesetz für das K. Bayern. 2. Aufl. Nördlingen 1889, S. 61 ff. und Art. 19 ff. — Administration: über den Unterschied zwischen dieser u. der Zwangsverwaltung gemäß der Subhastationsordnung vgl. oben Anm. zu § 54 des F.E. Eine freiwillige Unterwerfung unter die Administration gibt es nicht. Pözl S. 168. — **Verderblich**: Die Wirtschaft muß dem F.K. verderblich sein; die Art und Weise der Verwendung der Früchte ist Sache des Besitzers. Pözl S. 168. — **Gebühr**: Geb.Ges. Art. 68 Abs. I u. F.E. § 14 Anm.

§ 72. Die vorbemerkte Administration des Fideikommisses kann auch alsdann eintreten, wenn der Besitzer hinsichtlich der schuldigen Leistungen an die Familienglieder, oder für Tilgung der Fideikommißschulden, oder für Wiederherstellung der geminderten Substanz, oder für deren Mehrung seine Obliegenheiten nicht erfüllt. Noch: Administration

Die Administration des Fideikommisses soll in allen Fällen, wo es geschehen kann, einem Familiengliede übertragen werden.

S. 7. 540. — **Haftung der Administratoren** im Verpachtungsfalle: Bolze IX. 532.

§ 73. Jeder Fideikommißbesitzer ist verbunden, seinem Nachfolger das Fideikommiß samt Zugehörungen ohne irgend eine aus seinem Verschulden herrührende Schmälerung zu hinterlassen. Uebergang

Dem Nachfolger haftet demnach die Allodialmasse seines Vorgängers für jede auf das Fideikommiß sich beziehende Pflichtversäumnis seines Vorgängers, und für jede hieraus entstandene Deterioration oder Verminderung der Substanz.

Erwerbung von Servituten an dem Fideikommißgut: Seuffert, Archiv XXVI. 225. Ersitzung von Servituten. Neue Folge XIII. 129; X. 125; XI. 142. Bolze 15, 460, 461, 463; 4. 911; 11. 521; S. VII 283. R. 19. 226; 21. 304. — **Haftung des Fideikommiß-Besitzers**: Zängerle S. 73. Bl. f. R.A. Bd. 32 S. 350. — Bei der **Sonderung des Fideikommisses** vom Allod handelt es sich um drei Fragen: Roth B. II S. 588.

1. Herstellung des F.K.Bestandes. Hier ist maßgebend die F.K.-Matrikel und das Inventar.
2. Teilung der Früchte. Hier ist maßgebend entweder die besondere Disposition oder das Zivilrecht (s. F.E. § 74).
3. Die Abrechnung hinsichtlich der einzelnen Forderungen. Roth a. a. O. S. 589.

reuß. L.R. § 85. Wenn an dem Fideikommiß-Inventario überhaupt oder auch an einzelnen Rubriken desselben durch Brand, Krieg, Wasserfluten oder andere Unglücksfälle ein solcher Schaden entstanden ist, daß derselbe zu Gelde gerechnet den vierten Teil der Fideikommiß-Einkünfte, nach einem ungefähren Anschlag, übersteigt, so ist der Besitzer ebenfalls berechtigt, die zur Wiederherstellung des Inventarii nötige Summe auf die Nutzungen des Fideikommisses aufzunehmen.

§ 207. Dem Nachfolger müssen die Erben des letzten Besitzers das Fideikommiß so ausantworten, wie dasselbe von dem Stifter auf ihren Erblasser gediehen ist.

§ 208. Besteht das Fideikommiß in liegenden Gründen, so muß das bei Errichtung desselben aufgenommene Inventarium (§ 71) vollständig gewährt werden.

§ 209. Wegen eines dabei sich ereignenden Mangels oder Ueberflusses gilt alles, was wegen der Lehens-Inventarien verordnet ist. (Tl. I. Tit. XVIII. § 511 ff.)

§ 210. Es versteht sich von selbst, daß die bei Lehen wegen Zuziehung und Mitwirkung des Lehensherrn erteilten Vorschriften bei Fideikommissen keine Anwendung finden.

§ 216. Hat der Gläubiger, wegen der früheren Schuldtermine, auf seine Gefahr Nachsicht gegeben (§ 103), so kann er sich dieserhalb nur an den übrigen Nachlaß halten.

§ 217. Der Termin desjenigen Jahres, in welchem der letzte Besitzer gestorben ist, muß aus den Einkünften dieses Jahres berichtigt werden.

Abteilung. **§ 74.** Hinsichtlich des Zuwachses, sowie der Teilung der hängenden und ausständigen Früchte zwischen den Allodialerben und dem Fideikommißfolger treten, insoferne nicht hierüber besondere Dispositionen vorhanden sind, die Bestimmungen der bürgerlichen Rechte über die gegenseitigen Verhältnisse des Eigentümers und Nutznießers ein.

Vermehrung des Fideikommisses: Beiträge zur Erläuterung des deutschen Rechts, Bd. 35, 417. Seuffert, Arch. V. 14; XXVII. 241; Bolze 12. 540. — Verhältnis des Eigentümers u. Nutznießers: vgl. z. B. Bayerisches Landrecht T. II. Kap. IX. Danzer, Kommentar S. 114 bis 118; Code civil p. II c. 9 § 7 Nr. 5.

§ 212. Wegen der Nutzungen des letzten Jahres, ingleichen wegen der noch vorhandenen Früchte, und der noch rückständigen Lasten früherer Jahre, geschieht die Auseinandersetzung zwischen dem Fideikommiß-Folger, und den Erben des letzten Besitzers, nach den bei der Lehre vom Nießbrauche erteilten Vorschriften. (Tl. I. Tit. XXI. § 143 ff.) Preuß. L.R

§ 75. Eben dieses gilt hinsichtlich der Verbesserungen der Substanz, jedoch mit der Beschränkung, daß der Fideikommißfolger hievon jene Raten abziehen kann, welche der Vorgänger, dem § 69 zufolge, noch während seines Genusses als Rückzahlungsfristen hätte entrichten müssen, wenn er wegen dieser Meliorationen eine Fideikommißschuld kontrahiert hätte. Noch: Abteilung

Bolze 12. 543; 15. 462. — Der Fideikommißfolger darf sich demnach für jedes Jahr, das seit der Realisierung der Meliorationen verstrich, 5 % abziehen, oder mit anderen Worten: er hat nichts zu ersetzen, wenn der frühere Inhaber der Meliorationen 20 Jahre lang genossen hat, d. h. das Gesetz behandelt den F.K.Besitzer, der mit eigenem Vermögen melioriert, als F.K.Gläubiger, dessen Forderung in gleicher Weise wie die eines Dritten zu tilgen ist. Pözl S. 169; Code civil p. II c. 9 § 7 Nr. 5.

§ 211. Wegen der bei der Substanz des Fideikommisses selbst sich ereignenden Verbesserungen oder Verringerungen finden eben die Vor= Preuß. L.R schriften Anwendung, welche für die Auseinandersetzung zwischen dem Lehensfolger und Allodial-Erben erteilt worden. (Tl. I. Tit. XVIII. § 527 ff.)

§ 218. Hat der Fideikommiß-Besitzer in Fällen, wo er die Aufnehmung eines Darlehens auf die Einkünfte des Fideikommisses zu suchen berechtigt gewesen, solches nicht gethan, sondern die Wiederherstellung aus eigenen Mitteln oder durch Privatkredit bewerkstelligt, so können seine Allodial-Erben dafür keine Vergütung fordern.

§ 219. Auch der Gläubiger, welcher Privatvorschüsse dazu gemacht hat, kann an die dem Fideikommiß-Folger zukommenden Einkünfte des Fideikommisses sich nicht halten, wenn er gleich nachweisen könnte, daß das von ihm gegebene Darlehen in das Fideikommiß wirklich verwendet worden.

§ 220. Hat hingegen der Fideikommiß-Besitzer die Wiederherstellung, wegen obwaltender Gefahr im Verzuge, zwar aus eigenen Mitteln oder auf Privatkredit bewirkt, aber zugleich den Konsens zu Aufnehmung eines Darlehens nachgesucht, so muß der Nachfolger dieses Darlehen anerkennen, wenngleich der Konsens erst nach geschehener Verwendung oder erst nach dem Tode des vorigen Besitzers erteilt oder ergänzt worden ist.

§ 221. Insoweit, als der verstorbene Besitzer zur Abgeltung stiftungsmäßiger Präſtationen ein Darlehen auf die Einkünfte des Fideikommisses aufzunehmen berechtigt gewesen wäre (§ 86), ist der neue Besitzer das im Rückstande verbliebene aus den folgenden Einkünften zu entrichten verbunden.

§ 222. Halten sich die Berechtigten wegen solcher Rückstände an den Allodial-Nachlaß, so können die Erben den Ersatz aus den Fideikommiß-Einkünften fordern.

§ 223. Doch findet auch in diesem Falle die Vorschrift des § 561, 562 im Titel von Lehen Anwendung.

§ 224. Andere, als die vorstehend bestimmten Schulden, ist der Nachfolger aus dem Fideikommisse nicht verbunden, zu übernehmen, auch wenn er zugleich des vorigen Besitzers Erbe geworden wäre.

§ 225. Vielmehr muß der Gläubiger sich an den übrigen freien Nachlaß seines Schuldners lediglich halten.

§ 226. Hat jedoch der Fideikommiß-Folger in eine andere als eigentliche Fideikommiß-Schuld ausdrücklich gewilligt, oder sind die Termine, welche der vorige Besitzer entrichten sollte, mit seiner ausdrücklichen Genehmigung verlängert worden, so ist der Gläubiger berechtigt, sich dieserhalb an die Nutzungen des Fideikommisses, so lange sie der Einwilligende genießt, zu halten.

§ 76. Den Allodialerben steht für den Anteil bei der Früchteteilung und für den Ersatz der Meliorationen das Retentionsrecht an dem Fideikommisse nicht zu. Retentionsrecht.

Auseinandersetzung durch den Schiedsrichter: Beiträge zur Erläuterung des deutschen Rechts Bd. 36. 1216. Zängerle S. 59, 77, 88. — Teilung der Früchte unter mehrere Erben. P. L. R. III. 1. 14 Nr. 21; 15 Nr. 5; Danzer S. 128. — Auseinandersetzung wegen nicht verfallener Pachtschillinge, Zinsen und Ausstände: Seuffert Archiv XXXVIII. 60 u. Zängerle S. 76.

Titel V.

Von der Erbfolge in Familien-Fideikommisse.

§ 77. Das Recht zur Erbfolge in Familien-Fideikommisse gründet sich in der Anordnung des Konstituenten und geht von ihm oder von demjenigen, zu dessen Vorteil er das Fideikommiß errichtet hat, auf die ehelichen Nachkommen über. — Die durch nachfolgende Ehe Legitimierten werden den ehelich Geborenen gleich geachtet. Erbfolge.

Für die Familien-Fideikommiß-Succession sind im allgemeinen die Grundsätze maßgebend, welche der Lehenssuccession zu Grunde liegen; sie gehört also zu dem sog. successiven Erbrecht (Successio ex pacto et providentia majorum), Roth B. II S. 580. Darunter versteht man ein Zurückführen der F.K.Folge auf den ersten Erwerber als den gemeinschaftlichen Stammvater, so daß der Anspruch des Folgers unabhängig ist von dem Vorgänger, da dieser das F.K. weder entziehen, noch verändern darf. Gerber, D. Pr. R. § 266, 274. Es liegt also eine Singularsuccession in Beziehung auf den Vorgänger und eine Universalsuccession in Beziehung auf den ersten Erwerber vor. — Der Gerichtsstand der Erbschaft findet auf F.K. keine Anwendung. Böhm, Handbuch der Rechtshilfe. Berl. 1886 S. 52. — S. 14. 115; 6. 233, 235; 7. 279, 691; 14, 743. — Confession: Zängerle S. 80 und andere Fälle; Becher S. 959 Note 13; Jurist. Wochenschrift Bd. 23 g S. 592 Note 14; 28 Note 83, 84. — Die Nachfolge ist durch den Antritt der Allodialerbschaft nicht bedingt. Seuffert, Archiv N. F. V. 44; VII. 128; Roth B. II S. 581 u. 584. — Zum Erwerb des Besitzes ist jedoch eine Besitzergreifungshandlung notwendig. Becher S. 959 Note 6; Bolze 4. 905, 909; 7. 714, 715; 8. 595, 596; 14. 527; 18. 587. — Rechte des Fideikommiß-Anwärters. Verjährung. Seuffert, Arch. XVIII. 264. — Klosterpersonen? Becher S. 959 Note 11; Bl. f. R. A. 48. 383. — Succession von Geistlichen? Zängerle S. 85. — Kahl, Die Konfession der Kinder aus gemischter Ehe. 1895. S. 3 ff. — Stern, Ueber das Namenwesen. Wien u. Leipzig 1894. — Levi, Vorname u. Familienname im Recht. Gießen 1888. B. Pol. Straf-Ges. Buch Art. 25; Min.-Entschl. v. 8. März 1850. — Motive z. Entw. e. Bürg. Ges.-Buches IV. Bd. 1005; II. 632. — Kann der Stifter eines F.K. das Recht gewähren, daß der F.K.Besitzer seinen Nachfolger benamt? Beiträge z. Erläut. d. d. Rechts. Bd. 33, 1062. — „Ebenbürtige Ehe" u. „Standesgemäße Ehe". Erfordernis derselben s. Zängerle S. 81. — R. 18, 212. Bedeutung der Zahlung von Abfindungen an die nachgeborenen Geschwister des zur Succession berufenen Erstgeborenen. Werden dadurch Successionsrechte verloren? — R. 13. 388; 21. 409. Klage auf Anerkennung der Successionsrechte. — R. 5. 418. Novella 118? — R. 18. 209, 217. Berufung des Kognaten? Wirkungen? — R. 5, 152. Teilweise Unausführbarkeit der Anordnung des Stifters.

Gebühren. Das Gebührengesetz unterscheidet Gebühren für Besitzveränderungen durch Verträge und Besitzveränderungen an sich, worunter auch die Fälle der Succession in Lehen, Familien-Fideikommisse, Stamm- und Erbgüter, fideikommissarische Substitution (F.E. 109) und der gesonderten Erwerbung der Nutzung und Substanz (Pfaff, Kommentar zum Gebührenwesen 2. Aufl. 1890 S. 130). Die Frage, ob eine Besitzveränderung in eine bewegliche oder unbewegliche Sache stattfindet, entscheidet sich nach Zivilrecht (ebenda S. 130), wo auch die Fälle der Zwangsenteignung berührt sind.

Ziff. I des Art. II. 114 über die Besitzveränderung lautet:

Die Gebühr wird aus dem Werte des Gegenstandes der Besitzveränderung ohne Abzug der Schulden berechnet und beträgt:

1. Eins vom Hundert
   a) bei dem Erwerb von Erbschaften, Vermächtnissen oder Schankungen für den Todesfall, sowie bei der Succession in Lehen, Familien-Fideikommisse, Majorate, Stamm- oder Erbgüter.

Nach Absatz III l. c. sind jedoch Verwandte in absteigender Linie von Entrichtung der Gebühr befreit.

Auf die Wertsberechnung, welche bei dieser Gebühr anzuwenden ist, bezieht sich Art. 215 des Gebührengesetzes, welcher lautet:

Bei der Succession in Lehen, Familien-Fideikommisse, Majorate, Stamm- und Erbgüter, bei fideikommissarischen Substitutionen, dann überhaupt in den Fällen, in welchen Nutzung oder Substanz auf dem Wege der Erbfolge gesondert erworben werden, finden auf die Wertsberechnung die Bestimmungen in Art. 12—15, 20—22 des Gesetzes über die Erbschaftssteuer entsprechende Anwendung.

Pfaff a. a. O. S. 131 bemerkt hiezu:

Nach der allgemeinen Fassung dieses Artikels, sowie der hiemit zusammenhängenden Bestimmung in Art. 214 Ziff. 1a sind hierunter außer den standesherrlichen Besitzungen, den Lehen und eigentlichen Familien-Fideikommissen, auch die sonstigen, in verschiedenen Formen vorkommenden, mehr oder minder gebundenen Güter adeliger Familien mit agnatischer Erbfolge, insbesondere die sog. Kondominate zu begreifen. (Mot. 1879 S. 95.)

Die Berechnung der Gebühr hat daher bei der Succession in Lehen 2c. (Art. 20) in der Weise zu erfolgen, daß zunächst die Höhe der jährlichen Nutzungen oder Bezüge, eventuell nach Maßgabe der Bestimmung in Art. 15 ermittelt und dann der Kapitalwert dieser Nutzungen oder Bezüge nach Vorschrift des Art. 13, d. h. mit Rücksicht auf das Lebensalter des Erwerbers festgestellt wird. Aus diesem Kapitalwerte ist dann die Besitzveränderungsgebühr nach näherer Maßgabe der Bestimmungen in Art. 214 zu entrichten. Z. B. der 40jährige Fideikommißerbe ist der Bruder des früheren Fideikommißinhabers. Das Fideikommiß besteht in einem Gut im Werte von 1 Million Mark Steht der Betrag der Nutzung aus diesem Gut nicht unzweifelhaft fest, so ist deren Höhe nach Art. 15 mit 30,000 Mark anzunehmen. Bei dem angenommenen Alter von 40 Jahren berechnet sich der Kapitalwert auf 14 $\times$ 30,000 Mark = 420,000 Mark und die Besitzveränderungsgebühr gemäß Art. 214 Ziff. 1a auf 4200 Mark. Vergl. Knobling, D. bayer. Ges. über die Erbschaftssteuer vom 18. Aug. 1879; 2. Aufl. 1889 S. 106 ff., und Pfaff, Komm. z. Erbschaftssteuergesetz. Bemerkungen zu den citierten Paragraphen.

Form der Eintragung der Besitzfolge im öffentlichen Buche: Vgl. M.E. vom 12. Februar 1867, die Steuerumschreibung bei Familien-Fideikommissen betr. W. VI. S. 758.

Zufolge der Normativ-Entschließung vom 10. Juni 1860 Nr. 7413 in genanntem Betreffe dürfen die zu Familien-Fideikommissen gehörigen Objekte in den Steuerkatastern unter den Bezeichnungen: „die fürstlich N. N.'sche Standesherrschaft", „die freiherrlich von N. N.'sche Gutsherrschaft" u. dgl. nicht vorgetragen werden, sondern es ist angeordnet, daß derartige allenfalls bestehende Katastervorträge bei nächsteintretender Veranlassung durch legale Umschreibung auf den Namen des derzeitigen Fideikommißbesitzers berichtigt werden sollen.

Hienach müssen auch für die Folge alle auf die Standes- oder Gutsherrschaft als solche lautenden Vorträge und in gleicher Weise alle jene Einträge ferngehalten werden, welche eine nicht in die Steuerkataster gehörige Vinkulierung der Steuerobjekte andeuten würden. Jedoch ist nicht ausgeschlossen, daß bei Vortrag des jeweiligen Besitzers neben dessen Namen auch der Eigenschaft seines Besitzers auf geeignete Anregung in nachstehender Weise Erwähnung geschehe. In allen Fällen, wo 1. durch legale Zeugnisse der Verlassenschafts-Behörden oder bei den immatrikulierten Fideikommissen durch die Erlasse der die Matrikel führenden k. Appellationsgerichte, oder 2. in den notariellen Monatsverzeichnissen über Besitzveränderungen durch Handlung unter Lebenden

den k. Rentämtern der Ausweis zugeht, daß Realitäten vom Besitzer in bezeichneter Eigenschaft erworben werden, ist dies bei dem Namen des Besitzers und in der Form: N. N., als derzeitiges Haupt der N. N. standesherrlichen Famlie, oder: N. N., als derzeitiger Besitzer des N. N. Familien-Fideikommisses, fortan in den Umschreibkatastern zu erwähnen.

§ 65. Auch die zur Zeit der Errichtung des Fideikommisses vorhandenen bekannten Familienmitglieder, welche dazu mitberufen sind, müssen ihre Namen und die Art ihrer Verwandtschaft mit dem Stifter im Hypothekenbuche vermerken lassen. Preuß. L.R.

§ 66. Ist nach dem Inhalte der Stiftungsurkunde zu vermuten, daß noch unbekannte Teilnehmer vorhanden sein möchten, so muß der Richter dieselben zur Anmeldung ihrer Gerechtsame zum Behufe der Eintragung öffentlich auffordern.

§ 67. Auch in der Folge, wenn neue Familienmitglieder entstehen, sind dieselben, sobald sie aus väterlicher Gewalt kommen und eine abgesonderte Wirtschaft anfangen, sich in der Eigenschaft als Anwärter zum Fideikommiß im Hypothekenbuche vermerken zu lassen schuldig.

§ 68. Nur die aus dem Hypothekenbuche bekannten Familienmitglieder ist der Richter bei Verhandlungen über das Fideikommiß zuzuziehen verbunden.

§ 69. Diejenigen, welche sich zur Eintragung nicht gemeldet haben, müssen sich alles, was mit den Eingetragenen gerichtlich verhandelt und von diesen beschlossen worden, ohne alle Widerrede gefallen lassen.

§ 70. In allen Fällen, wo ein nicht eingetragenes Mitglied seinen Anspruch auf das Fideikommiß durch eine besondere Legitimation nachweisen muß, ist dasselbe schuldig, auch wenn es in der Hauptsache ein obsiegliches Urteil erhält, alle durch diese Legitimationsführung verursachten Kosten allein zu tragen.

§ 206. Das nutzbare Eigentum des Fideikommisses geht mit dem Augenblicke, da der bisherige Besitzer verstirbt, auf den Nachfolger über.

Voraussetzung: Adel.

§ 78. Nur adelige Nachkommen sind fähig, das Fideikommiß zu erlangen. — Mit dem Verluste des Adels erlischt demnach zugleich das Erbfolgerecht in die Familien-Fideikommisse. — Wer als adelig zu betrachten sei und wie der Adel verloren werde, ist in dem Edikte über den Adel bestimmt.

S. 6, 233; 7, 692. — Weiberfolge: Bolze 4. 905, 909. — Standesgleichheit: Bolze 19, 671. Beiträge zur Erläuterung d. d. Rechts XXXIII. 1017. — Legitimation: Bolze 15. 464; 16. 546. K. 30. 146. — Successionsfähigkeit durch nachfolgende Ehe legitimierter Kinder. — Der Adel der Pfalz (Rheinkreis) kann Fideikommisse nicht errichten, d. h. im Rechtsgebiete des Oberlandesgerichts Zweibrücken können F.K. nicht errichtet werden. Ausführlich Seydel, 2. Aufl., I. Bd. S. 318 Note 82.

Noch: Voraussetzung.

§ 79. Tritt bei dem zur Nachfolge Berufenen der Verlust dieser Fähigkeit noch vor Eröffnung der Nachfolge ein, so hat er kein Recht zum Antritt derselben.

Ereignet sich dieser Verlust nach erfolgtem Antritte des Fideikommisses, so löst sich das Genußrecht des bisherigen Besitzers auf, und dem nächsten Nachfolger wird die Erbfolge in das Fideikommiß eröffnet, welcher jedoch subsidiarisch verbunden ist, dem vorigen Besitzer die Kompetenz zu geben.

S. 7. 283, 692. — Seuffert, Archiv. N. F. XIX (im Ehebruch erzeugte Kinder). Bolze 7. 712. — Der Fideikommißfolger ist schuldig, dem wegen Adelsverlustes Entsetzten (der Fall ist allerdings, solange das gegenwärtige Strafrecht dauert, nicht gegeben) die Kompetenz zu geben. Wegen des Umfanges derselben s. Seuffert, Komm. z. Gerichtsordnung IV. 355 f.; Becher S. 957 Note 67; S. 961 Note 19.

Pflichtteil.

§ 80. Familien-Fideikommisse werden in den Pflichtteil nicht eingerechnet, auch können die Noterben des Besitzers daraus einen Pflichtteil nicht verlangen, vorbehaltlich dessen, was in Ansehung der Noterben des ersten Konstituenten im § 19 und 21 bestimmt ist.

Ein Fideikommißgut ist nicht kollationspflichtig. B.L.R. T. III Kap. 1 § 13 Nr. 4; Danzer S. 129.

§ 81. Der Besitzer eines Familien-Fideikommisses kann, solange der fideikommissarische Verband dauert, darüber nicht durch letzten Willen verfügen. Kein testamentarischer Uebergang

S. 7. 280, 283. — Verzicht S. 14. 415; Bolze 4. 904.

§ 82. Der Fideikommißfolger ist die Allodialerbschaft seines Vorgängers, selbst wenn dieser sein Vater war, auszuschlagen berechtigt. Kein Erbschaftsantritt.

§ 83. Ein Mitglied der zur Erbfolge in das Fideikommiß berufenen Familie kann zwar für sich, jedoch keineswegs für seine, wenngleich noch nicht geborene Nachkommenschaft auf das Recht zur Nachfolge Verzicht leisten. Verzicht.

Verzicht: Bolze 10. 603; 4. 904; 11. 523; 14. 589; Roth B. II. S. 576; Becher S. 956 Note 57. Beiträge z. Erl. d. d. Rechts XXIV. 1040. — Auch der bereits Konzipierte ist successionsfähig. Pözl S. 173.

§ 84. Ein Fideikommiß kann nicht nur zum Vorteil einer Familie, sondern auch nach Abgang der ersten Familie, oder des Mannesstammes derselben, zum Vorteil einer andern Familie errichtet werden. Errichtung eines Fideikommisses für mehrere Familien

In diesem Falle hat die letzte Familie, so lange die erste noch nicht erloschen ist, zwar alle aus dem Mitcigentume (§ 43) fließenden, die Erhaltung der Substanz bezielenden Rechte, aber die übrigen Rechte ruhen, bis an sie die Nachfolge gefallen ist.

S. 6. 232, 236; 13. 472. Ein F.K. kann nur zu Gunsten zweier Familien errichtet werden. Becher S. 961 Note 17. — Andere Familie: Das sind die sogenannten beschränkten Anwärter. Becher S. 955 Note 50.

Substitution. **§ 85.** Mit einem Familien-Fideikommisse kann auf den Fall, daß die Familie oder in derselben der Mannesstamm erlischt, eine Substitution verbunden werden.

Bei dem Substituierten geht nach dem Anfall das Familien-Fideikommiß in Allodium über: die aus solchen fideikommissarischen Substitutionen entspringenden Rechte sind nach den Civilgesetzen zu beurteilen.

S. 6. 233. — Substitution: B.L.R. T. III. Kap. 1 § 4 Nr. 1, 5 Nr. 4, 8; 19 Nr. 13; Kap. 3 § 8 Nr. 8; 10 Nr. 13, 15; 14 Nr. 6; 16 Nr. 11; 29 Nr. 2, 3; Kap. 6 § 9; 13 Nr. 7; Kap. 9 § 2 Nr. 1; Kap. 3 § 19; Kap. 9 § 2 Nr. 2 u. 11.

Fideikommiß für Nachgeborene. **§ 86.** Sind in einer Familie, nebst dem Fideikommisse für die erstgeborne Linie, noch eines oder mehrere für die nachgebornen Linien errichtet, so gelangt der Besitzer des ersten Fideikommisses und dessen Nachkommenschaft erst dann zum Besitze eines andern Fideikommisses, wenn in den übrigen Linien keine zu dem Fideikommisse berufenen Nachkommen vorhanden sind.

Solche Fideikommisse bleiben nur so lange in einer Person vereinigt, bis wieder zwei oder mehrere Linien entstehen, soferne von dem ersten Konstituenten nicht eine andere Disposition getroffen worden.

Der zur Nachfolge Berufene darf nicht schon im Besitze eines F.K. sein. Es entsteht die Frage, ob dem Besitzer nicht das Wahlrecht zwischen dem deferierten und dem schon besessenen F.K. zusteht? Pözl S. 173. Diese Frage wird zu bejahen sein, da durch das Hilfsmittel des Verzichts der bisherige Fideikommissar sich successionsfähig machen kann. Roth B. II. S. 583.

§ 87. Bei Familien-Fideikommissen, welche neu errichtet werden, kann keine andere Successionsordnung, als die Erstgeburtsfolge eintreten, vermöge deren die weibliche Nachkommenschaft, so lange noch männliche Nachkommen vorhanden sind, von der Succession ausgeschlossen bleibt, und immer der Erstgeborene in der ältern Linie zum Fideikommiß gelangt, so daß der Bruder des letzten Besitzers dessen Söhnen, Enkeln und weitern männlichen Descendenten weichen muß, vorbehaltlich dessen, was wegen der mit einem Fideikommisse verbundenen Anordnungen zum Vorteil einzelner Familienglieder im § 12, dann wegen der aus vormaligen Fideikommiß- oder Stammgütern gebildeten Fideikommisse im § 37 verordnet ist. Ausschluß von Seniorat, Minorat u. s. w.

S. 7. 281; 14. 743. — Unabhängigmachung von einer Konfession; ferner Bolze 14. 526. — Die Errichtung eines F.K. setzt auf Seite des Instituierten männliches Geschlecht voraus. Roth B. II. S. 556 u. S. 583.

§ 135. Hat der Stifter verordnet, daß jedesmal der Aelteste aus der Familie zur Succession gelangen solle, so heißt die Stiftung ein Seniorat. Preuß. L.R.

§ 136. Auf Seniorate haben alle männlichen Nachkommen des Stifters Anspruch.

§ 137. Es succediert also, bei dem Abgange des jedesmaligen Besitzes, der Aelteste den Jahren nach, ohne Rücksicht auf die Linie oder den Grad der Verwandtschaft.

§ 138. Machen zwei Familienmitglieder, welche den Jahren nach die gleich ältesten sind, Anspruch, und der genaue Zeitpunkt ihrer Geburt kann nicht ausgemittelt werden, so muß das Los unter ihnen entscheiden.

§ 140. In Zukunft sollen Landgüter zu Senioraten nicht mehr gewidmet werden.

§ 142. Ein künftiger Fideikommißstifter muß also eine solche Successionsordnung bestimmen, nach welcher ein dazu gewidmetes einzelnes Landgut immer nur Einem aus der Familie zu teil werde.

§ 145. Verordnet der Stifter, daß zwar der nächste aus der Familie, dem Grade nach, zur Succession gelangen, unter mehreren gleich Nahen aber der ältere, den Jahren nach, die jüngeren ausschließen solle, so heißt die Stiftung ein Majorat.

§ 146. Ist die Succession zwar ebenfalls nach der Nähe des Grades, jedoch dergestalt angeordnet, daß unter mehreren gleich Nahen der jüngere den ältern ausschließt, so wird ein solches Fideikommiß ein Minorat genannt.

§ 147. Primogenituren heißen solche Fideikommisse, wo die Succession nach Linien mit dem Rechte der Erstgeburt angeordnet ist.

§ 148. Bei der Succession in Majorate und Minorate finden die bei den Senioraten § 135, 139 vorgeschriebenen Regeln ebenfalls Anwendung.

§ 149. In Primogenituren gelangt zuvörderst der erstgeborene Sohn des Stifters, mit Ausschließung aller seiner nachgeborenen Brüder, zum Besitze des Fideikommisses.

§ 150. Bei dessen vor oder nach dem Stifter erfolgenden Abgange succediert hinwiederum sein erstgeborner Sohn.

§ 151. Mit gleicher Ordnung geschieht die Succession in den übrigen Geschlechtsfolgen, dergestalt, daß immer der erstgeborene Sohn des Besitzers und desselben Descendenten die nachgebornen Brüder und übrigen Verwandten ausschließen.

§ 152. Geht ein Nebenast in der erstgebornen Hauptlinie gänzlich aus, so gelangt die Succession an den zweiten Nebenast, so wie sich derselbe der Erstgeburt am nächsten zieht.

§ 153. Auf den Grad der Verwandtschaft mit dem letzten Besitzer kommt es dabei gar nicht an.

§ 154. Hinterläßt also der letzte Besitzer keine männliche Descendenz, wohl aber Brüder, Bruders-Söhne oder männliche Nachkommen von Brüdern in weiteren Graden, so succediert unter diesen der ältere Bruder oder dessen erstgeborner Sohn oder des erstgebornen Sohnes ältester Sohn, mit gänzlicher Ausschließung aller nachgebornen, sowie der etwa vorhandenen Vaters-Brüder.

§ 155. Ebenso, wenn der letzte Besitzer weder Descendenten, noch Brüder, noch männliche Nachkommen von Brüdern verläßt, gelangt die Succession auf den nächstgebornen Bruder seines Vaters und dessen männliche Descendenz, nach gleicher Ordnung der Erstgeburt.

§ 156. Sind auch keine Vaters-Brüder oder männliche Nachkommen von selbigen mehr vorhanden, so wird der nächstgeborene Bruder von dem Großvater des letzten Besitzers, nebst dessen männlichen Nachkommen, überall nach der Ordnung der Erstgeburt, zur Succession berufen.

§ 157. So lange von dem erstgebornen Sohne des Stifters noch ein männlicher Abkömmling vorhanden ist, bleibt das Fideikommiß immer in derselben Linie, mit Ausschließung aller übrigen.

§ 158. Nach gänzlicher Erlöschung dieser Linie gelangt die Linie von dem zweiten Sohne des Stifters zur Succession und schließt die jüngeren Linien aus.

§ 159. In dieser zweiten Linie gilt, wegen der beständig zu beobachtenden Ordnung der Succession nach dem Rechte der Erstgeburt, ohne Rücksicht auf den Grad der Verwandtschaft mit dem letzten Besitzer, eben das, was wegen der ersten Linie vorgeschrieben ist.

§ 160. Es gelangt also, nach erloschener ersten Linie, unter den männlichen Descendenten von des Stifters zweitem Sohne derjenige zur Succession, welcher von desselben erstgeborenem Sohne herstammt und unter den übrigen sich am nächsten zur Erstgeburt zieht.

§ 161. Nach eben diesen Grundsätzen wird die Successions-ordnung auch in der dritten, vierten und den folgenden Linien, welche von dem Stifter absteigen, bestimmt.

§ 162. Uebrigens wird bei dieser ganzen Succession auf Halbbrüder von der Mutter Seite und deren Abkömmlinge keine Rücksicht genommen.

§ 163. Dagegen ist zwischen vollbürtigen und Halbbrüdern von des Vaters Seite, nebst ihren männlichen Descendenten, kein Unterschied.

§ 164. Es hängt zwar von dem Stifter ab, zu verordnen, daß nicht die erstgebornen, sondern eine der nachgebornen von ihm abstammenden Linien zuerst zur Succession in das Fideikommiß gelangen solle.

§ 165. Ist aber diese zuerst berufene Linie erloschen und der Stifter hat auf solchen Fall wegen der Succession der übrigen Linien nicht ausdrücklich verfügt, so richtet sich die Successions-Ordnung dennoch nach der Erstgeburt, dergestalt, daß die jüngeren Linien immer von den älteren ausgeschlossen werden.

§ 166. Hat aber der Stifter zwei oder mehrere Fideikommisse, eines für die erstgeborne und die anderen zum Besten der nachgebornen Linien errichtet, so gelangen die Descendenten des Stifters aus der ersten Linie in dem zweiten Fideikommisse niemals zur Succession, so lange noch ein anderer von den Stiftern entsprossener Mannesstamm vorhanden ist.

§ 167. Geht die zweite männliche Linie aus oder gelangt dieselbe, durch Erlöschung der ältern, zur Succession in das erste Fideikommiß, so verfällt das zweite an die von dem dritten Sohne des Stifters abstammende Linie.

§ 168. Nach gleichen Grundsätzen geht die Succession auf die vierte und folgende von dem Stifter entsprossenen Linien, insofern dergleichen noch vorhanden sind.

§ 169. Sind zuletzt alle von dem Stifter herstammenden männlichen Linien bis auf eine erloschen, so kommen zwar in dieser beide Fideikommisse zusammen.

§ 170. Sind aber in dieser Linie noch zwei oder mehrere Nebenäste vorhanden, so fällt das zweite Fideikommiß an denjenigen Ast, welcher nicht im Besitze des ersten, jedoch zur Succession in selbiges, nach den Grundsätzen der Primogenitur, am nächsten ist.

§ 171. Dasjenige Mitglied dieses Nebenastes gelangt zur Succession, welches sich unter den übrigen der Erstgeburt, im Verhältnis gegen den Stifter, am nächsten zieht.

§ 172. Sind in der noch übrigen Linie keine weiteren Abkömmlinge des Stifters mehr vorhanden, als der Besitzer des ersten Fideikommisses und dessen Descendenz, so erhält dieser beide Fideikommisse.

§ 173. Sie bleiben alsdann solange bei einander, bis wiederum zwei oder mehrere Linien entstehen.

§ 174. Geschieht dieses, so bleibt das erste Fideikommiß bei der erstgebornen Linie und das zweite verfällt auf die nächste nach ihr.

§ 175. Nach eben diesen Grundsätzen ist die Successionsordnung zu bestimmen, wenn in einer Familie drei oder mehrere von eben demselben Stifter herrührende Fideikommisse vorhanden sind.

§ 176. Hat der Stifter jeder der von ihm abstammenden Linien ein Fideikommiß hinterlassen, so gelangt, wenn eine dieser Linien erlöscht, das für sie gestiftete Fideikommiß an die erstgeborne, oder, wenn auch diese schon erloschen ist, an diejenige Linie, die sich nach ihr der Erstgeburt am nächsten zieht.

§ 177. Besteht diese Linie aus mehreren Nebenästen, so finden auch alsdann die Vorschriften § 169, 170 Anwendung.

§ 178. In allen Fällen, da ein Mitglied der Familie ein nach der Successions-Ordnung auf ihn verfälltes Fideikommiß bloß um deswillen nicht erlangen kann, weil er sich schon im Besitze eines anderen befindet, hat derselbe die Wahl, ob er das neu auf ihn verfällte Fideikommiß übernehmen und dagegen das bisher besessene abgeben wolle.

§ 179. Hat für eine schon mit einem Fideikommiß versehene Linie eine andere von dem ersten Stifter verschiedene Person ein besonderes Fideikommiß errichtet, so wird bei der Successions-Ordnung in dieses auf den ersten Stifter und das Verhältnis der Personen und Linien gegen denselben gar keine Rücksicht genommen.

§ 180. Sind also die von dem zweiten Stifter zur Succession berufenen Linien erloschen und es soll, seiner Verordnung zur Folge, das Fideikommiß dennoch bei der Familie bleiben, so kommt in dasselbe dasjenige Familienmitglied zur Succession, welches dem letzten Besitzer aus den von dem zweiten Stifter berufenen Linien dem Grade nach am nächsten sind.

§ 181. Dabei macht es keinen Unterschied, wenn auch das hiernach zur Succession in das zweite Fideikommiß gelangende Familienmitglied sich schon im Besitze des von dem ersten Stifter herrührenden Fideikommisses befindet.

§ 182. Hat aber der zweite Stifter ausdrücklich erklärt, daß das von ihm errichtete mit dem von dem ersten Stifter herrührenden Fideikommisse niemals zusammenkommen solle, so ist doch dergleichen Erklärung im zweifelhaften Falle nur so zu deuten, daß die Vereinigung beider Fideikommisse nicht in einer Person geschehen solle.

§ 183. Es kommt daher alsdann, wenn der nächste dem Grade nach im Besitze des ersten Fideikommisses ist, der nächste nach ihm zur Succession in das zweite.

§ 184. Sind bei dem Abgange der von dem zweiten Stifter berufenen Linien zwei oder mehrere gleich nahe successionsfähige Verwandten des letzten Besitzers vorhanden, so hängt es von diesem ab: welchem unter ihnen er das zweite Fideikommiß bescheiden wolle.

§ 185. Hat er sich darüber nicht erklärt, so muß unter diesen mehreren gleich nahen successionsfähigen Anwärtern das Los entscheiden.

§ 186. Ist in dem Falle des § 181 nur noch ein Mitglied der von dem zweiten Stifter berufenen Familie vorhanden, so erlangt zwar derselbe, wenn der Stifter auf diesen Fall nicht ausdrücklich verordnet hat, den Besitz beider Fideikommisse.

§ 187. Sobald aber von ihm mehrere successionsfähige Familienmitglieder entspringen, so müssen die Fideikommisse unter selbige nach den obigen Regeln § 172, 173 wiederum geteilt werden.

§ 188. Wenn zwei oder mehrere von Anfang an abgesonderte Fideikommisse in der Folge der Succession auf eine Personen zusammenfallen, so macht ein den gesetzmäßigen Satz § 56 übersteigender Ertrag dabei kein Hindernis.

§ 189. Wenn die gesamte männliche Descendenz eines Fideikommiß-Stifters erlöscht und derselbe zum besten seiner weiblichen Nachkommen nichts verordnet hat, so wird das Fideikommiß in den Händen des letzten männlichen Descendenten freies eigentümliches Vermögen.

§ 190. Hat aber der Stifter auch die weibliche Descendenz zum Fideikommiß berufen und für dieselbe eine Successionsordnung bestimmt, so muß diese genau beobachtet werden.

§ 191. Hat er keine dergleichen Successions-Ordnung bestimmt, so gelangen nach dem Tode des letzteren männlichen Descendenten die erstgeborne Tochter desselben und deren männliche Abkömmlinge zur Succession.

§ 192. Wenn also die älteste Tochter des letzteren Besitzers vor oder nach dem Vater mit Tod abgeht, so fällt das Fideikommiß auf ihre Söhne und deren männliche Descendenten, überall nach der Regel der Erstgeburt.

§ 193. Hat sie weder Söhne, noch Enkel von Söhnen, so kommen die Enkel ihrer Tochter, nach der Ordnung der Erstgeburt, zur Succession.

§ 194. Ist bei dem Ableben des letzten männlichen Descendenten von dem Stifter dessen älteste Tochter noch am Leben, so gelangt sie zum Besitze des Fideikommisses, auch wenn sie alsdann noch keine successionsfähige männliche Nachkommen hätte.

§ 195. Stirbt sie aber, ohne dergleichen Nachkommen zu hinterlassen, so geht die Succession auf die zweite Tochter des letztern Besitzers und deren männliche Descendenten nach eben den Regeln über.

§ 196. Ein Gleiches findet statt, wenn die älteste Tochter des letzten Besitzers vor dem Vater verstorben ist, und auch bei seinem Ableben noch successionsfähige männliche Abkommen von dieser ältern Tochter vorhanden sind.

§ 197. Nach eben den Grundsätzen bestimmt sich das Successionsrecht der dritten und mehrer folgender Töchter des letzten Besitzers und ihrer männlichen Descendenten.

§ 198. Ist nach diesen Grundsätzen ein durch Weiber von dem ersten Stifter abstammender männlicher Descendent einmal zum Besitze des Fideikommisses gelangt, so fängt mit ihm eine neue Successions-Ordnung an und nach dem Verhältnisse gegen ihn richtet sich die Fideikommiß-Folge unter seiner Nachkommenschaft.

§ 199. Sind bei dem Ableben des letztern von dem ersten

Stifter herstammenden männlichen Abkömmlings keine Töchter und keine zur Succession fähige Descendenten derselben vorhanden oder sterben seine hinterlassenen Töchter insgesamt ohne dergleichen successionsfähige Nachkommenschaft, so geht das Fideikommiß auf die andern von dem ersten Stifter durch Weiber abstammenden männlichen Descendenten über.

§ 200. Dabei wird wiederum auf die Ordnung der Erstgeburt, im Verhältnis gegen den ersten Stifter und Erwerber, Rücksicht genommen.

§ 201. Es schließt also z. B. die Linie der ältern Töchter und des ersten Stifters alle jüngeren Linien und in dieser ältern Linie, der sich am nächsten zur Primogenitur ziehende Nebenast, alle übrigen aus.

§ 202. Wenn aber, nach dieser Regel, ein durch Weiber von dem ersten Stifter entsprossener männlicher Descendent einmal zum Besitze des Fideikommisses gelangt ist, so findet wegen der durch ihn entstehenden neuen Successions-Ordnung die Vorschrift des § 198 ebenfalls Anwendung.

§ 203. Bei jedem Anfalle eines Fideikommisses wird, sofern nicht im vorstehenden etwas Besonderes ausdrücklich verordnet ist, nach dem Zeitpunkte, wo der letzte Besitzer gestorben ist, bestimmt, wer unter den alsdann vorhandenen Mitgliedern zur Succession der Nächste sei.

§ 204. Wenn also auch in einem Minorat derjenige, welcher bei dem Ableben des letztern Besitzers der jüngste war, das Fideikommiß einmal erhalten hat, und in der Folge ein noch jüngerer geboren wird, so kann doch dieser letztere die bereits erworbenen Gerechtsame des nunmehrigen Besitzers nicht weiter anfechten.

§ 205. Doch werden in der ganzen Fideikommiß-Succession diejenigen, welche innerhalb des dreihundert und zweiten Tages nach dem Ableben des letzten Besitzers zur Welt kommen, dafür, daß sie in dem Zeitpunkte der eröffneten Succession schon vorhanden gewesen, angesehen.

Successionsordnungen.

§ 88. Die übrigen Successionsordnungen, soweit sie bei Fideikommissen, dem gegenwärtigen Edikte gemäß, noch stattfinden können, richten sich nach den vorigen Gesetzen.

S. 7. 281.

§ 89. Hat der Stifter des Fideikommisses nur erklärt, daß das Fideikommiß nach Erlöschung des Mannesstammes an die weibliche Nachkommenschaft folgen soll, so ist diese Disposition als eine fideikommissarische Substitution gültig und hat die Wirkung, daß das Fideikommiß vom letzten Besitzer mit Allodialeigenschaft an die weiblichen Nachkommen nach der Erbfolgeordnung übergeht, welche in den Civilgesetzen bestimmt ist. Weibliche Erbfolge.

S. 6. 233.

§ 141. Auch sollen Verordnungen, vermöge welcher ein Landgut sich in einer Familie nur nach den Regeln der gesetzlichen Erbfolge verfällen würde, künftig nur als fideikommissarische Substitutionen gelten. (Tl. I. Tit. XII. § 53 ff.) Preuß. L.R.

§ 90. Hat aber der Stifter die weibliche Descendenz nach Abgang des Mannesstammes zum Fideikommisse mit fortdauerndem fideikommissarischen Verbande berufen, so bleibt es auch unter den weiblichen Abkömmlingen bei der Lineal- und Erstgeburtsfolge mit Vorzug ihrer männlichen Nachkommen, dergestalt, daß bei Abgang des Mannesstammes das Fideikommiß an die älteste Tochter des letzten Besitzers und deren Descendenz fällt, und die Succession immer nach den Regeln der Erstgeburt auch unter ihren weiblichen Descendenten insolange fortgeht, bis sich unter jenen Descendenten, an welche die Succession gelangt ist, ein männlicher Abkömmling befindet, welcher alsdann alle seine Schwestern, selbst die ältern, von der Succession ausschließt. Vorzug des Mannesstammes.

Stirbt die älteste Tochter, ohne Nachkommen zu hinterlassen, oder sind von ihr weder weibliche, noch männliche

Descendenten vorhanden, so geht die Fideikommißfolge nach eben diesen Regeln an die zweite Tochter des letzten Besitzers und deren Nachkommenschaft.

Nach gleichen Grundsätzen richtet sich die Fideikommißfolge der dritten und übrigen folgenden Töchter des letzten Besitzers und ihrer Descendenten.

S. 6. 233; Roth B. II. S. 583.

Noch: Vorzug des Mannesstammes.

§ 91. Ist einmal, den vorstehenden Regeln zur Folge, ein vom letzten Besitzer durch weibliche Nachkommen abstammender männlicher Descendent zum Besitze des Fideikommisses gelangt, so tritt mit ihm unter seiner Nachkommenschaft der Vorzug des Mannesstammes nach den Bestimmungen des § 87 wieder ein.

Titel VI.

Von der Auflösung der Fideikommisse und den rechtlichen Folgen derselben.

Auflösung.

§ 92. Der fideikommissarische Verband wird in Ansehung einzelner Teile des Fideikommisses aufgelöst:

1. wenn sie unter den im Tit. VI vorgeschriebenen Bedingungen rechtmäßig veräußert worden sind oder von dem dritten Besitzer nicht vindiziert werden können;
2. wenn sie durch einen Dritten als sein Eigentum vindiziert worden;
3. durch den gänzlichen Untergang des Objekts;
4. in Ansehung der mit einem Fideikommisse verbundenen Lehen hört die fideikommissarische Eigenschaft auf, und das Lehen muß von dem übrigen Fideikommißvermögen

gesondert werden, wenn entweder die zur Lehenfolge berechtigte Nachkommenschaft ausstirbt, oder nicht mehr eine und dieselbe Person Fideikommiß- und Lehenfolger ist;

5. durch Abgang des Mannesstammes, wenn das Fideikommiß aus einer königlichen Dotation entstanden ist.

Seuffert, Arch. XIII. 270; zu Ziff. 5: Diese Bestimmung schließt die Weiberfolge von der Succession in die durch k. Dotation begründeten F.K. unbedingt aus. Pözl S. 173.

§ 93. Das Fideikommiß im ganzen wird aufgelöst: Noch: Auflösung

1. durch Untergang des ganzen Fideikommißvermögens;
2. durch Widerruf des Konstituenten (§ 94);
3. durch Verminderung unter die zur Errichtung eines Fideikommisses erforderliche Summe des Grundvermögens (§§ 95 u. 96);
4. durch gemeinsames Einverständnis der Beteiligten mit gerichtlicher Einwilligung (§ 97);
5. durch den Abgang der zur Succession berufenen Nachkommenschaft (§ 99).

Gemeinsames Einverständnis der Beteiligten: S. 12. 570; Bolze 7. 716. — Andere Aufhebungsgründe können noch sein: 1. Eintritt einer Resolutivbedingung; 2. Zeitablauf. Roth B. II. S. 590.

§ 94. Der Stifter eines Fideikommisses kann dasselbe auch nach erlangter gerichtlicher Bestätigung widerrufen oder abändern, so lange noch niemand durch die Uebergabe oder durch Vertrag daran ein Recht erworben hat. Widerruf und Abänderung

Ergänzung.

§ 95. Wird ein schon bestandenes Fideikommiß durch den Untergang einzelner Bestandteile, durch deren Veräußerung wegen Fideikommißschulden erster Klasse, durch Vindikation dritter Eigentümer, durch andere Unfälle oder durch die § 92 Nr. 4 und 5 bemerkte Absonderung so tief in seiner Substanz gemindert, daß der noch übrige Teil nicht so viel beträgt, als zur Gründung eines Fideikommisses erfordert wird, so können der Fideikommißbesitzer und die Anwärter vereint oder einer derselben das Fideikommiß durch Ergänzung des Mangelnden aufrecht erhalten. — Hiezu ist demjenigen, der sich das Mangelnde zu ergänzen verbindet, auf Verlangen die Frist eines Jahres zu gestatten. Erfolgt die Ergänzung nicht, so ist das Fideikommiß erloschen und dasjenige, was vom Fideikommisse, nach Tilgung aller Fideikommißschulden, übrig ist, bleibt als Allodium in den Händen des letzten Besitzers, jedoch muß derselbe die auf dem erloschenen Fideikommisse, rücksichtlich der Nachgebornen und Witwen, bereits haftenden Lasten noch ferner entrichten, soweit sie hievon nach Abzug der dem Besitzer alsdann gebührenden Kompetenz bestritten werden können.

S. 7. 540, 694; Pözl S. 175 u. 176.

Preuß. L.R.

§ 139. Ist die männliche Nachkommenschaft ganz erloschen und der Stifter hat auf diesen Fall nichts Ausdrückliches verordnet, so wird das Fideikommiß ein freies Vermögen des letzten Besitzers.

Administration.

§ 96. Ist aber die Abminderung des Fideikommißvermögens aus eigenem Verschulden des Besitzers entstanden, so können die Anwärter verlangen, daß dasselbe in Administration gesetzt und der Normalwert des Fideikommisses während der Administration wieder hergestellt werde; jedoch müssen die den Fideikommißgläubigern zu leistenden Zahlungen, desgleichen die auf dem Fideikommiß bereits liegenden Alimente und Wittum, soferne diese nicht wegen eines Uebermaßes eine Minderung leiden, während der Administration verabreicht werden.

Pözl S. 175 u. 176.

§ 97. Durch gemeinsames Einverständnis aller Familienglieder mit gerichtlicher Genehmigung kann ein Familien-Fideikommiß nur alsdann aufgelöst werden, wenn der Familie durch die Auflösung ein ausgezeichneter und fortdauernder Nutzen zugeht, oder wenn solche gebietende Umstände eintreten, welche bei einer Familie die Auflösung des Fideikommisses notwendig machen. Dabei muß Noch: Auflösung.

1. das Vorhaben, den bestehenden Fideikommißverband aufzulösen, mit den Gründen, aus welchen die Auflösung gesucht wird, und mit dem Auflösungsplane dem einschlägigen Appellationsgerichte vorgelegt, und von demselben nach vollständiger Instruktion der Sache geprüft werden;

2. das Appellationsgericht hat sämtliche Beteiligte und statt der Abwesenden oder Minderjährigen deren schon bestellte oder für diesen Gegenstand besonders zu bestellende Kuratorien, auch den von Amts wegen für diesen Fall besonders aufzustellenden Vertreter des Fideikommisses und der Nachkommenschaft vorzuladen, demselben die Gründe und den Plan der Auflösung

umständlich zu eröffnen und ihre Erklärung darüber aufzunehmen. Unter den Beteiligten sind nicht nur alle zur Fideikommißfolge Berechtigten, sondern auch die Substituierten begriffen;

3. wenn einer der Beteiligten seine Einwilligung in die Auflösung des Fideikommisses verweigert, so kann das Fideikommiß nicht aufgelöst werden. Der Widerspruch des Fideikommißvertreters hindert jedoch die Auflösung nicht weiter, als dessen Gründe für überwiegend erachtet werden;

4. das Appellationsgericht prüft die Sache, erwägt die für oder gegen die Auflösung vorgebrachten Gründe, berücksichtigt die dabei etwa verflochtenen und ungekränkt zu belassenden Rechte Dritter, und faßt wegen Versagung oder Erteilung der Genehmigung die geeignete Entschließung.

S. 7. 282, 694; S. 12. 570. — Vertreter: vgl Anm. zu § 51. — Auflösung: wegen der Gebühren s. § 22 ff. Anm.

Folgen **§ 98.** Bei dieser Auflösung des Fideikommisses werden die rechtlichen Folgen derselben durch die hiebei festgesetzten Bedingungen bestimmt; dasjenige, worüber nichts festgesetzt wurde, bleibt dem letzten Besitzer.

Letzter Besitzer **§ 99.** Wenn der letzte Besitzer keine zur Fideikommißfolge berufene und fähige Nachkommenschaft hinterläßt, auch für diesen Fall niemand in das Fideikommiß substituiert ist, so genießt derselbe das Recht, darüber von Todes wegen frei zu disponieren, und es tritt, wenn er hievon keinen Gebrauch macht, nach seinem Absterben die gemeine Intestaterbfolge ein.

R. 13. 225. Kann in der unter Lebenden errichteten Stiftungs-Urkunde eines Familien-Fideikommisses für den Fall des Aussterbens der zur Folge berufenen Nachkommenschaft über Teilung des Gutes rechtsgültig Bestimmung getroffen werden?

§ 100. Bei jeder Auflösung eines Fideikommisses fällt das aus einer königlichen Dotation herrührende Vermögen an den Staat zurück, und die mit demselben verbundenen Lehen sind nach dem Lehenedikte zu beurteilen. Rückfall.

§ 101. Jede Auflösung eines Familien-Fideikommisses soll öffentlich bekannt gemacht, und die Löschung in der Matrikel, wie in den Hypothekenbüchern veranlaßt werden. Form der Auflösung.

Die Löschung in der Matrikel ist gebührenfrei: Art. 68 Abs. II. des Geb.Ges. u. F.E. § 14 Anm.

Titel VII.

Besondere Bestimmungen.

§ 102. Die Verhältnisse der vormals unmittelbaren Fürsten, Grafen und Herren in Beziehung auf ihre Familien-Fideikommisse und Stammgüter sind in einem besonderen Edikte bestimmt. Standesherren.

4. Beilage z. Verf.U. § 9. Seuffert, Archiv XXIX. 1; Neue Folge XI. 118; XLVI. 167. Rheinbund-Akte v. 12. Juli 1814 Art. 2. Reichsdeputationshauptschluß v. 1806. Bolze 10. 604; 18. 586. Bl. f. R.A. 44. 257. Roth B. II. S. 550 die in Anm. F.E. § 17 erwähnten Schranken. — Roth B. II. S. 551 fallen weg:

Nach Art. 14 der deutschen Bundesakte bilden die Standesherren und ihre Familien die privilegierteste Klasse im Staate. Ihnen sollen in Rücksicht ihrer Personen, Familien und Besitzungen alle diejenigen Rechte und Vorzüge gewahrt werden oder bleiben, welche aus ihrem Eigentume herrühren. Insbesondere wird ihnen die Befugnis zugesichert, über ihre Güter und Familienverhältnisse verbindliche Verfügungen zu treffen, welche jedoch dem Souverän vorgelegt und bei den höchsten Landesstellen zu allgemeiner Kenntnis gebracht werden müssen. Fragt man sich, ob auf Grund dieser gesetzlichen Bestimmung der Nachgeborne eines standesherrlichen Hauses berechtigt ist, ein Fideikommiß zu errichten, so wird diese Frage zu bejahen sein. O. Zängerle, Statut für das Familien-Fideikommiß des Grafen Friedrich von Quadt-Wykradt-Isny, Kempten 1887, Seite 43, da unter Familie auch die einzelnen Linien, sowie die einzelnen Familienmitglieder zu verstehen sind. So Zängerle. Dem gegenüber dürfte jedenfalls richtig sein, daß die Nachgebornen Teil an der Autonomie ihrer Familie haben, deren Ausübung bei dem Haupte derselben liegt. Man wird daher das Autonomierecht der Nachgebornen richtig dahin auffassen, daß dieselben in Bezug auf die den Standesherren vorbehaltenen Herrschaftsgebiete sich keinem andern Herrschaftsgebote zu unterwerfen haben, als dem der standesherrlichen Familie und daß die Aeußerung dieser Macht bei der nach den Hausgesetzen bestimmten Familiengewalt ruht. Es ergibt sich daraus, daß der Errichtungsakt des Familien-Fideikommisses eines Nachgebornen bei diesem selbst liegt, daß aber der Bestätigungsakt dem Träger der Familiengewalt zukommt. So ist auch in dem von Zängerle vorgeführten Falle gehandelt worden. Was den sachlichen Umfang dieser Art von Errichtungen eines Familien-Fideikommisses betrifft, so wird es keinem Zweifel unterliegen, daß die Errichtung sowohl auf Erb- und Stammgüter, wie auf errungene Güter sich beziehen kann.

Den Unterschied eines mit standesherrlicher Autonomie errichteten Fideikommisses von einem gewöhnlichen adeligen Fideikommiß legt Zängerle trefflich, wie folgt, fest (S. 46):

1. Das standesherrliche Fideikommiß erfordert keine bestimmte Größe und Ertragsfähigkeit.

2. Es kann nur von dem Mitglied eines standesherrlichen Hauses zum Vorteil eines solchen Mitgliedes begründet werden.

3. Es ist in der Disposition viel freier, namentlich bezüglich der Folge und der Auflösung des Fideikommisses, und seine Prüfung erstreckt sich lediglich auf die Frage, ob es nicht etwas Verfassungswidriges enthält.

4. Alle Erfordernisse der VII. Verf.-Beilage fallen weg, infolgedessen weicht die gesamte Thätigkeit der Oberlandesgerichte und werden die Hypothekenbücher dementsprechend auch von den Amtsgerichten geführt. Wagner, Handbuch des amtsgerichtlichen Verfahrens. 2. Aufl. S. 55, 97, 98.

§ 103. Der Konstituent eines nach Aufhebung der Familien-Fideikommisse errichteten Majorats kann dasselbe nach den in der Majoratsurkunde bestimmten Rechten fortbestehen lassen, oder in ein Familien-Fideikommiß nach den Bestimmungen des gegenwärtigen Ediktes innerhalb zwei Jahren verwandeln. Majorat.

Vgl. § 1. — Für die Majorate ist das Edikt v. 22. Dez. 1811 maßgebend. Roth B. S. 552.

§ 104. Bei den Fideikommissen der Familien des vormaligen unmittelbaren Reichsadels, welche noch in ihrem alten Komplexe bestehen und nicht inzwischen an andere Besitzer übergegangen sind, treten die Bestimmungen ein, welche in Ansehung derselben in der Bundesakte gegeben worden, nach welcher in diesem Falle die bestehenden Familienverhältnisse aufrecht erhalten werden. Reichsunmittelbarer Adel.

VI. Verf.-Beilage § 136 S. 7. 279, 281. Bolze 4. 907, 908, 910. Seydel 2. Aufl. I. S. 318. — Die Reichsritterschaft war trotz ihrem äußersten Widerstreben 1806 dem landsässigen Adel in Bayern gleichgestellt worden. Nur bezüglich der Gerichtsbarkeit war eine nur gegenstandslose Ausnahme gemacht worden, ebenso wegen der Fideikommisse. Seydel 2. Aufl. I. § 81 Note 77 u. Roth B. 2. Aufl. I. S. 221. Bl. f. R.A. XI. S. 140 u. Erg.Bd. II. S. 380. Vgl. § 1 F.E. u. Pözl S. 150. Roth B. S. 550. — Einen interessanten Rechtsfall s. im Anhang II, welcher die Anwendung dieses schwer auszulegenden Paragraphen auf das Eingehendste erläutert.

Fall der Vermehrung.

§ 105. Bei neuen Dispositionen zur Errichtung oder Vermehrung eines Fideikommisses sind die Mitglieder des vormals unmittelbaren Reichsadels an die im gegenwärtigen Edikte enthaltenen Bestimmungen gebunden.

S. 7. 282. Seydel 1. Aufl. I. 600. — Sie haben also keine Autonomie mehr. S. 6. 785.

Aeltere Fideikommisse.

§ 106. Die noch bestehenden Fideikommisse anderer adeligen Familien in jenen Provinzen des Reiches, worin durch die Gesetze und Verordnungen an den Fideikommissen nichts verändert wurde, bleiben auch forthin gültig, jedoch müssen sie mit den hierauf sich beziehenden Dispositionen und Familienverträgen den Appellationsgerichten vorgelegt werden, welche sodann nach Vorschrift des § 30 zu verfahren haben.

S. 7. 279, 281, 693.

Rechtsverhältnisse derselben.

§ 107. Die in Gemäßheit der §§ 104 und 106 noch bestehenden oder wieder auflebenden Familien-Fideikommisse sind in Ansehung der hieraus entspringenden Rechtsverhältnisse insoweit, als die Dispositionen der Konstituenten und die Familienverträge nicht ausdrücklich etwas anderes festsetzen, nach dem gegenwärtigen Edikte zu beurteilen.

§ **108.** Zur Vorlage dieser noch bestehenden Fideikommisse und Familienverträge (§§ 104, 106) wird ein Zeitraum von zwei Jahren festgesetzt. Uebergang.

Diese Vorlage kann nicht nur von dem dermaligen Besitzer, sondern auch von jedem Anwärter oder Beteiligten gemacht, auch von diesen der Besitzer zur Vorlage angehalten werden.

Sollten nach Ablauf des Zeitraums von zwei Jahren, von Bekanntmachung gegenwärtigen Ediktes an gerechnet, noch Fideikommisse entdeckt werden, welche nicht zur Anzeige gebracht worden, so verliert der Inhaber dieser Fideikommisse für seine noch übrige Lebenszeit den dritten Teil der jährlichen Fideikommiß-Nutzung, und solcher geht an den nächsten Fideikommiß-Nachfolger über.

§ **109.** Jeder bayerische Unterthan kann durch rechtsgültige Handlungen unter Lebenden oder von Todes wegen über sein Vermögen so verfügen, daß derjenige, welcher es erhält, verpflichtet ist, dasselbe nach seinem Tode oder in andern bestimmten Fällen dem ernannten Nachfolger zu überlassen. Fideikommissarische Substitution.

Eine solche fideikommissarische Substitution erstreckt sich nicht weiter, als auf einen Substituten und hört mit demselben kraft des Gesetzes auf, wenn auch die Disposition das Gegenteil enthalten sollte.

Im übrigen sind diese fideikommissarischen Substitutionen nach den Civilgesetzen zu beurteilen.

S. 6. 232; 10. 365. Hachenburg, die Einsetzung eines Nacherben, s. Heft 1 der Studien zum Erbrecht des Entw. e. b. Gesetzbuches des deutsch. Reichs, 2. Lesung, Mannheim 1895.

Preuß. L.R. § 47. Jedem Einwohner des Staates ist erlaubt, in seinem Vermögen nach eignem Gutfinden Fideikommiß-Substitutionen, nach näherer Bestimmung des Titels von letztwilligen Verordnungen, auch zum Besten einer gewissen Familie zu errichten. (Tl. I. Tit. XII. § 53 f.)

Erster Anhang.

Allerhöchste Verordn. v. 3. März 1857, die Instruktion über die Behandlung der Familien-Fideikommisse betr.

(R.Bl. S. 253.)

Max II. K. Wir haben infolge der Wahrnehmung, daß das durch die Instruktion vom 22. Dezember 1818 über die Behandlung der Familien-Fideikommisse und Führung der Fideikommißmatrikel bei den Appellationsgerichten vorgezeichnete Verfahren die Geschäftsbehandlung in Fideikommißsachen an zu weitläufige und komplizierte Formen binde und hiedurch eine unnötige Belästigung der Gerichtshöfe, sowie auch nicht selten eine empfindliche Verzögerung der fraglichen Rechtssachen herbeiführe, die gedachte Instruktion einer durchgängigen Revision unterziehen lassen und finden Uns auf Grund derselben bewogen, zu verordnen, was folgt:

§ 1.

Die bisher bei den Appellationsgerichten bestandene Einrichtung ständiger Senate für Familien-Fideikommißsachen ist aufgehoben.

Ist in solchen Sachen kollegiale Beratung veranlaßt, so hat dieselbe in den gewöhnlichen Zivilsenaten des Gerichtshofes in derselben Weise, wie die Beratung anderer Zivilrechtssachen zu geschehen.

Doch werden die Präsidenten der Appellationsgerichte dabei Bedacht nehmen, den betreffenden Senat, soweit es möglich ist und nicht anderweitige dienstliche Rücksichten entgegenstehen, mit Mitgliedern aus der Zahl der im § 4 bezeichneten Referenten zu besetzen.

§ 2.

Ob in einem einzelnen Falle kollegiale Beratung veranlaßt sei, ist nach der Beschaffenheit der Verfügung, um welche es sich handelt, und nach den auch für andere Geschäfte der freiwilligen Gerichtsbarkeit geltenden Grundsätzen zu bemessen. Insbesondere bedarf es keiner kollegialen Beratung bei einfachen Instruktionsverfügungen, dann bei solchen Annahmen und Verausgabungen im Fideikommiß-Depositenwesen, welche, wie z. B. die Vereinnahmung der Obligationen für die dem Fideikommisse abgelösten Renten, die Versendung der zur Heimzahlung gelosten Obligationen an die Kassen und die Vereinnahmung ihres Geldbetrages, die Hinausgabe der jährlich fällig werdenden Coupons an den unbestritten zum Bezuge derselben Berechtigten und dergleichen mehr, ihrer Natur nach als durchaus unbedenklich und unpräjudizierlich erscheinen.

Dagegen müssen Verfügungen, durch welche eine Einschreibung von was immer für einer Art in die Fideikommißmatrikel angeordnet wird, unter allen Umständen kollegial beraten werden.

§ 3.

Für die nicht kollegial zu beratenden Verfügungen in Familien-Fideikommißsachen gelten die allgemeinen Vorschriften über die Behandlung der Signate in Civilsachen.

§ 4.

Für jedes Fideikommiß wird ein Mitglied des Appellationsgerichtes als ständiger Referent benannt, der sich mit allen Verhältnissen des Fideikommisses auf das Genaueste bekannt zu machen und hinsichtlich der im § 70 der VII. Verfassungsbeilage bemerkten Obliegenheiten des Fideikommißbesitzers die angemessenen Verfügungen nach Umständen von Amts wegen in Antrag zu bringen hat. Der Präsident des Appellationsgerichtes hat für den Fall der Verhinderung des ständigen Referenten demselben ein anderes Mitglied des Gerichtshofes zu substituieren.

Er kann, wenn er es geeignet findet, den ständigen Referenten des Referates entheben und dasselbe einem anderen Gerichtsmitgliede als ständige Geschäftsaufgabe übertragen.

§ 5.

Die Führung eines besonderen Einlaufs- und Sitzungsprotokolls in Familien-Fideikommißsachen hat aufzuhören. Die Behandlung dieser Geschäftszweige richtet sich nach den über die Protokollierung der Einläufe und Beschlüsse des Gerichtshofes im allgemeinen geltenden Bestimmungen.

Dagegen ist die bisher vorgeschriebene besondere Abteilung der Registratur für die zu den Fideikommissen gehörigen Akten und Urkunden auch fernerhin beizubehalten.

§ 6.

Die Behandlung der Familien-Fideikommiß-Depositen durch eine besondere Kommission und nach besonderen Vorschriften findet künftig nicht mehr statt.

Die Kommission, welche gemäß Ziff. 14 der Depositalordnung vom 22. Dezember 1840 bei jedem Appellationsgericht zur Verwahrung und Behandlung der Depositen im allgemeinen aufgestellt ist, hat auch die Geschäfte des Depositenwesens in Familien-Fideikommißsachen und zwar lediglich nach den auch für die übrigen Justiz-Depositen geltenden Vorschriften der erwähnten Depositalordnung, jedoch mit gesonderter Buch- und Kassenführung, zu besorgen.[1])

§ 7.

Die bei jedem Appellationsgerichte zu führende Familien-Fideikommißmatrikel (§ 16 der VII. Verfassungsbeilage) hat künftig nur mehr in einem einzigen Buche zu bestehen, welchen die für das Hypothekenbuch vorgeschriebene Einrichtung nach den in § 129 des Hypothekengesetzbuches vom 1. Juni 1822 bezeichneten drei Rubriken zu geben ist.

§ 8.

Die erste Rubrik der Familien-Fideikommißmatrikel hat die vollständige Bezeichnung des sämtlichen zum Fideikommisse gehörigen, sowohl Grund-, als anderen Vermögens und der allenfalls darauf lastenden Reallasten zu enthalten.

---

[1]) Die Depositenordnung vom 22. Dezember 1840 siehe W. Bd. III S. 351. Für die Gerichte gilt übrigens nunmehr die (an die Stelle der V. v. 28. Mai 1862 getretene) Depositenordnung v. 8. Sept. 1879.

Besteht für das Fideikommiß ausnahmsweise eine andere als die im § 87 der VII. Verfassungsbeilage bezeichnete Successionsordnung, oder hat der Stifter bezüglich der weiblichen Nachkommenschaft eine der in den §§ 89 und 90 der angeführten Verfassungsbeilage erwähnten Anordnungen getroffen, so ist dies gleichfalls in der ersten Rubrik vorzutragen.

Von den Mobilien und dergleichen Zugehörungen, welche sich bei den Fideikommissen befinden, ist — vorbehaltlich der im § 4 des Gesetzes vom 11. September 1825, die Anwendung und Vollziehung einiger Bestimmungen des Edikts über die Familien-Fideikommisse betreffend, enthaltenen Vorschrift — nur eine allgemeine Anzeige mit Beifügung der Schätzungssumme unter Hinweisung auf das bei den Akten aufzubewahrende genaue Verzeichnis derselben zu machen, ebenso von den zu dem Fideikommisse gehörigen Aktivkapitalien unter Beifügung der Gesamtsumme des Nominalbetrages. Sind zur Ergänzung oder Vermehrung der Substanz des Fideikommiß-Vermögens bestimmte Fristen festgesetzt, so hat auch hierüber Eintrag in der ersten Rubrik zu geschehen.

Durch nachträglichen Eintrag aller Zu- und Abgänge oder sonstigen Veränderungen, welche sich an dem Fideikommiß-Vermögen ergeben, ist der Vortrag in dieser Rubrik stets in richtigem Zustande zu erhalten.

§ 9.

In der zweiten Rubrik der Matrikel ist der jedesmalige Besitzer des Fideikommisses nach Vor- und Zuname, Stand und Wohnort, sowie die Veranlassung und Zeit seines Eintrittes in den Besitz des Fideikommisses zu bezeichnen. Ferner sind hier die allenfallsigen Beschränkungen des Fideikommißbesitzers in der Disposition vorzutragen, soweit dieselben sich nicht ohnehin aus dem Begriffe des Fideikommisses von selbst ergeben. Bei jeder Veränderung des Besitzers eines Fideikommisses ist der Nachfolger verbunden, sich der Nachfolge wegen bei dem Appellationsgerichte zu legitimieren und hierüber die Eintragung in die Matrikel zu verlangen. Auch sollen alle Gerichte und Testamentsvollstrecker, welchen eine solche Besitzveränderung bekannt wird, dem Appellationsgerichte hievon ungesäumt Anzeige machen.

§ 10.

Die dritte Rubrik der Matrikel enthält den Eintrag, aller auf dem Fideikommisse lastenden Schulden, dann der hierauf bezüglichen Cessionen und Löschungen.

Sie ist in zwei Unterabteilungen zu trennen, deren eine die Fideikommißschulden erster, die andere die Fideikommißschulden zweiter Klasse umfaßt. Die Schulden jeder Klasse werden nach der Zeitfolge eingetragen. Bei jeder Schuld sind auch die zur Tilgung derselben festgesetzten Fristen (§§ 27 und 69 der VII. Verfassungsbeilage) vorzutragen.

§ 11.

Die Fideikommißmatrikel vertritt in Ansehung der zu einem Fideikommisse gehörigen unbeweglichen Güter die Stelle des Hypothekenbuchs. Die Förmlichkeit und das Verfahren bezüglich der Führung der Matrikel, sowie bezüglich der hiemit in Verbindung stehenden Geschäfte richten sich im allgemeinen nach den für das Hypothekenwesen bestehenden Vorschriften, soweit nicht ein anderes gesetzlich bestimmt ist.

Das Gleiche gilt hinsichtlich der Befugnis der Beteiligten, Einsicht von der Fideikommißmatrikel zu nehmen und Auszüge daraus zu verlangen.

§ 12.

Ein Direktor des Appellationsgerichts ist ständiger Konservator der Fideikommißmatrikel. Er muß dieselbe in seiner Aufsicht und Verwahrung dergestalt haben, daß ohne sein Vorwissen niemand dazu gelangen kann. Handelt es sich um eine Einschreibung in die Fideikommißmatrikel, so ist der Wortlaut desjenigen, was eingeschrieben werden soll, in den betreffenden Gerichtsbeschluß (§ 2 Abs. 3) genau und vollständig aufzunehmen.

Hienach ist die Einschreibung durch ein von den Präsidenten des Gerichtshofes ein für allemal für dieses Geschäft zu bestimmendes Individuum des Kanzleipersonals unter Respizienz des Konservators ungesäumt zu vollziehen. Daß solches richtig geschehen, hat der Konservator auf dem Konzepte des Beschlusses zu bestätigen.

Die Präsidenten der Appellationsgerichte werden Sorge tragen, für das fragliche Einschreibegeschäft nur solche Individuen, welche sich durch korrekte, leserliche und reinliche Handschrift dazu qualifizieren, aufzustellen, und einen Personalwechsel oder eine aushilfsweise Stellvertretung hiebei nur so selten als möglich eintreten zu lassen.

§ 13.

Im Hinblicke auf die in den §§ 7—10 gegebenen Vorschriften hat die Führung der bisher neben der Fideikommißmatrikel bestandenen besonderen Bücher, des Schulden- und Urkundenbuchs, aufzuhören, da das erstere durch die dritte Rubrik der neuen Matrikel (§ 10), das zweite aber, sowie die bisherigen Rubriken 1 und 4 der älteren Matrikel, durch den Inhalt der für jedes Fideikommiß zu führenden Spezialakten ersetzt wird.

Diese Spezialakten haben an die Stelle der bisher für die einzelnen Fideikommisse bestandenen Generalakten (§ 6 der Instruktion vom 22. Dezember 1818 über die Behandlung der Familien-Fideikommisse ꝛc. ꝛc.) zu treten, beziehungsweise deren Fortsetzung zu bilden. Sie sind mit einem stets evident zu haltenden Inhaltsverzeichnisse (Aktenrenner) zu versehen und in denselben sollen alle das Fideikommiß und die darauf haftenden Schulden und Lasten betreffenden Aktenstücke und Urkunden im Originale oder in beglaubigten Abschriften, zu deren Beibringung die Beteiligten erforderlichen Falls anzuhalten sind, aufbewahrt werden, mit Ausnahme besonders wichtiger Originalurkunden, welche nicht zu den Akten zu legen, sondern, insoferne sie nicht zur Rückgabe an die Beteiligten oder zur Hinterlegung in der Depositenkasse sich eignen, von dem Konservator der Fideikommißmatrikel in gleicher Weise, wie diese in Aufsicht und Verwahrung zu halten sind. Im übrigen richtet sich die Führung der erwähnten Spezialakten nach den Vorschriften des § 11 der Instruktion zum Hypothekengesetze.

Die Einträge bezüglich der bereits bestehenden Fideikommisse sind in die gemäß § 7 neu anzulegenden Matrikel in der Art zu übertragen, daß der Inhalt der Rubriken II und III der bisherigen Matrikel in die Rubriken I und II der neuen Matrikel und der Inhalt des bisherigen Schuldenbuches, soweit es nicht ohnehin mit dem der bisherigen Matrikel identisch ist, in die Rubrik III der neuen Matrikel übertragen wird.

Die bisherigen Bücher sind übrigens, um bei allenfalls sich ergebenden Anständen zur Vergleichung und Entscheidung zu dienen, sorgfältig in der Registratur zu verwahren.

§ 14.

Bei Errichtung eines Familien-Fideikommisses sollen die Appellationsgerichte nicht nur das in §§ 26—30 der VII. Verfassungsbeilage, dann § 6 und 7 des Gesetzes vom 11. Sept. 1825, die Anwendung und Vollziehung einiger Bestimmungen des Ediktes über die Familien-Fideikommisse betreffend, vorgeschriebene Verfahren einhalten, sondern auch:

1. In Ansehung des zum Fideikommisse bestimmten unbeweglichen Vermögens ohne Unterschied, sobald sie die Anzeige davon erhalten haben, dem betreffenden Hypothekenamte Nachricht geben, welches verbunden ist, hievon sogleich Vormerkung im Hypothekenbuche zu machen. Diese Vormerkung ist übrigens nur eine provisorische und hemmt die Zuständigkeit der Hypothekenämter bezüglich weiterer Inskriptionen vorläufig noch nicht; jedoch muß dem Appellationsgerichte unverzüglich Nachricht gegeben werden, sobald nachträglich

noch irgend eine Aenderung im Hypothekenfolium stattfindet. Erst mit der gemäß § 30 der VII. Verfassungsbeilage dem Hypothekenamte gemachten Eröffnung über erfolgte Bestätigung und Immatrikulation des Fideikommisses erhält die Vormerkung die Wirkung einer definitiven Sperre des Hypothekenfoliums nach Maßgabe der §§ 121 bis 123 des Hypothekengesetzes vom 1. Juni 1822.

2. Wenn ein Fideikommiß § 10 und 12 der VII. Verfassungsbeilage nur bedingt oder mit Vorbehalt der Rechte der Noterben bestätigt wird, so muß die öffentliche Ausschreibung und die Immatrikulierung wie bei unbedingten Fideikommissen vorgenommen werden. In der Folge ist eine weitere öffentliche Ausschreibung nur in dem Falle notwendig, wenn ein solches Fideikommiß nicht fortbesteht.

3. Sollen einem schon bestehenden Fideikommisse Grundstücke, welche bisher nicht im Fideikommißverbande standen, im Wege des Tausches, der Surrogierung ꝛc. ꝛc. oder auf Grund einer die Mehrung des Fideikommisses bezielenden neuen Disposition einverleibt werden, so gelten bezüglich der Ausmittlung und Ladung der Gläubiger, sowie bezüglich der Vormerkung im Hypothekenbuche und der Immatrikulation dieselben Bestimmungen, wie bei der ursprünglichen Fideikommißerrichtung. Doch ist eine förmliche Bestätigung und Ausschreibung im Regierungsblatte (§ 30 der VII. Verfassungsbeilage) hier nicht mehr erforderlich.

4. Alle Gerichte und Testamentsexekutoren werden angewiesen, von jeder fideikommissarischen Disposition, sobald sie ihnen bekannt wird, dem zuständigen Appellations-Gerichte die Anzeige zu machen.
5. Desgleichen sollen die Gerichte, unter deren Leitung das zu einem Fideikommisse bestimmte Vermögen gemäß § 10 der VII. Verfassungsbeilage verwaltet wird, dem einschlägigen Appellationsgerichte über den Zustand dieses Vermögens am Schlusse eines jeden Jahres Bericht erstatten.

§ 15.

Zu dem Wirkungskreise der Appellationsgerichte werden außer den in der VII. Verfassungsbeilage benannten Fideikommißsachen noch besonders folgende gerechnet:

1. Die Uebernahme und Verwahrung der zu einem Fideikommiß gehörigen Barschaften, Schuldbriefe, Urkunden und dergleichen, soweit deren gerichtliche Verwahrung gesetzlich geboten ist.
2. Die Bestimmung der Alimentation und Aussteuer nach Vorschriften des § 46, dann der Kompetenz im Falle der §§ 79 und 95 der VII. Verfassungsbeilage.
3. Die Untersuchung und Bestimmung, ob und wie weit eine Schuld als Fideikommißschuld erster Klasse anzusehen sei.
4. Die Regulierung der Fristen zur Tilgung der Fideikommißschulden und zur Ergänzung der Substanz nach Vorschrift des § 69 der VII. Verfassungsbeilage.
5. Die Untersuchung und Entscheidung, ob eine üble Wirtschaft des Besitzers oder die Nichterfüllung seiner aus

dem Fideikommisse fließenden Obliegenheiten vorhanden, daher zu den in §§ 71 und 72 der VII. Verfassungsbeilage vorgezeichneten Maßregeln zu schreiten sei, sowie die Anordung der notwendig befundenen Administration.

6. Wenn der Besitzer des Fideikommisses mit dem im § 72 der VII. Verfassungsbeilage benannten Leistungen im Rückstande verbleibt, so kann das Appellationsgericht denselben auf Anrufen des Beteiligten oder auch nach Umständen von Amts wegen zu deren Erfüllung anhalten, es hat aber die wirkliche Vollstreckung seiner Zahlungsbefehle dem Gerichte zu übertragen, in dessen Bezirk sich das Exekutionsobjekt befindet.

§ 16.

Allen anderen Rechtsstreitigkeiten, welche über ein Fideikommiß oder über die dazu gehörigen Güter entstehen, bleiben gemäß § 15 der VII. Verfassungsbeilage den sonst zuständigen Gerichten überlassen, welche jedoch verbunden sind, nicht nur bei dem Anfange eines Rechtsstreites dem betreffenden Appellationsgerichte hievon Nachricht zu geben, damit dasselbe die zur Erhaltung des Fideikommisses diensamen Mittel ergreifen, auch nach Umständen die Anwärter davon in Kenntnis setzen könne, sondern auch alle in solchen Rechtsstreitigkeiten erlassenen Urteile nach deren Verkündigung in beglaubigter Form mitzuteilen.

§ 17.

Die gegenwärtigen Vorschriften treten mit dem 1. Oktober laufenden Jahres in Wirksamkeit und an die Stelle der Instruktion vom 22. Dezember 1818.

Bis zu dem genannten Tage ist die Herstellung des neuen Matrikelbuches (§ 7) und der Uebertrag der bereits bestehenden Fideikommißeinträge in dasselbe (§ 13) unfehlbar zu bethätigen und sind die allenfalls notwendigen Vorarbeiten behufs der Extradition der Depositenverwaltung von der dermaligen an die gemäß § 6 eintretende Kommission zu bereinigen.

Die im § 1 Abs. 2 aufgestellte Vorschrift findet von dem obengenannten Tage an auch bezüglich der Beratungen von Hypothekensachen Anwendung, insoferne dieselben durch die Instruktion über den Vollzug des Hypothekengesetzes vom 1. Juni 1822 und die hierauf bezügliche allerhöchste Verordnung vom 13. März 1823 den ständigen Familien-Fideikommißsenaten zugewiesen waren.

Die Führung des Hypothekenamtes bei den Appellationsgerichten richtet sich von dem nämlichen Tage an nach den im § 1 Ziff. 2 eben angeführter Vollzugs-Instruktion gegebenen Bestimmungen.

Rom, den 3. März 1857.

Zweiter Anhang.

Wir teilen im folgenden einen bisher ungedruckten Rechtsfall mit, welcher in den Jahren 1868 und 1869 vor dem Bezirks-Gerichte und Appellations-Gerichte zu Bamberg und dem Oberappellations-Gerichte in München spielte. Klägerin war Freifrau von S., geb. von P.; Beklagte waren die Freiherrn von P. Dieser hochinteressante Rechtsstreit drehte sich um die Stammguts- resp. Familien-Fideikommißeigenschaft einer Familie des vormaligen unmittelbaren Reichsadels und dient so in erster Linie zur Illustration des F.E. § 104. Aber auch sonst ist er für die Entstehung und rechtliche Behandlung der Fideikommisse von solch unterrichtender Bedeutung, daß er bis zu einem gewissen Grade als beste Einführung in die praktische Anwendung des Fideikommißrechts dienen kann. Wir fügen noch an, daß die Klägerin in den beiden Vorinstanzen den Prozeß gewonnen, in der letzten aber verloren hat.

I.

Gründe der ersten Instanz.

Es erscheint angemessen, die rechtlichen Begriffe von Familien-„Fideikommisse“ und von „Stammgut“ etwas näher darzulegen.

In Weiskes Rechtslexikon Bd. 4 S. 241 wurden (von Karl von Salza) die Familien-Fideikommisse (oder Majorate im weitesten Sinne) erläutert als „solche Güter, welche durch Hausgesetze als unveräußerlich erklärt und bei einer Familie bis zum Abgange derselben (bis zum Erlöschen des Namens und Standes) erhalten werden sollen“, und wird weiter angeführt, daß zur Errichtung einer solchen Stiftung an sich jeder befugt, soweit er über sein Vermögen zu verfügen berechtigt sei, daß sie aber gewöhnlich nur bei adeligen Familien vorkommen.

Dr. Pözl im bayer. Staatsverfassungsrecht S. 149 f. der 3. Aufl. sagt: „Familien-Fideikommisse nach bayerischem Staatsrechte sind rechtliche Verfügungen, durch welche ein bestimmter Vermögenskomplex zu Gunsten einer adeligen Familie, so lange sie im Namen und Stamme vorhanden ist, für unveräußerlich erklärt wird“, und fügt an, daß häufig auch die Güter selbst, welche Gegenstand der Disposition sind, also genannt werden.

Bluntschli, deutsch. Priv.Recht 3. Aufl. 1864 S. 201 f. verlangt zu einer Stammgutsstiftung (welche Familien-Fideikommiß und Familien-Stiftung gleichmäßig umfaßte):

1. eine Willensverordnung, Stiftung, durch welche bestimmte Güter der Strömung des gewohnten Verkehrs entzogen und nach einer festgeordneten Erbfolge der Familie erhalten werden;
2. als tauglichen Gegenstand zunächst herrschaftliche Güter und ähnliches Grundvermögen, weniger Kapitalien, — anderes bewegliches Vermögen nur als „Zubehörde“.

(Familien-) Fideikommißgüter sind nach richtiger Anschauung wohl nur eine besondere Art von (Familien-) Stammgütern, unter welchen man überhaupt die von den Vorfahren ererbten Güter versteht, über welche der Besitzer wenigstens unter Lebenden nicht frei verfügen kann, sondern sie seinen Erben hinterlassen muß, denen die neuerworbenen (wohlerworbenen, errungenen) Güter (bona acquisita) gegenüberstehen. Solche Stammgüter kommen nicht bloß beim hohen, sondern auch beim niederen Adel vor, wenn (im letzten Falle) nach den Landesgesetzen oder entschiedener Gewohnheit die Töchter den Stammesvettern, oder wenigstens den Söhnen bei der Erbfolge in fragliche (ererbte) Güter nachgehen; cf. Eichhorn, deutsch. Priv.R. 4. Aufl. § 367 S. 889[2]; Bluntschli a. a. O. § 67 S. 199, wo angeführt wird, daß in der neueren Entwicklung an die Stelle des eigentlich liegenden Erbgutes oft der Geldeswert desselben (Erbgut im neueren Sinne) getreten und das Recht dahin verändert worden ist, daß über diesen Wert nicht letztwillig, zum Nachteile der Erben, verfügt werden darf, daß, wenn die vererbten Liegenschaften noch vorhanden sind, sie den Erben von Rechts wegen anfallen, und daß die Erbgüter der Adeligen zu eigentlichen Stammgütern herangereift sind und sich dadurch auszeichnen, daß sie nicht der gewöhnlichen Erbfolge unterliegen und nicht der Familie überhaupt, sondern dem männlichen Stamm erhalten bleiben und in ihnen die Sorge für die Familie und das Blut in die Sorge für den Stamm und das Geschlecht verringert erscheint.

Rücksichtlich der Entstehungsart der bloßen Stammgüter im Gegensatze zu den Fideikommißgütern ist zu bemerken, daß die ersten auch im Herkommen, Landes- oder Standesgebrauche wie (in letzterer Beziehung) bei der ehemaligen Reichsritterschaft begründet erachtet werden können, wenn der Gebrauch der Erbverzichte der Töchter nachgewiesen werden kann (cf. Eichhorn a. a. O. S. 890 u. 91), während sich schon aus den oben gegebenen (hierin übereinstimmenden) Begriffsbestimmungen deutlich ergibt, daß „Fideikommisse" nur durch ausdrückliche Verfügung des Berechtigten Rechtsbestand erlangen können, und zwar durch Erbvertrag oder letztwillige Verfügung. Die allerdings oft behauptete Entstehung eines wahren Fideikommisses (im Gegensatze zur bloßen Gutseigenschaft) durch bloße Familien-Observanz hat keine hinreichende Gründe für sich.

Vergl. Eichhorn a. a. O. S. 896 und hiemit übereinstimmend den oben schon angeführten Schriftsteller Karl von Salza in Weiskes Rechtswörterbuch Bd. 4 S. 292, wo es heißt:

„Stammgüter sind keineswegs stillschweigende Familien-Fideikommisse, denn weder die Vererbung des Gutes von Fällen zu Fällen in der Familie, noch der Beweis, daß ein Gut von jeher für ein Stammgut gehalten worden sei, reichen hin, ein solches in ein Familien-Fideikommiß zu verwandeln. Die oft behauptete Entstehung der Familien-Fideikommisse durch Familien-Observanz hat keinen Grund."

Ein Familien-Fideikommiß kann, wie aus dem obigen schon zu entnehmen ist, nur durch eine Disposition entstehen, und muß diese ein durch Gründe unterstütztes Veräußerungsverbot enthalten, gleichviel, ob dieses geradezu ausgesprochen, oder mittelbar aus dem Willen des Stifters zu entnehmen ist. Die Begründung muß erkennen lassen, daß zu Gunsten der Familie oder doch wenigstens des Mannsstammes in derselben die Veräußerung verboten sei.

Hienach ergeben sich die wesentlichen Unterschiede zwischen Familien-Fideikommiß und bloßem Stammgut, welche übrigens in dem Zwecke, das Ansehen (den Glanz) der Familie möglichst zu erhalten, zusammentreffen, in der schon erörterten verschiedenen Art der Bestellung (Errichtung) derselben einerseits, und in der Unveräußerlichkeit der Familien-Fideikommisse andererseits. Während nämlich die allgemeine Natur des letzteren darin besteht, daß das damit Belegte ordentlicherweise vom Besitzer weder beschwert, noch vermindert, noch viel weniger veräußert werden kann, daher Verfügungen unter Lebenden ebenso ungültig sind, als letztwillige Anordnungen, und beide ohne Unterschied von den Berechtigten widerrufen werden können, sind letztwillige Verfügungen über Erbstammgüter in der Regel zulässig, sowie denn auch der Konkurs überall als zureichender Grund einer Veräußerung ohne Einwilligung der Erben gilt. (Vgl. K. v. Salza a. a. O. und weiter Eichhorn a. a. O. S. 891 ff.)

Eine dritte Verschiedenheit ist in der oben aus Eichhorn deutsch. Priv.R. bereits angeführten Erörterung zu finden, wonach bei bloßen Stammgütern der Vorzug des Mannesstammes nicht immer unbedingt maßgebend erscheint, vielmehr (reichsritterschaftlichem Herkommen gemäß) häufig die Söhne zwar zweifelsohne und unbedingt den Töchtern, nicht aber die bloßen Stammesvettern diesen (den Töchtern) in der Erbfolge vorgehen.

Nach vorstehender Ausführung erscheint es notwendig,

die Begründung der von den Herren Verklagten einredeweise geltend gemachten Fideikommisse- und Stammguts-Eigenschaft der von der Frau Klägerin zur Hälfte angesprochenen Vermögensteile in der angedeuteten doppelten Richtung zu würdigen.

I.

Was nun vorerst die behauptete Fideikommiß-Eigenschaft der als Eigentum der Klägerin angesprochenen Vermögensteile anlangt, so bedarf es nach dem obigen keiner besonderen weiteren Ausführung, daß solche hier nicht als nachgewiesen und vorhanden angenommen werden kann, indem die oben angegebenen Voraussetzungen der rechtsgültigen Errichtung eines solchen durch den genannten Hieronymus Christoph Freiherrn von P. im Jahre 1697 und der Bestätigung und bezw. Erneuerung desselben durch Marquard Karl Anton Freiherrn von P. im Jahre 1763, nicht gegeben sind, wobei nur bemerkt werden will, daß es der Bestätigung und Erneuerung, nicht noch weniger aber der Einsetzung des Bruders des letztgenannten zum Erben bedürft hätte, „wenn ein gültiges Familien-Fideikommiß in oben erörterter Weise errichtet und vorhanden gewesen wäre“. Aber auch diesen Fall angenommen, so geben die Herren Verklagten selbst zu, und wäre auch mit Grund nicht zu bestreiten, daß durch die sogenannte Rheinbundsakte (konstituierende Akte des Rheinischen Bundes vom 12. Juli 1806) (cf. Döllingers Sammlung Bd. I S. 212 ff. und den Auszug hievon Bd. I S. 168 ff. der 2. Aufl. der Hand-Bibl. des bayer. Staatsbürgers) und die hierauf erlassenen Gesetze, wie zunächst die k. Deklaration vom 19. März 1807, die Bestimmung der künftigen Verhältnisse der der Souveränität unterworfenen Fürsten, Grafen und Herren zu den verschiedenen Zweigen der Staatsgewalt betr. u. s. w. durch die Versäumung der in der Erläuterung der oben angeführten allerhöchsten Deklaration (vom 31. Dez. 1806 und 19. März 1807) vom 25. Mai 1807 zur Vorlage behufs Bestätigung vorgesetzten, selbst für den hohen Adel geltenden, sechsmonatlichen Fristen (cf. Hand-Bibl. a. a. O. S. 158 ff.), namentlich durch die Bestimmung der §§ 69 und 70 — des Ediktes über den Adel vom 28. Juli 1808 — Reg.-Blatt S. 2043 ff. ihr Familien-Fideikommiß aufgehoben worden wäre und als aufgehoben erschiene, wie ihnen dieses durch die von ihnen angeführten Ministerial-Entschließung vom 6. Januar 1809 eröffnet und angefügt wurde, daß dem letzten Besitzer oder Nutznießer die freie Verfügung über die bis dahin fideikommissarische Masse zustehe, wenn es nicht, wie sie behaupten, durch Art. 14 Abs. 2 der deutschen Bundesakte vom 8. Juni 1815 als „wiederauflebend" betrachtet werden kann, was keineswegs der Fall ist. In dem bezeichneten Artikel ist unter c) bezüglich der im Jahre 1806 mittelbar gewordenen ehemaligen Reichsständen und Reichsangehörigen enthalten:

c) es sollen ihnen überhaupt in Rücksicht ihrer Personen, Familien und Besitzungen alle diejenigen Rechte und Vorzüge zugesichert werden oder bleiben, welche aus ihrem Eigentume und dessen ungestörtem Genusse herrühren und nicht zu der Staatsgewalt und den höheren Regierungsrechten gehören und die Nr. 2 zu obigem Buchstaben lautet:

„Werden nach den Grundsätzen der früheren

deutschen Verfassung die noch bestehenden Familien-Verträge aufrecht erhalten und ihnen die Befugnis zugesichert, über ihre Güter- und Familienverhältnisse verbindliche Verfügungen zu treffen, welche jedoch den Souveränen vorgelegt und bei den höchsten Landesstellen zur allgemeinen Kenntnis und Nachachtung gebracht werden müssen."

Der Art. 63 der Wiener Schlußakten vom 15. Mai 1820 (cf. Hand-Bibl. a. a. O. S. 170) weist der Bundesversammlung die Verpflichtung zu, auf die genaue und vollständige Erfüllung derjenigen Bestimmungen zu achten, welche der oben angezogene Art. 14 der Bundesakte in betreff der mittelbar gewordenen ehemaligen Reichsstände und des ehemaligen unmittelbaren Reichsadels enthält.

Wenn nun auch von Seite der Herren Verklagten nicht bestritten ist, und mit Grund wohl auch nicht bestritten werden kann, daß die freiherrliche von P.'sche gleich der in dem oben angezogenen oberstrichterlichen Urteile genannten freiherrlich von F.'schen Familie zum ehemals unmittelbaren, dem sogenannten Reichsadel gehört, so kann ihnen (den Verklagten) doch obiger Art. 14 der deutschen Bundesakte nichts nützen, da er ja nur von „noch bestehenden Familien-Verträgen" spricht, die aufrecht erhalten werden sollen und unter diese nach eigenem Zugeständnisse derselben das hier fragliche Familien-Fideikommiß nicht gehören würde. Es ist die Aufrechthaltung der noch bestehenden Familien-Verträge zugesichert worden; für vergangene Fälle dagegen sind jene Verordnungen, welche gegen die Befugnisse der standesherrlichen und reichsritterschaftlichen Familien über ihre Güter rc.

verbindliche Verfügungen treffen, nicht außer Wirksamkeit gesetzt worden. (cf. Klüker, öff. Recht d. d. Bundes S. 439.)

Für neu zu errichtende derartige Verträge aber, welche zu begünstigen keineswegs als im Sinne der bezüglichen Gesetzgebung liegend angenommen werden könnte, ist die Vorlage an den Landesherrn rc. ausdrücklich angeordnet, wonach lediglich noch zu würdigen ist, ob nach den auf Grund der Bundesgesetze in Bayern gegebenen Verfassungs- und sonstigen Bestimmungen von 1818 und später ein zu Recht bestehendes freiherrlich von P.'sches Familien-Fideikommiß vorhanden ist oder nicht.

Der Tit. 5 § 3 der bayerischen Verfassungsurkunde bestimmt:

„Die der bayerischen Hoheit übergebenen ehemaligen „unmittelbaren" Reichsadeligen genießen diejenigen Rechte, welche in Gemäßheit der k. Deklaration durch die konstitutionellen Edikte ihnen zugesichert worden."

Der Tit. III der VII. Verfassungsbeilage bestimmt nun im § 32 und 33: „Wenn in einem Gebietsteile, worin die vormals gültigen Familien-Fideikommisse durch die inzwischen eingetretenen Gesetze und Verordnungen aufgehoben wurden, bei einer adeligen Familie ein Familien-Fideikommiß oder ein diesem gleichgeachtetes Stammgut bestanden hat und daran seit jener Abänderung der Gesetze nach den eingetretenen Veränderungen neue Rechtsverhältnisse zwischen den Familiengliedern oder mit Gläubigern oder mit anderen Dritten durch Erbteilungen, Vergleiche, richterliche rechtskräftige Urteile oder andere rechtsgültige Handlungen festgesetzt worden, so sollen dieselben ihre Rechtsgültigkeit unwiderruflich behalten.

„Soweit diese Rechte nicht verletzt werden und das vormalige Fideikommißvermögen oder die Stammgüter bei der Familie noch in der Substanz erhalten worden, können die gegenwärtigen Besitzer solcher Güter aus denselben nach ihrem Gutbefinden neue Fideikommisse (unter folgenden Bedingungen) bilden!“

Wäre, entgegen der obigen Ausführung, das angeblich reichsfreiherrlich von P.'sche Familien-Fideikommiß nach Art. 14 der Bundesakte wieder aufgelebt, so käme nach dem erstangeführten Inhalte des § 32 der VII. Verfassungsbeilage allerdings in Betracht, ob die in der Herren Verklagten Vorbringen (wiederholt) zugestandenen Veränderungen im fraglichen Grundbesitze durch Veräußerungen und Teilungen in der von ihnen widersprochenen Zeit von der Verkündigung der Deklaration von 1806 bis zur Verfassungsurkunde vorgekommen sind; nach der oben erörterten Rechtsanschauung ist es gleichgültig; ebenso die nähere Prüfung der Behauptung derselben, daß bloß die Veräußerung des ganzen Fideikommißgutes und die Verwendung des Erlöses zu etwas anderem mit dem Begriffe des bestehenden Fideikommisses unvereinbar sei. Der § 104, an die Bestimmung der Bundesakten sich anschließend und diese ausdrücklich in Bezug nehmend, bestimmt Gültigkeit lediglich für die Fideikommisse der Familien des vormaligen unmittelbaren Reichsadels, welche noch in ihrem alten Komplexe bestehen und nicht inzwischen an andere Besitzer übergegangen sind, von denen die erstbezeichnete Voraussetzung selbst von verklagter Seite nicht behauptet werden konnte, und so wenig als der Mangel der zweiten durch die unstichhaltige Behauptung beseitigt werden kann, daß die in der Klagesbeilage aufgeführten neuerworbenen Grundstücke von dem aus dem teilweisen Verkaufe des angeblichen Fideikommiß- und Stammgutes erzielten Erlöse angeschafft angesehen werden müßten, und daß dasselbe auch von den in der Klagesbeilage aufgeführten Aktivkapitalien in Grundrenten-Ablösungs-Schuldbriefen gelte, welche an die Stelle der zum Fideikommiß und Stammvermögen gehörigen und abgetretenen Dominikalien getreten seien, was auch mit den übrigen Kapitalien der Fall sei, soweit sie nicht schon vorher zum Familien- und Stammvermögen gehörten.

Da nach obiger Erörterung ein zu Recht bestehendes Familien-Fideikommiß nicht angenommen werden kann, und zwar weder nach Bundesakten, noch nach der einschlägigen Beilage der bayer. Verfassungsurkunde, so hat es darauf nicht anzukommen, ob die in § 108 der bezeichneten bayer. Verfassungsbeilage zur Vorlage der noch bestehenden Fideikommisse und Familien-Verträge vorgesetzte zweijährige Frist, und welchem der Beteiligten Nachteil bringe, obgleich „anerkanntermaßen" seitens der Freiherrn von P. keinerlei Vorlage erfolgte.

Das oben erwähnte oberstrichterliche Erkenntnis in Sachen der Gräfin von L. gegen Freiherrn von F. steht hiemit keineswegs im Widerspruche, sondern mit diesseitiger im wesentlichen vollkommen im Einklange, indem das Ergebnis einer gründlichen Erörterung in jenem Falle zu der Ueberzeugung geführt hatte, daß ein zu Recht bestehendes Familien-Fideikommiß in der That vorhanden sei 2c.

Daß aber auch das gleichfalls schon erwähnte Urteil des k. Appellationsgerichts des Mainkreises zu Bamberg vom

20. Oktober 1810 den Rechtsbestand eines freiherrlich von P.'schen Familien-Fideikommisses darzuthun nicht vermöge, bedarf keiner weiteren Erörterung, da die einzige auf solches bezügige Stelle unter Nr. 2 desselben zwar von dem Anfalle an den Mannsstamm spricht, jedoch vorher der Auflösung der Fideikommisse ausdrücklich Erwähnung thut, woraus geschlossen werden muß, daß hier fragliches Fideikommiß, selbst wenn es als in rechtsgültiger und verbindlicher Weise errichtet angenommen werden wollte, in Uebereinstimmung mit diesseitiger Anschauung als (durch die oben angeführten Gesetze) aufgelöst angesehen würde.

II.

Es bleibt daher nach der oben gegebenen Ausscheidung in der Begründung der Ansprüche der verklagten Streitgenossenschaft nur noch zu würdigen, ob nicht das klageweise zur Hälfte angesprochene unbewegliche und bewegliche Vermögen als zum Stammgute gehörig angesehen und ihm die seitens der Herren Verklagten behauptete Eigenschaft beigelegt werden müsse, daß es lediglich im Mannsstamme, bis zum Aussterben desselben, geerbt werde und bis dahin die weibliche Erbfolge ausgeschlossen sei.

In dieser Beziehung muß mit Rücksicht auf das oben über die Entstehung eines (herrschaftlichen) Gutes als (adeligen) Stammgutes Ausgeführte bemerkt werden, daß die verklagter Seits angeführten Erbverzichte durchaus nicht hinreichend sind, um die ausschließliche Erbberechtigung des Mannesstammes auf das freiherrlich von P.'sche Familienvermögen als durch Herkommen begründet darzuthun. Um ein solches „rechtsverbindliches Herkommen“ annehmen zu können, würde neben der Erwähnung desselben in demselben unzweifelhaft eine größere und eine zusammenhängende Anzahl von Verzichten der freiherrlich von P.'schen weiblichen Linie erforderlich sein. Ein Blick auf den von den Herren Verklagten selbst vorgelegten Stammbaum und eine Vergleichung desselben mit den vorgelegten Registern ergibt, daß die zwischen den obengenannten beiden Erstverzichtenden geborenen Freiinnen von P. und dem nächsten Verzichte der Frau von M. von 1742 eine Schwester deren Vaters, des Wilhelm Georg Ernst Ludwig von P., die dreimal verheiratete Anna Katharina Franziska Margarethe von P. in Mitte liegt, von welcher ebensowenig, als von irgend einem der drei Gatten, ein Erb-Verzicht vorliegt, und daß die vorgenannte Charlotte von M. noch eine Schwester Maria Anna, verehelichte von R. hatte, von welcher ebensowenig, als von deren Gatten, ein Verzicht dargelegt wurde, endlich, daß ein Gleiches mit dem letztvorhandenen, von Katharina Elisabetha v. P. im Jahre 1800 erklärten bezügigen Verzichte insoferne der Fall ist, als zwar (laut angezogener Stammtafel von dreien an die Herren von G., von R. und von B. verheirateten und einer unvermählten, als Klosterfrau) verstorbenen Schwestern ein Erbverzicht zu Gunsten ihres Bruders Philipp Anton von P. erklärt wurde, nicht aber von der gleichfalls unverheirateten Madlon von P., während spätere Verzichte, wie der Töchter des letztgenannten Freiherrn, der Maria Anna von P. und der Franziska von W., geb. von P., zu Gunsten ihrer Brüder darunter die Väter der streitenden Teile) und weitere Verzichte überhaupt nicht mehr behauptet werden konnten, ja das Gegenteil hievon in dem oben schon angeführten, durch das schon gewürdigte Endurteil erledigtem Rechtsstreite der Franziska Freifrau von W. gegen ihre Brüder klar vorliegt.

An dieser Anschauung wird auch durch den beiderseits in Bezug genommenen sog. Familienvertrag vom 30. Januar 1815, der am 8. Mai 1815 vom k. Appellationsgerichte des ehemaligen Mainkreises genehmigt wurde, nichts geändert, welcher als Zweck desselben die Erhaltung der Familie und des Stammes bezeichnet und jede einseitige Verpfändung und Veräußerung der übrigens gar nicht näher bezeichneten Familiengüter für null und nichtig für die vertragenden Teile sowohl, als ihre Nachkommen erklärt, da er bei dessen Genehmigung ausdrücklich als ein, nur die damals lebenden paziszierenden Mitglieder bindender Privatvertrag erklärt und darauf hingewiesen wurde, daß, soweit er für die Nachkommen verbindlich sein solle, von denjenigen Bestimmungen abhängen müsse, welche hinsichtlich der Autonomie des Adels noch erfolgen mögen, der überdies durch Nachtrag vom 22. November 1824 abgeändert, hiebei ausdrücklich nur die Verfügung zu Gunsten anderer, als ihrer leiblichen Kinder, oder der Brüder ihrer Linie, ausgeschlossen und am 27. Dezember 1828 nach Austritt des Konstantin Freiherrn von P. der Fortbestand nur für dessen drei Brüder Franz, Joseph und Heinrich „verbindlich“ bezeichnet, durch diese und andere von den Herren Verklagten selbst weiter angefügten Verträge aber, wie durch den mit der Schlußerklärung abschriftlich übergebenen Abteilungs- und Familien-Vertrag vom 14. Juli 1821 und die sogar zugegebenen

Veräußerungen von selbst lehenbaren Bestandteilen des (behaupteten) Stammgutes von den Beteiligten selbst deutlich an den Tag gelegt wurde, daß man letzteres (das Familien-Vermögen überhaupt) noch weniger das weibliche Geschlecht von der Erbfolge in dasselbe unbedingt ausgeschlossen erklären wollte und konnte.

Nach allen vorliegenden Erhebungen geht, während der in Bezug auf die Bestätigungs-Dekrete vom 31. Dezember 1807 und 11. Januar 1808 von der Klägerin gemachte bezügige Vorbehalt, da es sich hier um öffentliche Urkunden handelt, und wegen ihres Zusammenhanges, auf den hier nicht Ausschlag gebenden Inhalt derselben ohne Belang erscheint, vielmehr deutlich hervor, daß höchstens den Brüdern und deren Söhnen von den Schwestern und Tanten, nicht aber den Stammesvettern vor den letzteren der Vorzug in der Nachfolge bezüglich fraglichen Stammgutes, dessen Eigenschaft im übrigen nicht näher erörtert zu werden braucht, eingeräumt werden wollte. (Vgl. Eichhorn a. a. O.)

Es ergibt sich dieses aus dem in den Errichtungsurkunden, Testament des angegebenen Stifters, Hieronymus Christoph Freiherrn von P., wonach das weibliche Geschlecht („seiner Linie") nach Aussterben des Mannsstammes erben soll, und des Karl Anton Freiherrn von P., wonach im Falle des Aussterbens, Erlöschens des Mannsstammes seines zum Erben eingesetzten Bruders dessen eheleibliche Töchter erben sollen, sowie in den vorliegenden Erbverzichten „regelmäßig" ausdrücklich hervorgehobenen Vorbehalte des Erbrechtes für den ledigen Anfall des Versterbens des Vaters und der vorhandenen Brüder, und ist ganz deutlich schon in der ersten

Verzichtsurkunde der Anna Katharina von P., verheirateten von W., vom 4. August 1694 in den Worten ausgedrückt: „jedoch mit dem ausdrücklichen Vorbehalte, daß falls meines Herrn Bruders beide Söhne, von meinem Herrn Vater, oder auch nachgehends ohne leibliche Erben oder Disposition Tods verfahren sollten, als dann ich oder meine Erben, mit meines Herrn Bruders seligen Tochter zu meines Herrn Vaters Erb- und Verlassenschaft zugelassen werden soll.“

Fast wörtlich derselbe Vorbehalt ist enthalten in der zweiten Verzichtsurkunde der Maria Pf. von B., geb. v. P., vom 4. August 1694. Aehnlich in den Verzichtsurkunden der Charlotte Katharina von P. von 1742, der Eva Karoline von P. von 1767. Der Verzicht der Christina von P., verheiratete von G., vom 8. Oktober 1760 lautet schon an und für sich nur auf einen dem fränkisch adeligen Herkommen gemäßen Verzicht auf das väterliche und brüderliche Vermögen (altväterliche und brüderliche Güter) und nur der Erbverzicht der Maria Anna Philippine von P. von 1765 enthält den Vorbehalt für den Fall des Ablebens des Mannesstammes ihres Vaters, Oheims und ihrer Brüder ohne eheliche Nachkommen und Verfügung von Todes wegen schon in der eidlichen Verzichtsurkunde, und läßt die Verzichts-Erklärung der Johanna Theresia, Freifräulein von P., diesen Vorbehalt schon in der Eidesformel erkennen, was jedoch im allgemeinen keinen Ausschlag geben kann.

Daß die Frauen, der weibliche Stamm, nicht unbedingt von der Erbschaft bezüglich des freiherrlich von P.'schen (Familien-) Vermögens ausgeschlossen werden wollte und konnte, ergibt sich endlich auch aus der zugestandenermaßen schon über vierzig Jahre lang fortgeführten getrennten Rechnungsstellung bezüglich der Erträgnisse der Lehen und des übrigen Vermögens der Freiherren von P., woraus zu entnehmen ist, daß der Ausschluß des weiblichen Stammes unbedingt, d. h. solange irgend ein männlicher Sprosse vorhanden, höchstens bezüglich der Lehen als geltend angenommen werden könne.

Der wesentliche Inhalt vorstehender Erörterung läßt sich hiernach kurz dahin zusammenfassen:

1. in der reichsfreiherrlich von P.'schen Familie ist ein Familien-Fideikommiß in rechtsverbindlicher Weise nicht zu stande gekommen, jedenfalls wäre es durch die angeführten Gesetze vernichtet gewesen, durch die Rheinbunds-Akte keineswegs wieder aufgelebt, und waren in angeregter Beziehung die durch (bayerische Gesetze) vorgesehenen Fristen versäumt;
2. die Stammguts-Eigenschaft des freiherrlich von P.'schen Familien-Vermögens könnte nur für den hier nicht gegebenen Fall des Ausschlusses der Schwestern durch die Brüder angenommen werden.

Es hat daher bezüglich des hier fraglichen Vermögens die gesetzliche oder Intestat-Erbfolge einzutreten, und mußte die Frau Klägerin als unbestritten anerkannt einzige Tochter des ohne letztwillige Verfügung gestorbenen Joseph Freiherrn von P. auf die durch Ableben ihres (eheleiblichen) Vaters freigewordene Hälfte des freiherrlich von P.'schen Familien-Vermögens berechtigt erkannt werden.

Hienach erschien die Klagebitte gerechtfertigt und war derselben im wesentlichen vollkommen entsprechend zu erkennen.

II.

Gründe der zweiten Instanz.

Beide Teile sind auch noch in dieser Instanz über den Begriff eines adeligen Stammgutes miteinander nicht einverstanden, weshalb es als zweckmäßig erachtet wurde, denselben vor allem festzustellen.

Runde, mit welchem die meisten neueren Privatrechtslehrer übereinstimmen, versteht in seinem Lehrbuche des gemeinen deutschen Privatrechts Tl. I § 693 unter Stammgütern solche der Regel nach unbewegliche Güter, welche ein Stammvater seinen Descendenten unter der Vorschrift hinterläßt, daß sie zur Erhaltung und Vermehrung des Ansehens des Stammes allzeit bei demselben bleiben sollen.

Wenn daher die Beklagten die Stammgutseigenschaft der in den Klagbeilagen 1 und 2 verzeichneten Vermögensteile der von P.'schen Familie davon ableiten, daß ihr gemeinschaftlicher Stammvater Hieronymus Christoph Frhr. v. P. in seinem Testamente vom 10. Dezember 1692 ein Familien-Fideikommiß errichtet und in demselben die Unveräußerlichkeit seiner Güter stipuliert und die weiblichen Nachkommen seiner Linie von der Erbfolge so lange ausgeschlossen habe, als noch männliche Descendenten vorhanden seien, so hat diese Auffassung allerdings volle Berechtigung für sich und es fragt sich nur, ob dieses Familien-Fideikommiß als jetzt noch zu Recht bestehend erachtet werden kann.

Daß Hieronymus Christoph Frhr. v. P., der unbestritten dem vormals reichsunmittelbaren Adel angehörte, eine derartige letztwillige Verordnung ohne Zustimmung der Agnaten rechtsgültig treffen konnte, unterliegt keinem gegründeten Bedenken, da, wie der Inhalt des Testamentes darthut, der Testator über sein eigenes und nicht über ein gemeinschaftliches Vermögen verfügte, die durch dasselbe eingeführte Erbfolge nichts anderes war, als die durch ein Testament beibehaltene ehemalige deutsche successio ab intestato und Stammfolge,

vid. Brandt de natur. bon. avitor. p. 59; Boehm de fundam. pact. famil. ad fideic. inclin. cap. 2 § 2,

die beiden Söhne des Testators Johann Philipp und August schon vor demselben verstorben waren, auch der einzige Sohn und Erbe des letzteren, Philipp Sigmund, schon vor seinem Vater mit Tod abgegangen war und die beiden Töchter des Testators, Anna Katharina, verehelichte von W., und Anna Maria, verehelichte von B., mit Zustimmung ihrer Ehegatten auf die väterliche Erbschaft ausdrücklich Verzicht geleistet und sich ihr Erbrecht nur für den Fall vorbehalten haben, daß die beiden eingesetzten Erben vor ihrem Vater oder auch nach demselben ohne Leibeserben oder Disposition mit Tod abgehen sollten.

Da endlich auch das fragliche Testament als ein äußerlich fehlerfreies erscheint, so muß angenommen werden, daß durch das erwähnte Testament ein gültiges Familien-Fideikommiß errichtet worden ist, denn in diesem Testamente ist ausdrücklich bestimmt, daß den beiden eingesetzten Erben das sämtliche liegende und fahrende Vermögen, Barschaft und Hereditët als ein wahres beständiges und unveränderliches Fideikommiß sein und verbleiben solle, so lange von der von P.'schen Familie männliche Descendenten vorhanden sein würden, und daß erst in Ermangelung solcher das weibliche Geschlecht nach Anleitung der gemeinen Rechte an den gemeldeten Gütern und Verlassenschaft, deren Unveräußerlichkeit und Unverpfändbarkeit in diesem Testamente gleichfalls festgesetzt wurde, Zutritt und erlangtes Recht haben solle.

Dagegen muß mit der vorigen Instanz verneint werden, daß dieses Familien-Fideikommiß noch zu Recht bestanden hat, und es sind bei Würdigung dieser Rechtsanschauung vor allem diejenigen Bestimmungen ins Auge zu fassen, welche bezüglich der adeligen Fideikommisse schon früher und seit Auflösung des deutschen Reichs in Bayern bestanden haben, und hiezu kommt folgendes zu bemerken:

Es unterliegt keinem Zweifel, daß während des Bestehens des vormaligen deutschen Reichs die reichsunmittelbaren Adeligen das Recht hatten, durch Verträge und Testamente rechtsgültig Familien-Fideikommisse zu errichten, und daß zu deren Gültigkeit die landesherrliche Genehmigung nicht notwendig war, wiewohl dieselbe öfters eingeholt wurde.

Mittermaier, deutsches Privatrecht § 158;
Runde, § 696.

Anders gestaltete sich dieses Verhältnis nach Auflösung des deutschen Reichs in den meisten deutschen Staaten und auch in Bayern.

Im Territorium des letztgenannten Staates ließ man es im allgemeinen bei den bereits errichteten adeligen Familien-Fideikommissen, es verlangte aber die Allerhöchste Deklaration vom 31. Dezember 1806 im § 5 Absatz 2, daß dieselben, wenn sie auch für die Zukunft gültig sein sollten, zur landesherrlichen Bestätigung eingesendet werden müssen, und hiezu wurde den Interessenten nach Allerhöchstem Erläuterungs-Reskripte vom 25. Mai 1807 ein Präjudizialtermin von 6 Monaten vorgestreckt, und dabei bemerkt, daß nach Verlauf desselben die bisher gültig gewesenen Fideikommisse ferner als gültig nicht anzuerkennen seien, wobei auch den Justiztribunalen zur Pflicht gemacht wurde, nur auf die von dem Landesherrn bestätigten Familienverträge künftig zu erkennen,

Regierungsblatt pro 1807 S. 194 und 890,

worauf das Edikt vom 28. Juli 1808 über den Adel im Königreiche Bayern, und zwar im § 69, die Fideikommisse der adeligen Familien, also auch diejenigen, welche dem Landesherrn vorgelegt und von demselben bestätigt worden waren, ganz und gar beseitigte.

Nun ist es zwar richtig, daß das Fideikommiß des Hieronymus Christoph von P. vom 10. Dezember 1692 innerhalb des sechsmonatlichen Präklusivtermines dem Landesherrn nicht vorgelegt wurde und infolge dieser Unterlassung und nicht kraft des Ediktes vom 28. Juli 1808 erloschen war, denn das angebliche Fideikommiß des Ritterhauptmanns Karl Anton von P. vom 11. April 1763, welches nach der Behauptung der Beklagten unterm 14. November 1807 zur landesherrlichen Bestätigung vorgelegt und laut Entschließung der kgl. Landesdirektion vom 11. Januar 1808 unterm 31. Dezember 1807 bestätigt wurde, hatte, wie der klare Inhalt des Testamentes vom 11. April 1763 und des Codizilles vom 28. Dezember 1774 darthut, nicht die geringste Gemeinschaft mit dem von dem Stammvater Hieronymus Christoph von P. am 10. Dezember 1692 errichteten Fideikommisse, indem es lediglich die wenigen freieignen Güter,

Kapitalien und sonstigen Effekten des Karl Anton von P. betraf, allein demnach muß angenommen werden, daß das Fideikommiß des Hieronymus Christoph von P. auf Grund des Artikels 14 der deutschen Bundesakte vom 18. Juni 1815 wieder aufgelebt ist, indem derselbe verordnete, daß den vormals reichsunmittelbaren Grundherren ihre noch bestehenden Familien-Verträge, wozu unstreitig auch Familien-Fideikommisse gehören, aufrecht erhalten werden, der Zweck dieser Bestimmung aber kein anderer war, als den Adel wieder in seine alten Rechte in Beziehung auf Familien-Verträge einzusetzen und den Glanz desselben wieder herzustellen, weshalb die Versäumnis des vorgeschriebenen Präklusivtermines durch die deutsche Bundesakte wieder saniert wurde.

Vergl. hiezu Zachariä, deutsches Staats- und Bundesrecht Bd. 1 S. 291.

Nun erschien am 26. Mai 1818 das Edikt über die Familien-Fideikommisse; auch dieses ließ auf Grund der Bundesakte die Fideikommisse der Familien des vormaligen unmittelbaren Reichsadels fortbestehen, knüpfte aber an deren Fortbestand drei Bedingungen, nämlich:

1. daß dieselben noch in ihrem alten Komplexe fortbestehen,
2. daß sie inzwischen nicht an andere Besitzer übergegangen seien und
3. daß dieselben innerhalb zweier Jahre bei der Fideikommiß-Behörde, nämlich bei dem betreffenden Appellationsgerichte vorgelegt würden.

Es war diese Frist zwar keine Präklusivfrist, allein so lange diese Vorlage nicht erfolgte, konnte auch ein bis zum Erscheinen des angeführten Fideikommiß-Ediktes bestandenes Fideikommiß einen Anspruch auf rechtliche Geltung nicht machen, denn die Fideikommißbehörde mußte, bevor sie den Eintrag des Fideikommisses in die Fideikommiß-Matrikel bewerkstelligen konnte, prüfen:

1. ob der Fideikommißstifter zum vormals reichsunmittelbaren Adel gehörte;
2. welche Bestandteile ursprünglich das Fideikommiß bildeten;
3. ob dasselbe noch in seinem alten Komplexe bestehe und
4. ob der Antragsteller auch von dem Fideikommißstifter abstamme,

und hiezu mußten ihr alle Bestandteile und Bedingungen des Fideikommisses angezeigt und die darauf sich beziehenden Urkunden vorgelegt werden.

cf. §§ 104—108 des Fideikommiß-Ediktes.

Die Beklagten geben nun selbst zu, daß sie das von ihrem Stammvater im Jahre 1692 gestiftete Fideikommiß weder innerhalb der vorgeschriebenen zwei Jahre, noch bis zur Abgabe ihrer Vernehmlassung bei der Fideikommißbehörde angemeldet haben; diese Anmeldung war aber eine notwendige Vorbedingung für das fernere Fortbestehen desselben und dasselbe kann daher, da diese Vorbedingung nicht erfüllt wurde, als zur Zeit noch bestehend nicht erachtet werden, weshalb die Justizbehörden auch nicht in der Lage sind, die Beklagten zum Beweise darüber zuzulassen, daß dieses Fideikommiß noch in seinem alten Komplexe bestehe, oder sich darüber auszusprechen, ob dieser alte Komplex auch dann noch als vorhanden angenommen werden kann, wenn die Substanz des Fideikommisses dadurch verändert wurde, daß einzelne Teile desselben an andere Personen verkauft und aus dem Erlöse derselben wieder andere Immobilien angekauft wurden.

Das Resultat der bisherigen Erwägungen ist daher folgendes:

Das Fideikommiß des Hieronymus Christoph Freiherrn von P., nach welchem die weibliche Linie so lange von der Erbfolge ausgeschlossen wurde, als noch männliche Familien-Descendenten vorhanden waren, war bei seiner Errichtung ein gültiges, dasselbe bestand auch bis zum 25. November 1807, an diesem Tage erlosch dasselbe jedoch, weil es aus eigenem Verschulden der damaligen Fideikommißbesitzer innerhalb der vorgesteckten Präklusivfrist nicht angemeldet wurde, durch die deutsche Bundesakte vom 18. Juni 1815 lebte dasselbe jedoch wieder auf, es kann aber deshalb als zur Zeit noch bestehend nicht erachtet werden, weil es weder während der im Fideikommiß-Edikte vom 26. Mai 1818 vorgeschriebenen Frist, noch auch später der Fideikommißbehörde zur Vorlage gebracht worden ist, es kann daher auf Grund dieses Fideikommisses die Stammgutseigenschaft des strittigen Vermögens nicht angenommen werden.

Die Beklagten nehmen aber die Stammgutseigenschaft dieser Vermögensteile auch noch auf Grund einer Observanz, welche sich bei der Familie von P. gebildet habe, in Anspruch, und hiezu kommt folgendes zu bemerken:

Wenn die Stammgutseigenschaft dieses Vermögens schon durch das Testament des Hieronymus Christoph von P. vom

10. Dezember 1692, nämlich durch das in demselben konstituierte Familien-Fideikommiß eingeführt wurde, was von den Beklagten selbst behauptet und auch in dieser Instanz angenommen worden ist, so konnte, so lange das Fideikommiß rechtlichen Bestand hatte, diese Eigenschaft nicht nochmals durch Familiengewohnheit begründet werden, denn bereits bestehende Rechtsverhältnisse können zwar durch neu hinzutretende Thatsachen bestärkt und wiederholt anerkannt, nicht aber nochmals geschaffen werden. Es könnte daher von einer Stammgutseigenschaft durch Observanz nur dann die Rede sein, wenn das Familien-Fideikommiß entweder gar nie zu Recht bestanden, oder wenn sich dieselbe nach Erlöschung desselben gebildet hätte, denn das Fideikommiß und die Observanz konnten als Quellen ein und desselben Rechtszustandes durchaus nicht nebeneinander bestehen, sowenig als eine bereits durch Gesetz oder Vertrag eingeführte Rechtsnorm nochmals durch Observanz ins Leben gerufen werden kann.

Hiernach können die von einem Teile der weiblichen Mitglieder der Familie von P. erklärten Erbverzichte nicht zum Beweise für die behauptete Gewohnheit benützt werden, sie erscheinen vielmehr lediglich als Anerkenntnisse der bereits durch das Fideikommiß des Hieronymus Christoph von P. eingeführt gewesenen Successionsordnung, denn sie wurden sämtlich zu einer Zeit erklärt, zu welcher das genannte Fideikommiß noch in Kraft bestand, indem die ersten derselben von den beiden Töchtern des Fideikommißstifters am 14. August 1694 abgegeben wurden und der letzte von Franziska von W., geb. von P., am 1. September 1806 erfolgte.

Es hätte sich also, abgesehen davon, daß das Fideikommiß später wieder aufgelebt ist, erst vom 26. November 1807 an die Stammgutseigenschaft des strittigen Vermögens durch Familien-Observanz bilden können, allein die seit dieser Zeit in der Familie von P. vorgekommenen Ereignisse über das Famlienvermögen, soweit sie aktenmäßig erhoben sind, sprechen mehr gegen, als für die Stammgutseigenschaft desselben.

Der in der Duplik erwähnte Abteilungsvertrag vom 14. Juli 1821 wurde gar nicht zur Vorlage gebracht, es scheint aber nach den von den Beklagten benützten Auszügen aus demselben, daß Karl von P. mit seinem Anteile an dem gemeinschaftlichen Vermögen förmlich abgefunden wurde, was sich jedoch mit der Stammgutseigenschaft desselben nicht vereinigen läßt.

Wenn die Beklagten dagegen behaupten, daß dieser Vertrag ein Mutschierungsvertrag gewesen sei, so ist dagegen zu bemerken, daß man unter Mutschierungen Teilungen des Stammvermögens in Ansehung des Besitzes und Genusses mit Vorbehalt der Gemeinschaft des Eigentums desselben für den ganzen Stamm versteht, daß es daher, wenn der fragliche Vertrag wirklich ein Mutschierungsvertrag gewesen wäre, in demselben keiner Bestimmung darüber bedurft hätte, daß die dem Karl von P. überlassenen Objekte nach dem Erlöschen des Mannsstammes den übrigen vier Brüdern von P. und ihren rechtmäßigen männlichen Erben wieder zufallen sollen, indem dieser Rückfall schon vermöge der Stammgutseigenschaft der dem Karl von P. überlassenen Güter hätte erfolgen müssen.

Dagegen spricht der Vertrag vom 28. Januar 1815 gegen die Stammgutseigenschaft.

In diesem Vertrage, welcher ein in jeder Beziehung höchst wichtiges Dokument für die Verhältnisse der Familie von P. bildet, kommt kein Wort darüber vor, daß die weiblichen Descendenten beim Vorhandensein männlicher Familien-Mitglieder von der Erbschaft ausgeschlossen seien und es ist nicht anzunehmen, daß die Kontrahenten eine so folgereiche Bestimmung übersehen oder vergessen haben würden, wenn sie überhaupt im Sinne gehabt hätten, den weiblichen Familienmitgliedern nur eine bedingte Erbfolge einzuräumen.

Vergaßen dieselben auch nicht, die Bestimmung zu treffen, daß auch kein Mitglied weiblichen Geschlechtes ihrer Familie jemals Schulden machen dürfe ohne Einwilligung und Zustimmung aller anderen jedesmal lebenden Mitglieder der Familie, welche Teil an den väterlichen Familiengütern oder derselben Revenüen, Kapitalien oder Mobilien haben, oder nach den Successionsrechten einstens bekommen könnten und daß, wenn je ein Mitglied der Familie Schulden machen sollte, diese gesetzwidrigen Schulden aus den Familiengütern, Besitzungen und Gefällen und Gerechtsamen niemals bezahlt werden sollten, und zu was hätte es dieser Kautel gegen die weiblichen Schuldenmacherinnen der Familie bedurft, wenn ihnen nicht auch Miteigentums- und Successionsrechte an dem Familienvermögen zugestanden hätten, denn bei der Stammgutseigenschaft dieses Vermögens hätten die Schulden der weiblichen Mitglieder der Familie ohnedies nicht aus demselben bezahlt werden müssen.

Dieser Passus, soweit er die weiblichen Mitglieder

betrifft, wurde zwar in der von den Beklagten übergebenen Abschrift des Vertrages vom 28. Januar 1815 hinweggelassen, er befindet sich aber in dem appellationsgerichtlichen Bestätigungs-Reskripte der Prozeßakten und bekundet, daß die jenesmaligen Kontrahenten beim Abschlusse des Vertrages kein Stamm-, sondern lediglich ein Familiengut im Sinne hatten.

Aber auch der Nachtrag hiezu vom 22. November 1824 spricht gegen die Stammguts- und für die bloße Familiengutseigenschaft des strittigen Vermögens, indem, wie schon eingangs erwähnt wurde, der Ausschluß der weiblichen Nachkommen des Stammvaters bis zum Abgange des Mannsstammes ein wesentliches Moment eines Stammgutes bildet, in diesem Vertragsnachtrage aber den Kontrahenten ausdrücklich das Recht eingeräumt worden ist, zu Gunsten ihrer leiblichen Kinder, also auch ihrer Töchter oder der Brüder ihrer Linien, über ihren Anteil an dem gemeinschaftlichen Vermögen durch Testament zu disponieren, während von einem Stammgutsvermögen in keinem der neueren Verträge die Rede ist.

Die Beklagten suchen zwar diese Bestimmung als nichtig zu beseitigen, weil durch die Eigenschaft der Güter als Fideikommißgüter und die durch das Familienherkommen eingeführte Erbfolgeordnung es einfach bei der Succession des Mannsstammes mit Ausnahme der weiblichen Familienmitglieder bis zum Aussterben des ersteren sein Verbleiben haben müsse, allein ein Familien-Fideikommiß bestand am 22. November 1824 nicht, weil es als solches nicht angemeldet worden war und die von den Beklagten behauptete

Observanz hatte sich bis dahin nicht gebildet, es waren daher die Gebrüder von P. als Besitzer des gesamten Familienvermögens vollkommen berechtigt, über dasselbe bindende Bestimmungen zu treffen.

Uebrigens geht auch aus diesem Nachtrag hervor, daß der mit dem Bruder Karl von P. am 14. Juli 1821 abgeschlossene Vertrag kein bloßer Mutschierungs-, sondern ein förmlicher Vermögensabteilungsvertrag gewesen ist, indem sich nach demselben die vier Gebrüder Konstantin, Franz, Joseph und Heinrich von P. lediglich den verbliebenen Vermögenskomplex als gemeinschaftliches Eigentum vorbehalten und in demselben nichts davon erwähnt haben, daß auch das dem Karl von P. zugeteilte Vermögen noch hiezu gehöre, weil demselben bloß die Nutznießung desselben überlassen worden sei.

Zieht man hiebei noch in Betracht, daß nach dem eigenen Zugeständnisse der Beklagten seit dem Jahre 1818 sehr bedeutende Verkäufe von Familiengrundstücken an extraneos stattgefunden haben, und daß es die Beklagten selbst waren, welche zur Errichtung der Heiratskaution der jetzigen Klägerin im Jahre 1854 dem Vater derselben, Joseph Freiherrn von P., aus dem freiherrlich von P.'schen Familienvermögen 15,000 fl. an Grundrentenobligationen verabfolgen ließen und sich hiebei damit als einverstanden erklärten, daß nur für den Fall kinderlosen Absterbens der Klägerin diese Obligationen zur von P.'schen Familienmasse zu refundieren seien, während sie im entgegengesetzten Falle dem Familienvermögen, selbst wenn die Klägerin nur mit Hinterlassung von Töchtern versterben würde, für immer verloren waren, so mußte angenommen werden, daß es sich nur um ein Familien- und nicht um ein Stammgutsvermögen handelt, und daß, selbst wenn früher einmal die von den Beklagten behauptete Observanz bestanden haben würde, dieselbe wiederum durch spätere Verträge und die gegen dieselbe von den Successoren des Familienvermögens vorgenommenen Handlungen beseitigt worden ist.

Uebrigens muß, abgesehen von der Frage, ob sich neben einer bereits durch Testament festgestellten Rechtsnorm über dieselbe Rechtsnorm auch noch eine Observanz bilden könne, der Ansicht der Vorinstanz darüber beigestimmt werden, daß die von den Beklagten behauptete Familiengewohnheit durch diejenigen Thatsachen, welche dieselben für deren Existenz vorgebracht haben, sich nicht bilden konnte, und wird zu den Entscheidungsgründen des erstrichterlichen Erkenntnisses nur noch bemerkt, daß Erbverzichte der weiblichen Descendenten der adeligen Geschlechter sowohl bei Stammgütern, als auch bei bloßen Familiengütern vorkamen, wiewohl sie bei ersteren nicht notwendig waren, daß also auf die angeführten Verzichte schon an und für sich wenig Wert gelegt werden kann, und daß der Verzicht der Franziska Freifrau von W. lediglich die in der Oberpfalz gelegenen Güter ihres Vaters betrifft, derselbe daher auf das ganze Familienvermögen nicht bezogen werden kann, endlich daß aus den Verzichten, welche alle, bis auf den der Eva Karolina von P., welche sich für das Kloster bestimmt hatte, gegen Verabreichung eines Aequivalentes an Heiratsgut und Ausfertigung geleistet wurden, geschlossen werden muß, daß die verzichtenden Töchter hiebei das bloße Familiengut und nicht ein Stammgut im Auge hatten.

Die Beklagten beschweren sich in dieser Instanz eventuell auch noch darüber, daß sie nicht zum Beweise darüber zugelassen wurden, daß verschiedene der strittigen Objekte Bestandteile der zum Familienvermögen gehörigen Rittermannlehen gewesen seien, diese Beschwerde ist aber unbegründet, denn sie haben die Abweisung oder teilweise Abweisung der Klage nicht deshalb beantragt, weil ein Teil der strittigen Objekte früher Mannlehen gewesen seien, in welche, wenn dieses nachgewiesen werden könnte, den weiblichen Familienmitgliedern allerdings kein Successionsrecht zustehen würde, sondern deshalb, weil dieselben durch Errichtung des Fideikommisses des Stammvaters und durch Familienobservanz die Eigenschaft eines Stammgutes erlangt hätten, die Frage über die Lehenseigenschaft verschiedener Bestandteile dieses Fideikommisses kam aber nur nebenbei zur Erörterung.

Es hätte aber, da die Beklagten auch vorbrachten, daß diese sämtlichen Lehen allodifiziert worden seien, zur Substanziierung der Einrede, daß gewisse Bestandteile des Vermögens der Familie von P. früher dem Lehensverbande angehört hätten, noch die Behauptung gehört, daß die Erbfolgeberechtigten ihr Recht auf dieselben rechtzeitig angemeldet hätten, indem das Gesetz vom 4. Juni 1848, die Ablösung des Lehenverbandes betreffend, im Art. 4 Abs. 3 vorschreibt, daß den Erbberechtigten das Recht zustehe, zur Sicherheit ihrer Ansprüche deren Vormerkung unter Bezug auf bestehende Dispositionen und Familienverträge bei den Hypothekenämtern und zur Eintragung in eine bei den Appellationsgerichten zu eröffnende Matrikel anzumelden, und wurde den Beteiligten zu dieser Anmeldung ein präklusiver Termin von zwei Jahren vom Tage der Publikation des fraglichen Gesetzes mit dem Präjudize vorgestreckt, daß nach dessen Umlauf ein unbedingter Verzicht der Beteiligten, sowohl dem Lehenfiskus, als dem Vasallen gegenüber, angenommen werde.

Davon aber, daß von Seite der Beklagten diese Anmeldung innerhalb der gesetzlichen Frist erfolgt sei, kommt kein Wort weder in der Exzeption, noch in der Duplik vor, es konnte deshalb auch die eventuelle Berufungsbitte nicht als begründet erachtet werden.

Uebrigens hat die vorige Instanz die Beklagten nur zur Herausgabe der Hälfte des freieigenen Familienvermögens der Freiherren von P. verurteilt und deshalb bleibt die Frage, welche Bestandteile des strittigen Vermögens früher Mannlehen waren und ob die Beteiligten ihre Rechte darauf rechtzeitig angemeldet haben, immer noch eine offene.

Hiernach war das erstrichterliche Erkenntnis zu bestätigen.

III.

Gründe der dritten Instanz.

Die Beklagten erachten sich durch das zweitrichterliche Erkenntnis für beschwert, weil durch solches das erstrichterliche Erkenntnis in der Hauptsache bestätigt worden ist, statt daß der Berufungsbitte stattgebend die Klage unter Verurteilung der Klägerin in die Kosten definitiv hätte abgewiesen werden müssen. — Diese Beschwerde ist begründet. — Die Beklagten bestreiten das Erbrecht der Klägerin auf die Hälfte der in der Klage und Beilage näher bezeichneten Güter der

Freiherrlich v. P.'schen Familie aus doppeltem Grunde, nämlich einmal deshalb, weil diese Güter zu dem durch die Vorfahren der Streitsteile gegründeten Fideikommisse der Freiherren von P., Aschbacher Linie, gehören, dann weil sie diesen Gutsbestandteilen die Qualität eines Stammgutes vindizieren, von dessen Succession nach Observanz und Herkommen die weibliche Descendenz ausgeschlossen sei.

Was nun vor allem das Bestehen des behaupteten Familien-Fideikommisses der Freiherren von P. betrifft, so ist es nicht wohl zu bestreiten, daß bis zur Auflösung des deutschen Reichs ein solches Familien-Fideikommiß in der Freiherrlich v. P.'schen Familie bestanden hat, indem durch das Testament des Hieronymus Christoph Freiherrn v. P. vom 10. Dezember 1692, sowie durch die letztwillige Verfügung des Karl Anton Freiherrn v. P. vom 11. April 1763 und Nachtrags vom 28. Dezember 1774 ein solches errichtet und rec. bestätigt worden ist.

Daß aber ein solches Familien-Fideikommiß von der als reichsunmittelbar geltenden Familie der Freiherren v. P. errichtet werden konnte, ohne daß es hiezu der Bestätigung durch den Kaiser oder das Reichskammergericht bedurfte, ist wohl nicht zu bestreiten.

Bezüglich des Bestehens eines solchen Familien-Fideikommisses bis zur Auflösung des deutschen Reiches kann sich auf die Entscheidungsgründe des zweitrichterlichen Erkenntnisses bezogen werden.

Dagegen ist näher zu erörtern, wie sich nach Auflösung des deutschen Reiches die rechtlichen Verhältnisse des reichsunmittelbaren Adels und insbesondere der Freiherrlich v. P.'schen Familie gestaltet haben.

Bekanntlich wurde im Jahre 1803 das Bistum Bamberg der Krone Bayern einverleibt und es wurden die reichsunmittelbaren Güter der Freiherren v. P. auch der Territorialhoheit von Bayern unterworfen. In dieser Beziehung ist nun die bayerische Deklaration vom 31. Dezember 1806 maßgebend, in welcher verordnet ist, daß die Familienverträge, Successionsordnungen und Fideikommisse der vormaligen unmittelbaren Reichsritterschaft zu ihrer Gültigkeit künftighin die Beobachtung der Vorschriften der Gesetze erfordere. Die bereits errichteten müssen, wenn sie ferner gültig sein sollen, zur landesherrlichen Bestätigung eingesendet werden.

Diese Vorlage wurde sodann in der weiteren Verordnung vom 25. Mai 1807 noch näher dahin präzisiert, daß ein Termin von 6 Monaten zur Vorlage unter dem Präjudize vorgesetzt wurde, daß ansonsten dieselben nicht ferner als rechtsgültig anzuerkennen seien.

Auch dieser gesetzlichen Vorschrift wurde von Seite der Freiherrlich v. P.'schen Familie genügt, indem wenigstens das Testament vom 11. April 1763, sowie das Codizill vom 28. Dezember 1774 zur landesherrlichen Genehmigung vorgelegt und sich wegen der Vorlage des Testaments vom 10. Dezember 1692 der Termin wegen Nichtauffindens desselben gewahrt worden ist. Die Ansicht des Zweitrichters, daß das fragliche Fideikommiß vom 10. Dezember 1692 schon damals wegen dieser Unterlassung erloschen war, ist daher nicht richtig.

Dagegen ist dieses Fideikommiß durch das bayerische Edikt vom 28. Juli 1808 über den Adel im Königreich Bayern im § 69 aufgehoben worden.

Diese Bestimmungen sind jedoch durch die Bundesakte vom 8. Juni 1815 und die bayerische Verordnung vom 18. Juni 1816, durch welche die Bundesakte zur Kenntnis gebracht wurde, außer Wirksamkeit gesetzt worden; denn es heißt am Schlusse:

„Wir nehmen um so weniger Anstand, den der Bundesakte beigefügten weiteren Artikeln 12 bis 20 unsere Beistimmung zu erteilen und ihre Verbindlichkeit anzuerkennen, als diese besonderen Bestimmungen mit unseren Regierungsgrundsätzen und größtenteils mit den in unserem Königreiche bereits bestehenden Gesetzen und Anordnungen übereinstimmen."

Im Art. 14 der Bundesakte war es aber eine Hauptbestimmung, daß nach den Grundsätzen der früheren deutschen Verfassung die noch bestehenden Familienverträge aufrechterhalten und alle bisher dagegen erlassenen Verordnungen für künftige Fälle nicht weiter anwendbar sein sollten.

Diese Bestimmung der Bundesakte gilt aber nicht allein für die ehemaligen Reichsstände, sondern auch für den ehemaligen reichsunmittelbaren Adel, indem es im Artikel 14 Nr. 4 Abs. 2 ausdrücklich heißt:

„Dem ehemaligen Reichsadel werden die unter Nr. 1 und 2 angeführten Rechte zugesichert."

Demgemäß kann es nicht mit Grund bestritten werden, daß das Familien-Fideikommiß der Freiherren v. P. nach dem Erscheinen der deutschen Bundesakte, insofern es damals faktisch, wenn auch nicht rechtlich noch bestanden hatte, wieder aufgelebt ist, indem es in dem angezogenen Art. 14 der deutschen Bundesakte Nr. 2 ausdrücklich heißt:

„Alle bisher dagegen erlassenen Verordnungen sollen für künftige Fälle nicht weiter anwendbar sein."

Durch diese Bestimmung der deutschen Bundesakte, welche in der oben erwähnten bayerischen Verordnung vom 18. Juni 1816 in Bayern förmlich sanktioniert worden ist, sind für den ehemals reichsunmittelbaren Adel in Bayern die früheren Bestimmungen vom 31. Dezember 1806 und 25. Mai 1807, sowie des Adelsedikts vom 29. Juli 1808 wieder aufgehoben worden.

Diese Bestimmung der deutschen Bundesakte fand ihre gesetzliche Regelung in der Verfassungsurkunde vom 26. Mai 1818 und in der Beilage VII zum Tit. V derselben, das Edikt über die Familien-Fideikommisse betreffend.

Im Tit. II dieses Edikts ist nun im § 22 allerdings bestimmt, daß ein Fideikommiß erst durch gerichtliche Bestätigung und durch die Eintragung in die Fideikommißmatrikel wirksam werde. Dieser Artikel ist jedoch deshalb nicht maßgebend, weil es sich nicht um Errichtung eines neuen Fideikommisses handelt. Ebenso wenig findet Tit. III § 32 und 33 Anwendung, in welchen bestimmt ist, nach welchen Grundsätzen bei Bildung neuer Fideikommisse aus den vorigen Fideikommissen und Stammgütern zu verfahren ist, indem solche nur auf die Fideikommisse des früheren landsässigen Adels, welche durch das Edikt vom 29. Juli 1808 gesetzlich aufgehoben worden sind und deshalb erst wieder neu errichtet werden müssen, Bezug hat. Für die Fideikommisse des vormaligen reichsunmittelbaren Adels, welche infolge der Bestimmungen der deutschen Bundesakte wieder aufgelebt sind, gelten die Bestimmungen des Titels VII, § 104 ff.

In diesem Titel sind besondere Bestimmungen getroffen, und zwar sind die Verhältnisse der vormals unmittelbaren Fürsten, Grafen und Herren — sog. Standesherren — in Beziehung auf ihre Familien-Fideikommisse und Stammgüter auf ein besonderes Edikt verwiesen.

Dagegen wird bezüglich der ehemals unmittelbaren Reichsritterschaft im § 104 bestimmt:

> „Bei den Fideikommissen der Familien des vormaligen unmittelbaren Reichsadels, welche noch in ihrem alten Komplexe bestehen und nicht inzwischen an andere Besitzer übergegangen sind, treten die Bestimmungen ein, welche in Ansehung derselben in der Bundesakte gegeben worden, nach welcher in diesem Falle die bestehenden Familienverhältnisse aufrecht erhalten werden."

Dieser § 104 ist auch für das Fideikommiß der Freiherren v. P. der entscheidende.

Für solche infolge der deutschen Bundesakte wieder aufgelebte Fideikommisse des vormaligen reichsunmittelbaren Adels bedurfte es auch keiner Vorlage an das k. Appellationsgericht; denn die Bestimmung des § 106 l. c., nach welcher die Fideikommisse nach Vorschrift des § 30 behandelt, sofort nach vollendeter Prüfung bestätigt und in die Fideikommißmatrikel eingetragen werden müssen und durch das allgemeine Intelligenzblatt bekannt zu machen sind, bezieht sich nur auf die Fideikommisse derjenigen adeligen Familien in jenen Provinzen des Reiches, wenn durch die Gesetze und Verordnungen an den Fideikommissen nichts verändert wurde.

Im § 104 ist deshalb auch auf Artikel 30 kein Bezug genommen und es kann daher von den Fideikommissen der reichsunmittelbaren Familien die vorgängige Prüfung und Bestätigung nicht als Bedingung des Fortbestandes und der Gültigkeit derselben erklärt werden. Es geht solches auch aus der Instruktion vom 22. Dezember 1818 § 29 ausdrücklich hervor, in welchem bestimmt ist:

„daß bei den Fideikommissen, welche in den Familien des vormaligen unmittelbaren Reichsadels dem § 104 des Edikts gemäß noch bestehen, weder das im § 26 des Edikts vorgeschriebene Verfahren, noch eine Bestätigung stattfindet.“

Nach § 108 l. c. ist zwar zur Vorlage der noch bestehenden oder wieder auflebenden Fideikommisse und Familienverträge ein Zeitraum festgesetzt; allein dieser Termin ist kein präklusiver und es ist nirgends mit der Unterlassung derselben der Rechtsnachteil verbunden, daß nach Ablauf dieses Zeitraums das Fideikommiß für aufgelöst zu erachten sei, daher fortan für unverbindlich und unwirksam erkannt werden solle. Die Unterlassung dieser Anzeige hätte nur eine nachteilige Wirkung für den Fideikommißnutznießer, welche hier nicht in Frage ist.

Die unterlassene Anzeige kann daher die Auflösung des Fideikommisses nicht nach sich ziehen, vielmehr besteht gerade darin der Unterschied zwischen den früheren Fideikommissen des unmittelbaren Reichsadels und des übrigen landsässigen Adels des Königreichs Bayern.

Die vom Zweitrichter entwickelte Ansicht, daß das fragliche Fideikommiß deshalb nicht mehr rechtsgültig bestehe, weil es innerhalb 2 Jahren und auch später nicht bei der treffenden Fideikommißbehörde angemeldet worden sei, ist daher nicht richtig, vielmehr ist das im Jahre 1808 aufgehobene und durch die deutsche Bundesakte und das bayerische Fideikommißedikt wieder aufgelebte Freiherrlich v. P.'sche Familien-Fideikommiß als noch zu Recht bestehend zu erachten.

Mit Grund läßt sich auch nicht geltend machen, daß dieses Fideikommiß nicht mehr in seinem alten Komplexe bestehe und inzwischen an andere Besitzer übergegangen sei; denn die Rittergüter A. und H. bestehen noch in ihrem alten Komplexe und befinden sich diese Güter noch in dem Besitze der Freiherrlich v. P.'schen Familie. — Hieran ändert auch der Umstand nichts, daß einzelne Objekte veräußert und andere aus dem Erlöse angekauft worden sind, da die Hauptsubstanz des im Jahre 1808 aufgehobenen Fideikommisses noch in ihrem früheren Bestande vorhanden ist.

Ebensowenig sind die nach der erfolgten Auflösung des Fideikommisses und nach der durch die Bundesakte und das Fideikommißedikt geschehenen Wiederauflebung desselben abgeschlossenen Familienverträge von besonderem Einfluß, weil sie gar nicht dazu bestimmt waren, Vorschriften und Abänderungen über das Successionsrecht bezüglich der Familiengüter zu treffen, sondern den Zweck hatten, die unverpfändete

Integrität dieser Familiengüter zu erhalten und deren zweckmäßige Benützung und Administration zu regulieren.

Es ist bezüglich der einzelnen Verträge folgendes hervorzuheben.

Der Familienvertrag vom 28. Januar 1815, welcher in dem Zeitraum nach der gesetzlich erfolgten Aufhebung des Fideikommisses von den damals im Besitze des Familienvermögens sich befindenden männlichen Gliedern der Freiherrlich v. P.'schen Familie und ihren Vertretern abgeschlossen worden ist, enthält kein Wort davon, daß an der Successionsordnung etwas geändert werden sollte. Auf keinen Fall läßt sich aus den Bestimmungen dieses Vertrages folgern, daß dem weiblichen Stamme eine gleiche Berechtigung zur Succession mit dem Mannsstamme eingeräumt werden wollte. — Daß überhaupt keine Absicht vorlag, an der bevorzugten Succession des Mannsstammes irgend eine Aenderung vorzunehmen, erhellt deutlich aus dem Prozesse, den die männlichen Familienglieder mit ihrer Schwester Freifrau von W. geführt haben und welcher Prozeß nach dem in beglaubigter Abschrift vorliegenden Erkenntnisse des k. Appellationsgerichts des Mainkreises mit der Abweisung der Klägerin mit ihren Erbansprüchen endigte.

Hiefür spricht auch die gerichtliche Bestätigung des Vertrags vom 28. Januar 1815 durch das k. Appellationsgericht des Mainkreises in seinem Erlasse vom 8. Mai 1815, nach welchem dieser als für immer bleibende Familienvertrag, insoweit er für ihre Nachkommen verbindlich sein soll, von denjenigen Bestimmungen abhängen muß, welche hinsichtlich der Autonomie des Adels noch erfolgen mögen.

Diese Bestimmungen sind nun auch durch den Art. 14 der deutschen Bundesakte und das oft erwähnte Fideikommißedikt erfolgt und es sind in diesen Gesetzen die bestehenden Familienverhältnisse aufrecht erhalten worden.

An diesen bestandenen und wieder aufgelebten Familienverhältnissen haben auch die späteren Verträge vom 4. Juli 1821, 22. November 1824 und 27. Dezember 1828 nichts geändert und es ist aus keinem dieser Verträge ihrem Inhalte nach die Absicht erkennbar an der bestehenden Successionsordnung und insbesondere an der Bevorzugung des Mannsstammes vom 4. Juli 1821, in welchem dem Bruder Karl bestimmte Besitzungen zum ausschließlichen Nutzgenusse zugewiesen wurden, ist dem Mannsstamme ausdrücklich das Successionsrecht gewahrt und auch durch diesen Vertrag bezüglich der in dem Fideikommisse angeordneten Erbfolge keine Aenderung eingetreten. Der Vertrag vom 22. November 1824 ist nur als Nachtrag zu dem Vertrage vom 28. Januar 1815 bezeichnet, und aus demselben nirgends ersichtlich, daß die Kontrahenten die Absicht gehabt haben, durch denselben die bestehende Erbfolge aufzuheben, vielmehr ist aus dessen Bestimmungen zu entnehmen, daß sie einseitige Verfügungen über das Familienvermögen für unzulässig erklärten und die Integrität des Vermögens aufrecht zu erhalten suchten, wodurch die in dem wieder aufgelebten Fideikommisse bestimmte Successionsordnung nicht berührt worden ist.

Auch die Urkunde vom 27. Dezember 1828, in welcher die drei Brüder Franz, Joseph und Heinrich konstatieren, daß nach Inhalt des Familienvertrages vom 27. November 1826 der vierte Bruder Konstantin aus ihrer Gütergemeinschaft getreten sei, kann keine nachteilige Wirkung äußern, da weder die näheren Modalitäten dieses Austrittes bekannt sind, noch der Inhalt dieses Familienvertrages vom 27. November 1826 angeführt worden ist.

Ebensowenig entscheidend ist der Umstand, daß die Rechnungen bezüglich der Lehen und Allodialbesitzungen getrennt geführt worden sind, da solche rechnerische Manipulationen und Anordnungen keinen Einfluß auf die Existenz oder Nichtexistenz eines Fideikommisses zulassen.

Wenn endlich die Beklagten dem Vater der Klägerin gestatteten, von den zum Familienvermögen gehörigen Grundrentenobligationen 15000 fl. zu entnehmen und damit deren Heiratskaution zu errichten, und wenn sie sich damit einverstanden erklärten, daß nur im Falle des kinderlosen Ablebens derselben diese Obligationen zum von P.'schen Familienvermögen zu refundieren seien, so kann hieraus nichts Nachteiliges für die Existenz des Fideikommisses gefolgert werden, indem diese Uebereinkunft auf den verschiedensten Motiven beruhen und selbst ihre Rechtfertigung dadurch gefunden haben kann, daß bei dem Vorhandensein eines Fideikommisses, durch welches die Ansprüche der Klägerin auf die Erbschaft ihres Vaters geschmälert werden, eine Ausstattung oder Abfindung derselben durch dieses Uebereinkommen stattgefunden haben mag.

Aus vorstehender Ausführung geht hervor, daß das Freiherrlich v. P.'sche Familien-Fideikommiß noch zu Recht besteht und daß hiedurch die von der Klägerin in der Klage vom 6. Februar 1866 gemachten Erbansprüche auf die Hälfte dieses Vermögens elidiert werden, weshalb es auf eine weitere Prüfung, ob dieses Vermögen Freiherrlich v. P.'sches Stammgut sei, von dessen Succession der weibliche durch den männlichen Stamm angeblich bestehender Observanz gemäß ausgeschlossen werde, nicht mehr anzukommen hat.

Demgemäß war abändernd zu erkennen und mußten die Beklagten von der erhobenen Klage entbunden werden.

Alphabetisches Register.

(Die Ziffern bedeuten die Seitenzahlen.)

B.

E.

F.

H.

I.

M.

N.

O.

S.

U.

V.

Z.

Druck von Seitz & Schauer, München.

FSC
www.fsc.org
MIX
Papier | Fördert
gute Waldnutzung
FSC® C083411

Kolibri 360 GmbH
Ferdinand-Jühlke-Straße 7
99095 Erfurt, Deutschland
produktsicherheit@kolibri360.de